Démocratisation et intégration sociopolitique des minorités ethniques au Cameroun

Ce livre est un produit du Programme de bourse de recherche
approfondie du CODESRIA.

Démocratisation et intégration sociopolitique des minorités ethniques au Cameroun

Entre dogmatisme du principe majoritaire et centralité des partis politiques

Ibrahim Mouiche

CODESRIA

Conseil pour le développement de la recherche en sciences sociales en Afrique

DAKAR

© CODESRIA 2012

Conseil pour le développement de la recherche en sciences sociales en Afrique
Avenue Cheikh Anta Diop, Angle Canal IV — BP 3304 Dakar, 18524, Sénégal
Site web : www.codesria.org

ISBN : 978-2-86978-534-2

mise en page : Hadijatou Sy
Couverture : Ibrahima Fofana
Impression : Imprimerie, Graphi plus, Dakar, Sénégal
Distribué en Afrique par le CODESRIA
Distribué ailleurs par African Books Collective, Oxford, UK
Site web: www.africanbookscollective.com

Le Conseil pour le développement de la recherche en sciences sociales en Afrique (CODESRIA) est une organisation indépendante dont le principal objectif est de faciliter la recherche, de promouvoir une forme de publication basée sur la recherche, et de créer des forums permettant aux chercheurs africains d'échanger des opinions et des informations. Le Conseil cherche à lutter contre la fragmentation de la recherche à travers la mise en place de réseaux de recherche thématiques qui transcendent les barrières linguistiques et régionales.

Le CODESRIA publie une revue trimestrielle, intitulée *Afrique et Développement*, qui est la plus ancienne revue de sciences sociales basée sur l'Afrique. Le Conseil publie également *Afrika Zamani*, qui est une revue d'histoire, de même que la *Revue Africaine de Sociologie* ; la *Revue Africaine des Relations Internationales (AJIA)*, et la *Revue de l'Enseignement Supérieur en Afrique*. Le CODESRIA co-publie également la revue *Identité, Culture et Politique : un Dialogue Afro-Asiatique,* ainsi que la *Revue Africaine des Médias*. Les résultats de recherche, ainsi que les autres activités de l'institution sont diffusés par l'intermédiaire des « Documents de travail », la « Série de Monographies », la « Série de Livres du CODESRIA » et le *Bulletin du CODESRIA*. Une sélection des publications du CODESRIA est aussi accessible en ligne au www.codesria.org.

Le CODESRIA exprime sa profonde gratitude à la Swedish International Development Corporation Agency (SIDA/SAREC), au Centre de Recherches pour le Développement International (CRDI), à la Ford Foundation, à la Fondation MacArthur, à la Carnegie Corporation, à l'Agence norvégienne de développement et de coopération (NORAD), à l'Agence Danoise pour le Développement International (DANIDA), au Ministère Français de la Coopération, au Programme des Nations Unies pour le Développement (PNUD), au Ministère des Affaires Étrangères des Pays-Bas, à la Fondation Rockefeller, à FINIDA, à l'Agence canadienne de développement international (ACDI), à l'Open Society Initiative for West Africa (OSIWA), au TrustAfrica, à l'UNICEF, à la Fondation pour le renforcement des capacités en Afrique (ACBF) ainsi qu'au Gouvernement du Sénégal pour le soutien apporté aux programmes de recherche, de formation et de publication du Conseil.

Table des matières

Remerciements ix

Préface xi

Les cartes xv

1. **Introduction générale : considérations générales sur les minorités ethniques en contexte de multipartisme et de la démocratisation** 1

   Multipartisme et incertitude sur la position des minorités ethniques 6

   Multipartisme et positions divergentes des minorités ethniques de l'Ouest 10

   De l'inextricable liaison entre démocratie et inclusion des minorités 19

   Comment intègre-t-on les minorités ? 21

       Les approches juridico-institutionnelles 22

       Les approches structuralistes 24

       La théorie de la mobilisation des ressources 26

       La théorie du conflit social 29

   Notre approche théorique 31

   Notes méthodologiques et articulations de l'ouvrage 33

2. **Démocratisation et variations sur la position des minorités ethniques de l'Ouest** 39

   Le contexte historique de la participation politique des minorités ethniques de l'Ouest 40

   L'équilibre régional et la stabilité comme gage de l'intégration nationale 40

   L'équilibre régional contre l'inclusion sociale 45

   Des limites de la politique d'équilibre régional à l'irrédentisme des minorités 53

Variations et déterminants de l'intégration sociopolitique des minorités ethniques de l'Ouest 61

Le déterminisme démographique 63

Le statut socioéconomique 66

Les partis politiques et « l'assimilation structurelle » des minorités ethniques 69

3. Santchou et le renforcement de la position politique locale des Mbo 75

Le contexte ethnographique et politique 76

Origines et fresque migratoire des Mbo 76

Santchou et la question de minorité et d'autochtonie 79

Une forte immigration bamiléké source des conflits fonciers 80

Stéréotypes ethniques sur fond de rivalités hégémoniques 83

Une chefferie mbo centralisée et des fortes positions de pouvoir à l'indépendance 86

Démocratisation et production accrue du pouvoir politique local des Mbo 89

Les acquis et gains politiques des Mbo 90

Marginalisation et contestation bamiléké et émergence d'un espace local de délibération 93

Les déterminants du succès politique des Mbo 102

De l'ossature numérique favorable des Mbo 103

Une classe politique mbo qualitative et quantitative 105

L'assimilation structurelle du RDPC 112

4. Magba et l'affaiblissement politique des Tikar 117

Le contexte ethnographique et politique 118

Origines et procès d'implantation des Tikar 118

Les Tikar de Magba : une minorité ethnique dans un royaume (bamoun) 121

De la tutelle pesante de la royauté bamoun 124

Des luttes entre Tikar et Bamoun pour le contrôle de la chefferie supérieure Magba 127

Une forte immigration de pêche récente perturbatrice des équilibres sociologiques 129

Les acquis et pertes de l'influence politique tikar 131

Les déterminants de l'affaiblissement politique des Tikar 136

Une équation démographique défavorable 137

Un déficit qualitatif et quantitatif de leadership 140

Identifications partisanes et assimilation structurelle des groupes
ethniques 145

**5. L'éveil politique des Mbororo et la marginalisation persistante
des Pouakam** 151

L'éveil politique du « peuple autochtone » mbororo 152

La société mbororo : une société de brousse, un monde
de bœufs 152

Les Mbororo de l'Ouest : une population dominée et
marginalisée 155

Une autochtonie problématique : des « étrangers » en défaut
de territorialité 157

Des rapports de suzeraineté et de patronage entre Mbororo et
chefs « autochtones » 160

Un relatif accès aux infrastructures socio-éducatives 162

Quelques évolutions notables liées à la sédentarisation 164

Les indices de l'éveil politique des Mbororo 167

Les déterminants de l'éveil politique des Mbororo 171

La marginalisation persistante des Pouakam 175

Une migration contemporaine, irréversible et fondatrice de
l'autochtonie 175

Les Pouakam : une population à la marge du développement
socioéconomique 180

Indices et déterminants de la marginalisation politique des
Pouakam 183

**6. Conclusion générale : l'intégration sociopolitique des minorités
ethniques de l'Ouest – entre dogmatisme du principe majori-
taire et centralité des partis politiques** 191

Du rejet du dogmatisme du principe majoritaire et de la nécessité
de la démocratie de partage 193

De la centralité des partis politiques dans l'intégration des
minorités 202

Bibliographie 207

Remerciements

Cette recherche est le fruit d'une subvention accordée par le Conseil pour le développement de la recherche en sciences sociales en Afrique (CODESRIA) dans le cadre du programme de « Bourses de recherche approfondie ». C'est l'occasion pour moi d'exprimer toute ma gratitude à cette institution et à son aimable et dynamique personnel. Je demeure également redevable au Five College African Scholars Program, Amherst, Massachusetts. Par la mondialisation inéluctable, j'étais chercheur invité à Amherst quand au printemps de 2007, le CODESRIA m'a envoyé un courriel annonçant la sélection de mon projet. Profitant de la base infrastructurelle et logistique de ce consortium de cinq universités américaines (University of Massachusetts, campus d'Amherst, Amherst College, Smith College, Hampshire College et Mount Holyoke College), je pus constituer ma bibliographie et acquérir une bonne partie de la littérature sur mon sujet.

Sur le terrain, ce travail n'aurait pu s'accomplir sans l'accueil et la profonde compréhension d'un certain nombre d'informateurs. Parmi ceux à qui je tiens le plus, je voudrais rendre grâce au député Ndi François et à M. Fobe de Santchou ; à MM. Mboueng Appolinaire, Mbouen Dieudonné, Mbouenyie Benjamin et Mgbatou Innocent et Mme Ngalim Adama de Magba ; à M. Fonkwima Thomas, Directeur de l'Ecole publique bilingue de Koupouakam et le chef Fobah Elias ; enfin, à Mme Fadimatou Dairou et M. Ahmet Abdallah, Président Section OJRDPC Noun-Centre Sud/Koutaba.

A l'Université de Yaoundé II où j'exerce comme enseignant-chercheur, des personnalités m'ont encouragé ou autorisé à mener cette recherche. Je pense ainsi au Doyen Victor Emmanuel Bokalli et au Professeur Luc Sindjoun, Chef de Département de Science Politique jusqu'en décembre 2011.

Dr. Piet Konings a lu et commenté ce texte. Qu'il trouve ici mon infinie reconnaissance.

J'ai enfin profité de l'infrastructure et de la logistique du Netherlands Institute for Advanced Study in the Humanities and Social Sciences (NIAS) en tant que lauréat du Programme de Bourses dudit Institut, pour réécrire et enrichir théoriquement ce travail. Je remercie Nias, son aimable personnel et plus particulièrement son Recteur, Madame le Professeur Aafke Hulk.

Que toux ceux dont je n'ai pu citer le nom croient à mon entière reconnaissance.

Préface

C'est un grand honneur – en même temps un réel plaisir – pour moi de rédiger ces quelques lignes pour préfacer le nouvel ouvrage d'Ibrahim Mouiche. Cette étude montre avec force de conviction l'intérêt qu'il y a de combiner science politique et anthropologie. L'objet de cet ouvrage – les conséquences divergentes et souvent inespérées de la démocratisation sur la position des minorités ethniques dans différentes arènes politiques locales au Cameroun – prête, s'il en est besoin, à une telle approche, in *optima forma*. D'une part, les solides connaissances de l'auteur en science politique le prédisposent à mieux appréhender dans un contexte plus large les formes nouvelles qu'épouse le long processus de formation de l'Etat. D'autre part, sa sensibilité anthropologique lui offre un levier pour comprendre dans sa profondeur un sujet en apparence marginal dans ce contexte plus large, à savoir les mutations parfois dramatiques qui affectent les minorités. Ce n'est nullement par euphémisme que nous utilisons cette expression de « sujet d'apparence marginal » ; ces sujets sont certes situés à la périphérie de la politique formelle, comme l'a si bien démontré l'auteur, mais il n'en reste pas moins qu'ils offrent des mailles stratégiques susceptibles d'assurer la compréhension des effets induits au niveau local, de ce qui se décide au niveau global.

Ibrahim Mouiche a toujours su choisir des thématiques originales. L'on sait qu'après plusieurs années d'autoritarisme politique, le processus de démocratisation des années 1990 enclenché à la suite d'âpres luttes annonçait un vent de libération et de soulagement pour les Camerounais même s'il est vrai qu'assez rapidement cette euphorie allait devenir illusion pour beaucoup ; mais dans la perspective minoritaire, ces mutations eurent plutôt des effets ambivalents matérialisés par cette dichotomie, à savoir, premièrement, une reconnaissance plus forte du statut des minorités et, en second lieu, contre toute attente, une perte par de nombreuses minorités des privilèges hérités du parti unique. Dans cette perspective, l'auteur mobilise à raison la « politique d'équilibre régional » qu'Ahidjo, le premier Président du Cameroun, avait su appliquer au point de la subvertir. Il est largement établi qu'à l'indépendance des Etats africains (située autour de 1960), la plupart des nouveaux régimes furent confrontés au problème de la représentation de toutes les ethnies ou régions du pays aux postes de direction de l'appareil d'Etat. Pour y parvenir, ils adoptèrent la politique d'équilibre régional. Au Cameroun, cette arithmétique ethnique fut appliquée par Ahidjo avec une extrême rigidité. C'est ainsi que des collègues africains non camerounais étaient toujours interloqués de savoir que dans ce pays, chaque politicien savait escompter avec exactitude ses chances d'entrer dans un casting si méticuleusement construit. Cette politique eut des implications par trop concrètes ; c'est ainsi que la compétition politique n'avait véritablement lieu qu'au sein des différents segments ethniques ; dans un tel contexte, il était insensé pour un entrepreneur politique ambitieux de rivaliser avec les leaders d'autres groupes ethniques, sachant qu'il ne pouvait bénéficier d'une promotion qu'à la suite de la décadence de son « frère » du village. Tout ceci fit le lit de la politique du *divide et impera* nourrie d'une sempiternelle guéguerre entre factions rivales pour le contrôle des rentes de situations.

Cette politique est bien connue de tous. Mais Mouiche attire notre attention sur un point souvent ignoré, à savoir que ce système complexe d'équilibre régional eut *nolens volens* des implications quasi positives pour certaines minorités. Comment comprendre ce mécanisme ? Il revenait au sommet du parti – et rarement l'informelle *camarilla* autour d'Ahidjo – de décider qui appartenait à tel ou tel groupe, ou, mieux, qui pouvait en porter le flambeau comme représentant. La politique étant ainsi centralisée, il arrivait parfois que le haut cadre désigné n'eût qu'un lien très lâche avec ceux qu'il était pourtant censé être le représentant au sommet de la hiérarchie politique. Toutefois, il convient de le reconnaître, certaines minorités bénéficiaient d'un statut privilégié qui leur offrait des garanties positionnelles dans le cadre de cette politique d'équilibre régional.

La démocratisation des années 1990 va sonner le glas de cette donne de manière dramatique. Et pour cause, en déficit de légitimité dans un contexte multipartiste, le prétexte sera pris par l'ex-parti unique de se mobiliser pour préserver les faveurs des électeurs. Cela se matérialisera par un habile recours au diktat de la loi de la majorité dans les circonscriptions électorales et à la nécessaire identification entre candidats et majorité sociologique dans lesdites unités politiques. Parallèlement, l'obsession identitaire qui se déferle dans le pays va allumer le feu de l'exclusion, rendant cruciales les questions de définition des « minorités » à bannir du jeu politique. Pour dire simple, tant que les élections restaient l'occasion symbolique pour le peuple de légitimer ses gouvernants comme sous le parti unique, il n'était pas important de savoir qui vote où. Mais avec la réhabilitation des élections comme procédure réelle de dévolution du pouvoir, les questions telles, si les « étrangers » sont habilités dans leurs lieux d'immigration à voter et, mieux encore, à se porter candidats, devinrent capitales. Cette irruption de l'identité (et dans sa forme ubuesque, l'exclusion) va faire proliférer les minorités – c'est-à-dire les groupes perçus comme tels par les majorités ethniques dans différentes circonscriptions électorales. Cette équation de l'autochtonie éveillera les groupes marginaux, qui se rendront compte à leur corps défendant qu'ils ne sont pas des « vrais » natifs et devraient retourner chez « eux », s'ils voudraient bien prendre part au vote ou briguer des postes électifs. De leur côté, les soi-disant autochtones vivent constamment sous la peur d'être réduits en minorités dans leur terroir par les majorités allogènes, ce qui peut conduire inéluctablement à leur exclusion du jeu politique.

Le grand mérite de cet ouvrage, c'est que Ibrahim Mouiche a su mettre en contexte ces mutations dans différentes régions – en montrant comment le passage de la politique de l'équilibre régional autoritaire vers la démocratisation a des conséquences divergentes pour les minorités concernées. Pour certains groupes, la démocratisation signifie désenchantement avec la perte dramatique des privilèges hérités du parti unique. Pour d'autres, c'est le renforcement de la position de leurs leaders qui ont dû profiter du nouveau contexte- mention doit être faite du mouvement international en faveur des populations dites « autochtones » comme soutien important. Mais au Cameroun tout comme ailleurs en Afrique, la situation se complique par le fait que les Nations Unies et son Groupe de Travail sur les Peuples Autochtones ont adopté le concept d'« *autochtone* » comme traduction officielle de la notion d'« *indigène* ». Or celle-ci est très différente du sens que le mot « *autochtone* » a dans les pays francophones où les autochtones sont rarement des groupes marginaux (à l'instar des « peuples autochtones »), mais sont plutôt en position dominante et contrôlant l'Etat.

L'acquis principal de ce livre, pour moi, réside dans cette grille d'analyse mobilisée par Ibrahim Mouiche dans son étude où, preuve à l'appui, il montre clairement comment la position des minorités est informée par ce large processus de formation de l'Etat. Car, à plusieurs égards, c'est l'Etat-nation qui, en délimitant ses frontières, définit les minorités. De la même manière, les transitions qui accompagnent le processus de formation de l'Etat ont des conséquences directes sur la redéfinition des minorités. C'est en ce sens qu'il convient de mentionner ici les récentes vicissitudes de l'Etat-nation en Europe ; comme en Afrique, celles-ci ont aussi eu des effets induits sur la position des minorités, lesquelles sont devenues un sujet de préoccupation. C'est donc dire en clair que cette riche étude sur le Cameroun a des implications plus larges – comme on pouvait l'espérer d'une combinaison séminale entre science politique et anthropologie.

Peter Geschiere
Professeur d'anthropologie de l'Afrique
Université d'Amsterdam (anciennement à l'Université de Leiden)
Co-éditeur de *Ethnography*
Chaire du Prince Claus Fund Awards Jury

Les cartes

Carte des 10 régions du Cameroun

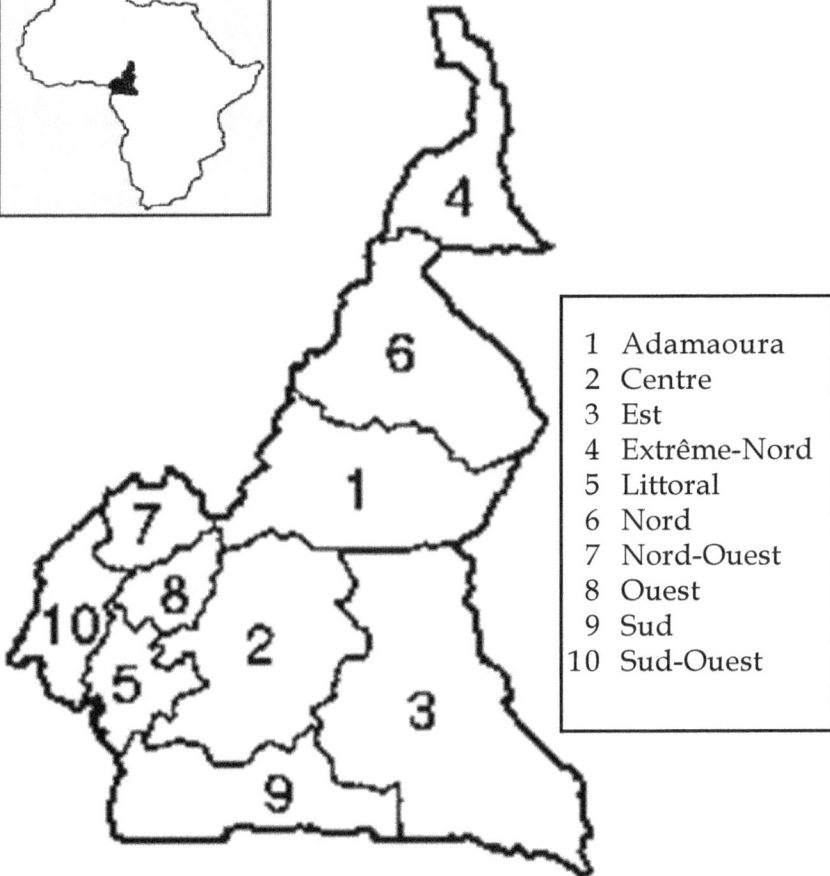

1 Adamaoura
2 Centre
3 Est
4 Extrême-Nord
5 Littoral
6 Nord
7 Nord-Ouest
8 Ouest
9 Sud
10 Sud-Ouest

Carte administrative de la région de l'Ouest

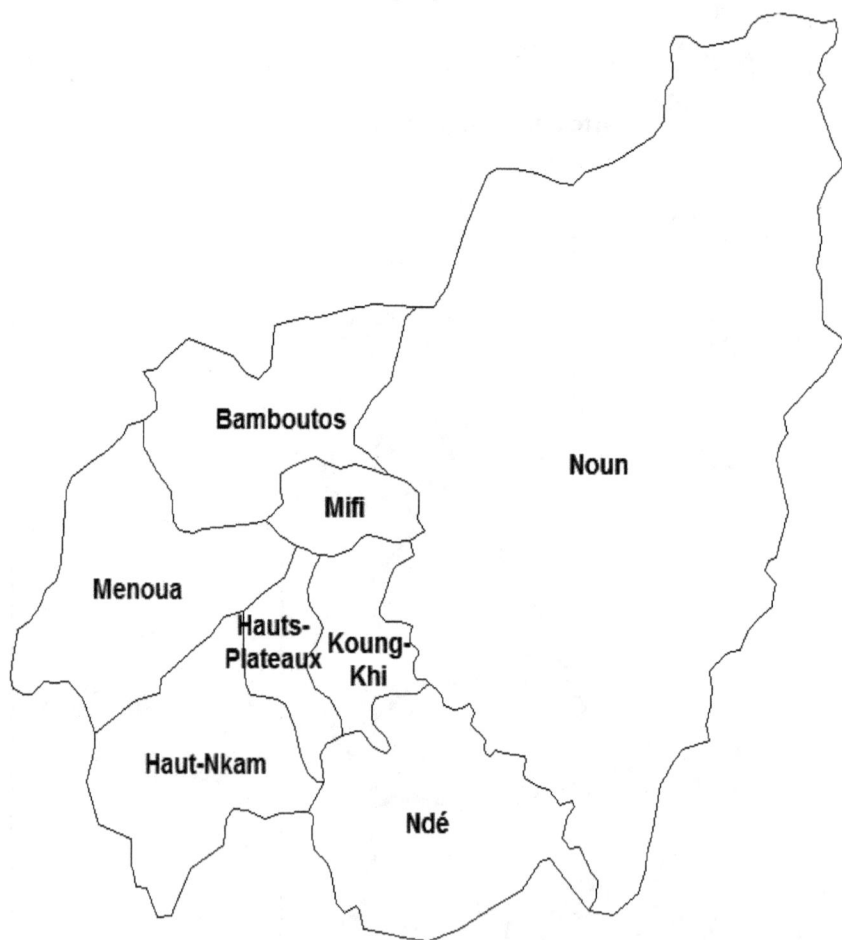

Carte administrative du département de la Menoua avec localisation des groupements Fombap, Fondonera et Santchou (arrondissement de Santchou)

LEGENDE

- Limites du département de la Ménoua
- Limites des arrondissements
- Limites Chefferies
- Chef-lieu Département
- Chefferie Santchou

N

LEBIALEM

Fossong-Elelem

Fongo-Tongo

Bafou

BAMBOUTOS

Fongo-Ndeng

Foto

Baleveng

Balessing

MIFI

Fotétsa

Fossong Wentcheng

Bansoa

Foréké-Dschang

Bamendou

Fondonéra

Fotomena

Baloum

HAUTS-PLATEAUX

KUPE MANENGUBA

Fokoué

Fontsa Toula

Fomopéa

Fombap

HAUT-NKAM

MOUNGO

0   10   20 km

Carte du département du Noun (royaume Bamoun) avec localisation de l'arrondissement de Magba et des villages Pouakam

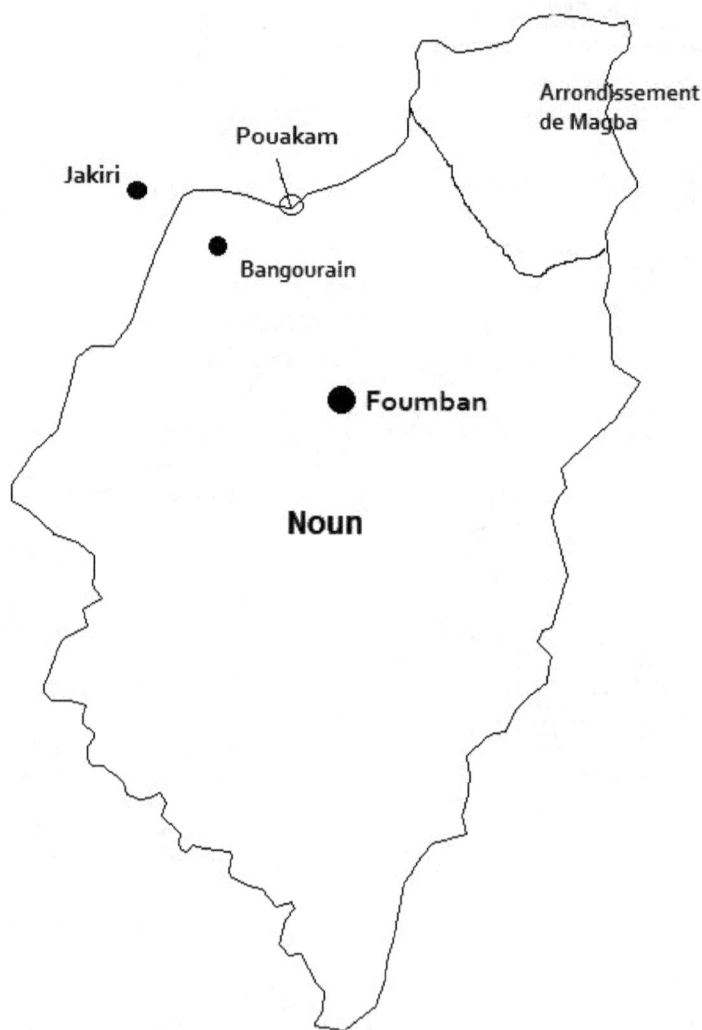

Chapitre 1

Introduction générale

Considérations générales sur les minorités ethniques en contexte de multipartisme et de la démocratisation

Les nouveaux Etats d'Afrique subsaharienne qui accèdent à l'indépendance dans les années 1960 ont préparé leur émancipation dans le moule du parlementarisme. C'est à des gouvernements issus d'élections locales que les puissances coloniales vont transmettre la responsabilité du pouvoir. Le multipartisme apparaît dans cette première phase comme une technique de décolonisation. Or, assez rapidement, après une phase plus ou moins difficile de consolidation, la plupart des nouveaux Etats allaient renoncer aux principes fondamentaux de leur constitutionnalisme originaire. Le monopartisme de droit ou de fait se substituait au pluralisme lié à l'essence même du parlementarisme (Conac 1993:13 ; Schraeder 1994:71 ; Sandbrook 1987:20). Les nouveaux dirigeants parvenus au pouvoir grâce aux mécanismes électoraux avaient ainsi pensé que, par le biais du parti unique, on créerait les conditions du développement économique et de la « neutralité politique » qui rendraient possible ensuite l'accès sans heurts à la modernisation totale de la société. Certes, dans la construction multinationale que représente l'Afrique, il y a beaucoup plus de « peuples » décrits comme minorités ou groupes ethniques qu'il n'y a d'Etats ; pourtant, dans leurs efforts de construction nationale, les Etats africains indépendants ont déclaré que la diversité culturelle était un facteur de division, et l'unité a été posée comme postulat de manière à asseoir l'idée mythique d'un Etat-nation au cœur d'Etats multiethniques. Le défi était alors de fondre des groupes ethniques disparates dans un Etat-nation auquel les individus s'identifieraient (Slimane 2003:1). Le monopartisme africain ne fut donc pas conçu à l'origine comme un dessein dictatorial. Il apparaissait théoriquement comme un modèle de sécurisation, d'abord de l'Etat dont on postulait qu'il serait menacé autrement de désintégration, ensuite la nation dont il devait assurer le processus de construction à la faveur d'une tentative d'homogénéisation dans un creuset unique. C'est à l'expérience que ce modèle a révélé sa nature et laissé éclater sa logique propre, celle qui lui est consubstantielle : l'exclusivisme et l'exclusion, le monolithisme et l'intolérance. On a découvert, parfois tragiquement, qu'il ne pouvait générer ni la démocratie unanimitaire et débonnaire rêvée, ni l'unité et le développement escomptés (Kamto sd:159 ; Mouiche 2000b:212-233 ; Sandbrook 1987:20). Cependant, après quelques 30 ans de régimes autoritaires et répressifs,[1] l'amorce des années 1980 va être marquée en Afrique par des bouleversements politiques, économiques et sociaux qui vont pousser ces Etats néo-patrimoniaux dans un processus de retour vers des régimes démocratiques ou ce qui peut y ressembler.

L'impératif démocratique, avec ses défis, s'est superposé ainsi sur celui, ancien mais toujours d'actualité, du développement. Si cet idéal a un sens, c'est celui de convertir les pays africains en un espace public bâti sur le débat pluraliste, sur les institutions qui garantissent le succès de ce débat dans le jeu serein des pouvoirs et des contre-pouvoirs. C'est aussi celui de les doter d'une démocratie fondée sur la force de la rationalité qui cherche les solutions les plus fertiles aux problèmes des populations, et sur l'éthique d'une responsabilité collective dans la quête de la justice sociale et du bonheur du plus grand nombre. C'est enfin une nécessité pour des minorités ethniques, des catégories sociales, y compris les femmes et les enfants, des groupes défavorisés, etc., qui n'ont pas toujours la liberté et les moyens de se protéger contre l'arbitraire et de se faire entendre afin de peser sur les décisions qui affectent leur existence (Kalulambi Pongo 2003 ; Thomas-Woolley et Keller 1994:412-413 ; Olukoshi et Laasko 1996:chapitre 1). Aussi, dans le champ africain, est-il tenu comme de meilleur ton de s'intéresser à l'univers des dominés, du « bas », à la résistance ou, selon des préoccupations volontaristes, aux thèmes du développement, de la démocratisation (Daloz 1999:14). Cette question est d'autant plus pertinente que depuis les années 1990, la recherche sur les politiques de l'ethnicité, de l'appartenance et de la citoyenneté en Afrique s'est élargie à la problématisation d'une forme de rapport politique qu'on a appelé « l'autochtonie ». En employant cette catégorie, on a pu mettre en évidence et désigner certaines homologies observables dans les conflits qu'ont connus des pays comme la Côte d'Ivoire, où l'on s'est battu au nom de l'ivoirité, l'Afrique du Sud, où ont été agressés des travailleurs étrangers, ou encore le Rwanda, où les Tutsi ont été présentés comme des allochtones « hamites » d'origine « éthiopique » ; la notion d'autochtonie a également été employée pour décrire les tensions observées dans des pays comme le Cameroun, où les droits civils et politiques des « allochtones » ont été remis en question (Cutolo 2008:6).

Cette étude porte sur l'intégration sociopolitique des minorités ethniques dans ce nouveau contexte de démocratisation au Cameroun. Notre interrogation principale est de savoir si le multipartisme et la démocratisation ouvrent de nouvelles perspectives à ces groupes dominés, ou, dans le cas contraire, si ce changement politique minerait plutôt davantage leur position : ouverture en termes de leur participation à la vie politique (candidature aux élections, intégration dans les structures des partis politiques, acquisition des mandats électoraux, influence et gestion directe de la chose publique, etc.), d'amélioration de leurs conditions de vie (dotations infrastructurelles, prise en compte de leurs intérêts dans les mécanismes décisionnels, etc.) et, dans la perspective des mouvements sociaux, en termes d'organisation et de création d'associations de défense de leurs intérêts. Affaiblissement en termes de perte des acquis sociopolitiques de la période du parti unique.

L'analyse s'appuie sur quatre minorités ethniques de la région de l'Ouest choisies selon des paramètres précis : les Mbo de Santchou, les Tikar de Magba, les Pouakam et les pasteurs semi-sédentarisés mbororo.

Pour rappel, l'Ouest, une région où se cristallisent deux groupes ethniques dominants: les Bamiléké et les Bamoun. Les Bamiléké sont regroupés en sept départements (Bamboutos, Haut-Nkam, Hauts-Plateaux, Koung-Khi, Menoua, Mifi et Ndé) et en une centaine de chefferies. Dans les hauts plateaux où ils vivent, la densité atteint plus de 200 habitants au km²; c'est le cas en particulier des pôles démographiques des départements de la Menoua, des Bamboutos, de la Mifi, du Koung-Khi et les Hauts-Plateaux avec, respectivement, 244, 246,53, 310, 252,83 et 658,44 habitants au km². Réunis avec ceux de la diaspora, les Bamiléké représentent 17,5 pour cent de la population nationale,[2] soit le plus grand groupe ethnique du pays, ou, peut-être, en parité démographique avec les *Beti*, populations forestières des régions du centre et du sud. Et depuis le recensement général de la population de 1976, ils présentent au Cameroun leur image de loups-garous puisqu'ils étaient 58 pour cent des importateurs camerounais, 75 pour cent des acheteurs de cacao; possédaient 75 pour cent des hôtels et 80 pour cent des taxis de Douala et Yaoundé (les deux plus grandes métropoles du pays qui ne sont pas sur leur territoire) ainsi que la moitié des autocars du pays (Dongmo 1981; Warnier 1993). Comme le marchand dioula en Côte d'Ivoire, le berger peul ou le pêcheur bozo au Niger, le « commerçant bamiléké » fait partie de ces images classiques de l'Afrique noire. Il est incontestable qu'ils ont acquis sur le commerce urbain de la majeure partie du territoire une position prépondérante. Ce qui a fait dire à Jean-Louis Dongmo (1981) qu'ils sont « dynamiques » ou, mieux, plus « dynamiques » que d'autres groupes ethniques du Cameroun. Néanmoins, il convient de relativiser ces chiffres qui datent de 40 ans d'âge à cause des mutations sociopolitiques et économiques qui ont poussé d'autres groupes aux portes de l'accumulation capitaliste au Cameroun (Banock 1992).

Le royaume bamoun, quant à lui, garde les mêmes frontières que le département du Noun et couvre une superficie de 7,687 km², soit les 55,35 pour cent de celle de la région de l'ouest. Il compte neuf arrondissements (Bangourain,

Kouoptamo, Koutaba, Foumban, Foumbot, Malantouen, Njimom, Magba et Massangam), 14 chefferies de groupements (2e degré) et 153 chefferies de village. Seule une chefferie ressortit du 1er degré, le royaume bamoun avec, comme chef, le sultan-roi. Pendant longtemps, de 1960 à 1981, c'est le terme « département bamoun » qui désignait ladite aire où on retrouve d'autres groupes autochtones, notamment les Tikar, les Mbororo et les Pouakam. C'est le décret n° 81/522 du 11 décembre 1981 qui impose une nouvelle appellation, « département du Noun », du nom du fleuve Noun. Mais à part ces deux groupes dominants, cette région regorge de sept minorités ethniques que l'on peut regrouper en deux catégories : la première catégorie est formée d'ethnies anciennement établies et installées en pays bamiléké : les Mbo, les Batoungtou (des Banen), Bakoua, Diboum (des Yabassi) et en pays bamoun : les Tikar; la deuxième est formée de groupes dont l'arrivée est postérieure à celle des Européens : les Pouakam en pays bamoun et les pasteurs mbororo semi-sédentarisés qu'on retrouve de part et d'autre des plateaux bamoun et bamiléké.

Les Mbo sont localisés dans la plaine du Nkam et ses abords, plus spécifiquement à Santchou dans le département de la Menoua et à Kékem dans celui du Haut-Nkam. Ils sont, dit la tradition orale, originaire de Mbouroukou (région de Nkongsamba au sud), et auraient traversé le Nkam au XVIIe siècle. Ils sont moins cultivateurs que pêcheurs et chasseurs. Les Batoungtou se rencontrent dans le sud du département du Ndé. Ce sont des Banen restés sur la rive nord du Ndé, tandis que le gros de l'ethnie a émigré vers le sud dans le département du Mbam et Inoubou (région du Centre) sous la poussée des Bamiléké. Les Bakoua qui vivent dans la même région sont aussi venus du Mbam et Inoubou mais à l'est. Ces trois peuples vivent en habitat groupé, dans des maisons rectangulaires et pratiquent l'agriculture itinérante sur brûlis ; leur civilisation matérielle est largement tributaire du palmier à huile dont ils tirent huile, vin, matériaux de construction et d'artisanat. Ce sont sans doute les occupants antérieurs du pays bamiléké. Les Diboum occupent l'arrondissement du Petit-Diboum dans le sud du Haut-Nkam. Ce sont des Yabassi (majoritaires dans le département du Nkam, région du Littoral) qui se sont réfugiés vers le XVIIe siècle dans cette région accidentée pour échapper aux marchands d'esclaves (Traite des Nègres consécutive à la découverte de l'Amérique). Leur civilisation matérielle bantoue est la même que celle des peuples présentés ci-dessus (Dongmo 1971:25-26). Les Tikar et Pouakam sont des populations semi-bantoues, à l'instar des Bamiléké et Bamoun, marquées par des structures sociales très hiérarchisées assurant un contrôle efficace de l'espace : les premiers sont établis dans l'arrondissement de Magba et dans deux villages de l'arrondissement de Malantouen ; les seconds sont circonscrits dans deux villages de l'arrondissement de Bangourain. Les Mbororo, quant à eux, sont des Foulbé ou Foulani du groupe hamite, plus connus pour leur attachement à l'activité pastorale.

Les Mbo étant établis dans les départements respectifs du Haut-Nkam et de la Menoua, outre les Mbororo, les Tikar et les Pouakam, nous nous en tiendrons dans cette étude aux seuls Mbo de la Menoua (ou de Santchou). Ce cantonnement ethnique et spatial est guidé par un certain nombre de considérations : d'abord les Mbororo : nous avons affaire ici non seulement à un groupe minoritaire, mais aussi à un « groupe marginal ». Dans le cadre des politiques publiques au Cameroun, l'on entend par là des populations qui se distinguent par leur mode de vie caractérisé essentiellement par l'instabilité physique (nomadisme, semi-nomadisme ou transhumance) et l'extrême précarité de leur condition matérielle qui les réduit à une situation d'extrême dépendance par rapport à leur milieu naturel (forêts, pâturages, etc.). Celles-ci vivent généralement de chasse, de pêche, de cueillette ou de troc, et pratiquent quelquefois une agriculture de subsistance selon les techniques les plus rudimentaires.[3] Ensuite les minorités mbo, pouakam et tikar : c'est à Santchou dans le département de la Menoua, que l'on retrouve la plus grande frange des Mbo avec une fraction moins dynamique et moins dense à Kékem dans le Haut-Nkam.

Il est ainsi établi que dans les manœuvres irrédentistes et de dénonciation des exclusions dont sont victimes les minorités ethniques en pays bamiléké, les Mbo de Santchou brillent par un activisme débordant. Ils ont toujours souhaité sans succès leur rattachement au département voisin du Mungo dans la région du Littoral où ils constituent un groupe numériquement important. En revanche, sous la colonisation allemande, Kékem dépendait de Kongsamba, ce qui donnait l'impression aux Mbo vivant à Kékem d'être toujours rattachés à leurs frères du Mungo. La colonisation française fait dépendre cette bourgade de Bana, devenu chef-lieu d'une nouvelle circonscription. Interprétant cette décision comme une tentative de les mettre sous le commandement des Bamiléké, les Mbo quittèrent la région pour se replier auprès de leurs frères dans le Mungo, de l'autre côté du fleuve Nkam (Dongmo 1981:168). En plus, ancien *no man's land* en contrebas du plateau bamiléké, Kékem a accueilli les premiers immigrants venus d'abord des chefferies de Bangangté, Bangoulap et Bazou pour travailler dans les grandes plantations européennes. Suivant ce processus, ces salariés agricoles se sont progressivement transformés en colons. Lorsque les plantations européennes ont été vendues, après l'indépendance, l'installation des colons s'est accentuée particulièrement au moment des troubles des années d'indépendance (voir Champaud 1983:146). S'agissant des Tikar du département du Noun, à l'instar de Mbo de Santchou, c'est dans l'arrondissement de Magba qu'ils sont établis majoritairement, moins qu'à Malantouen. Enfin, les Pouakam, anglophones dans une région et un département francophones, constituent un groupe inédit, parce que, établis très récemment en pays bamoun, ils y ont pourtant acquis le statut d'autochtones, au contraire des Mbororo.

Une évocation de l'incertitude sur la position des minorités ethniques au Cameroun dans ce nouveau contexte de multipartisme et de démocratisation, et ce, malgré la reconnaissance constitutionnelle des droits desdits groupes depuis 1996 s'impose comme préalable à cette étude. Nous verrons ensuite comment, à l'Ouest, les trajectoires de comportement politique des minorités ethniques sont particulièrement divergentes, travaillées par des déterminants qu'il conviendrait de rechercher. Les trois dernières sections porteront respectivement sur la liaison intime entre démocratisation et inclusion des minorités, les considérations théoriques, les données méthodologiques et l'articulation de l'étude.

Multipartisme et incertitude sur la position des minorités ethniques

Le Cameroun postcolonial cumule tous les inconvénients du partage et de la balkanisation arbitraires de l'Afrique aussi bien au plan géographique qu'historico-culturel : les pieds dans la forêt équatoriale dense, la tête dans le Sahel presque désertique, le tronc fait d'une immense zone de savane, tel est le Cameroun géographique dont la logique du ciselage échappe à l'observateur le plus averti. On dit, en partant du fait de cette diversité géographique, climatique et humaine, que le Cameroun est une « Afrique en miniature » ou encore la « synthèse de l'Afrique ». Ces images sont justes et peut-être même renforcées par le fait que ce pays a connu une variété d'expériences coloniales : celle de l'Allemagne, de 1884 à 1914, puis celles de la France et de l'Angleterre de 1914 à 1960 ; de sorte qu'aux clivages ethno-culturels avec la coexistence de plus de deux cents groupes ethniques aux cultures souvent antagonistes sont venus s'associer les clivages entre deux espaces héritiers de la culture coloniale anglaise et de la culture coloniale française (voir Collectif Changer le Cameroun, 1992:7 ; Donfack Sokeng 2001:62-72 ; Barbier 1981:239-260 ; Gabriel 1999:175 ; Manga Kuoh 1996:107 et sv. Barbier 1981:239-260 ; Mbonda 2001).

De toutes ces formes de diversité, soutient Manga Kuoh, la diversité ethnique est la plus difficile à gérer parce qu'étant culturelle, elle exprime la multiplicité des façons de percevoir le monde et d'interpréter les événements : « Tandis qu'il peut concevoir de faire abstraction de sa position sur l'échelle des revenus ainsi que de sa langue de travail (le français ou l'anglais), le Camerounais sait qu'il doit assumer son ethnicité en permanence et d'abord dans les actes de la vie quotidienne ». Il en est ainsi lorsqu'il donne son nom ou son lieu d'habitation, s'exprime en une langue camerounaise, écoute ses voisins parler, cherche un emploi ou un appui, etc. ». Le problème lancinant du Cameroun a donc trait à la gestion de sa diversité ethnique (Manga Kouoh 1996:108). Doit-elle être acceptée ou niée ? Quelles en sont les expressions à préserver et celles à effacer ? Déjà les archives de la colonisation faisaient état de doléances formulées par certaines ethnies pour obtenir du pouvoir colonial la protection de certains intérêts particuliers, estimés menacés par d'autres tribus partageant le même territoire. Cette revendication augurait de ce qui allait caractériser par la suite l'histoire politique du Cameroun postcolonial, avant de connaître, à partir des années 1990, à la faveur de la libéralisation de la vie politique, une accentuation encore plus marquée (Mbonda 2001). On peut dès lors considérer le Cameroun comme un véritable laboratoire des tensions interethniques qui minent l'Afrique, avec peut-être la différence que ces tensions n'ont pas encore débouché comme ailleurs sur des boucheries humaines.

Raison pour laquelle le thème de la représentation de toutes les ethnies du pays aux postes de direction de l'appareil d'Etat s'est toujours situé constamment au centre de notre vie politique. Le premier président camerounais, Ahmadou Ahidjo, emboîtant en fait le pas au colonisateur français, avait ainsi imaginé un principe, celui de l'« équilibre régional », pour juguler cette complexité ; cette politique repose principalement sur une ingénierie de l'unité nationale fondée sur une arithmétique ethnique et une statistique des origines dont le but avoué est de favoriser l'intégration des différents groupes socioculturels constitutifs de la nation camerounaise.[4] Le « Renouveau » prôné par le président Paul Biya qui prend les commandes en 1982 ne sera pas une rupture eu égard à cet héritage, même s'il faut déplorer une monopolisation de plus prégnante du pouvoir politico-administratif par les Béti, conglomérat ethnique auquel appartient le président. Seulement, le principe de l'équilibre régional n'a toujours été qu'un artifice à la gloire des groupes dominants. Dans l'Ouest par exemple, il profite principalement aux Bamiléké et accessoirement aux Bamoun. Toutefois, il convient de le relever, sur le plan local, le parti unique exerçait une certaine fonction de protection et d'intégration de certains groupes autochtones minoritaires, en leur octroyant prioritairement des positions influentes de pouvoir comme maires et même députés dans leurs localités respectives. Cette politique profitait à l'Ouest aux Tikar de Magba, aux Diboum et aux Mbo de Santchou. Dans cette perspective, la libéralisation politique des années 1990 au Cameroun s'est singularisée par une réforme constitutionnelle en date du 18 janvier 1996 qui institue un Etat unitaire décentralisé, reconnaît les droits des autochtones et protège les minorités. Cette garantie des droits des minorités et des populations autochtones figure explicitement dans le préambule de la constitution. En plus, dans le titre X consacré aux collectivités territoriales décentralisées, l'article 57 (2) dispose en effet que le Conseil régional, qui est l'organe délibérant de la région, « doit refléter les différentes composantes sociologiques de la région ».

Avant cette réforme constitutionnelle, les lois portant organisation des élections municipales et législatives votées dans les années 1990 avaient déjà institué cette exigence de respect des « différentes composantes sociologiques » dans les circonscriptions électorales: l'article 5 (4) de la loi n° 91/020 du 16 décembre 1991 fixant les conditions d'élection des députés à l'Assemblée nationale et l'article 3 (2) de la loi n° 92/002 du 14 août 1992 fixant les conditions d'élections des conseillers municipaux. Cette notion de « composantes sociologiques » se ramène essentiellement aux « différentes composantes ethniques de la population ». C'est d'ailleurs le sens que lui attribuent les justiciables camerounais dans le cadre des recours contentieux relatifs aux élections municipales depuis 1996. Une incertitude demeure cependant, à savoir comment respecter ces dosages sociologiques en l'absence de données statistiques fiables sur ces populations ;

mais surtout, nonobstant ces dispositions législatives et constitutionnelles, la condition sociopolitique des minorités ethniques demeure préoccupante dans notre pays : les Duala, minoritaires dans leur terroir de la ville de Douala, en avaient fait l'amère expérience lors des municipales de 1996, pour sonner le tocsin au grand jour, par des marches et protestations: « Pas de démocratie sans protection des minorités et des autochtones », « Démocratie oui – hégémonie non », « La démocratie de la qualité contre l'ethnocratie de la quantité ». « A l'occasion desdites consultations, quatre maires non duala avaient été portés à la tête des communes gagnées par l'opposition SDF (Social Democratic Front) ».[5]

Dans le cas de la région de l'Ouest qui nous concerne, ces deux épisodes peuvent nous servir d'illustration de cette mauvaise fortune politique des minorités voulue par le multipartisme: d'une part, l'affaiblissement politique des Tikar du royaume bamoun et, d'autre part, les ressentiments des Mbo de Santchou, dans le département de la Menoua. Prenons le scénario du royaume bamoun ; dans ce terroir, seuls les Bamoun bénéficient de l'unique poste de ministre et des hautes fonctions politico-administratives que le gouvernement y réserve depuis la colonisation (Mouiche 2005:chapitre 6). Cette situation est considérée comme naturelle et conventionnelle. Elle est davantage aggravée par le déficit de scolarisation dont souffrent les groupes minoritaires tels que les Tikar, les Pouakam, les Mbororo, et puis aujourd'hui par l'alibi de la compétition électorale qui amène les partis à s'appuyer d'abord sur les groupes dominants. Comme résultat, la presque totalité des cadres administratifs originaires de ce royaume sont tous des Bamoun. S'agissant des Tikar, sous le parti unique, cette minorité ethnique était plus impliquée et intégrée dans les activités politiques locales de l'arrondissement de Magba ; elle contrôlait et occupait la plupart des postes de responsabilité à la mairie, plus particulièrement le poste de maire et de premier adjoint, à quoi il faut ajouter les activités structures de gestion des marchés (voir Lipe 1996). Depuis le retour au multipartisme en 1990, cette exception tikar est battue en brèche puisque ce groupe minoritaire a vu les Bamoun et même des groupes ethniques allogènes (les Bamiléké, les Anglophones et les Nordistes) le bousculer et lui arracher beaucoup de ces privilèges. C'est ainsi que depuis les premières élections pluralistes communales de 1996, le poste de maire est devenu l'apanage des Bamoun, ce, quel que soit le parti qui, au gré des élections, emporte la majorité au conseil municipal : l'opposition UDC (Union démocratique du Cameroun) en 1996 et le RDPC (Rassemblement démocratique du peuple camerounais), parti au pouvoir, depuis 2002.

Quid des Mbo de Santchou ? Dans la politique d'équilibre régional, ceux-ci sont sous le joug de l'hégémonie des populations bamiléké du département de la Menoua ; bien plus, dans leur enclave de l'arrondissement de Santchou, les Mbo subissent les contrecoups de la forte immigration bamiléké dont la maîtrise de l'espace agraire et le « dynamisme économique » n'ont pas toujours facilité entre les deux groupes la vie en bonne intelligence. De fait, le chef supérieur des Mbo, sa Majesté Mila Assouté, est devenu un rempart contre cette immigration, en même temps un acteur qui doit susciter de ses sujets dynamisme et promouvoir le développement de son groupement. Sa position rappelle celle du chef supérieur des Bakweri dont parlent Cyprian Fisiy et Peter Geschiere (1993:99-129).[6] Les Mbo sont par ailleurs apparentés majoritairement au parti au pouvoir, le RDPC, à l'instar des Tikar de Magba ; mais malgré cet apparentement politique, sa Majesté Mila Assouté, jusqu'à récemment apparat-chik du RDPC, a aujourd'hui quitté cette barque. A l'origine de cette désaffec-tion, les frustrations dudit chef depuis les législatives de 1997 où, malgré le pourcentage de 60 pour cent exprimé par Santchou en faveur du RDPC, le candidat Mila Assouté ne put glaner le fauteuil de député du fait de sa mauvaise position dans la liste du RDPC de la Menoua qui avait privilégié en premières loges les Bamiléké. Le RDPC avait en effet partagé les sièges de cette circons-cription avec le parti du SDF du leader anglophone Ni John Fru Ndi, le plus grand parti de l'opposition camerounaise. Or, dans la répartition des sièges, la position de Mila Assouté sur la liste lui fut défavorable, le RDPC n'ayant pu obtenir que deux sièges sur les cinq en compétition. Il faut reconnaître d'ailleurs que dans de nombreuses zones rurales et périurbaines, les minorités ethniques sont souvent « oubliées », ignorées ou marginalisées dans les listes de candi-datures aux consultations électorales par les partis politiques, comme nous le verrons.

Ces exclusions et frustrations contrastent avec la période du parti unique où étaient accordées prioritairement à ces autochtones minoritaires les investitures pour les consultations locales, voire les postes des exécutifs municipaux. Une incertitude plane donc aujourd'hui sur le sort des minorités ethniques au Came-roun malgré le renouveau législatif et constitutionnel des années 1990 ; d'où notre question principale: le multipartisme et la démocratisation constituent-ils une ouverture ou un prétexte de subversion de la position des minorités ethni-ques ? De cette interrogation émergent quelques questions connexes : quel est l'état de leur condition sociopolitique, de leur représentation au sein de nos institutions politiques locales et nationales (dans les communes, au Parlement et dans les partis politiques) ? La mission principale des partis politiques consistant à maîtriser et à mettre à l'unisson les intérêts sociaux catégoriels qui se meuvent et agissent aux souterrains de la démocratie représentative et en déterminent le destin, dans la logique du « vote ethnique » qui caractérise la compétition politi-que au Cameroun (voir Menthong 1998:40-52 ; Moluh 2001:153-164), quels discours et quelles alliances nouent ces groupes dans le nouveau marché politi-que local et national ? La politique camerounaise étant aussi basée sur le « *bigmanisme* » (du *big man*, voir Mouiche 2005), et la politisation des associations d'élites des différentes communautés ethniques par le parti au pouvoir (voir Geschiere et Nyamnjoh 2000:423-452 ; Nyamnjoh et Rowlands 1998:320-337), ces minorités disposent-elles de véritables leaders pour négocier et se posi-tionner au sein de nos institutions? Bénéficient-elles de manière spécifique et décisive des dotations infrastructurelles (écoles, structures sanitaires, voies de communication, etc.) ? Dans la perspective des mouvements sociaux, comment s'organisent-elles politiquement, économiquement et culturellement aujourd'hui pour sortir de la marginalité ? Comment mieux intégrer les groupes minoritaires dans notre pays ? Quels mécanismes institutionnels utiliser par-delà l'affirmation constitutionnelle des droits des minorités ?

Multipartisme et positions divergentes des minorités ethniques de l'Ouest

A l'Ouest, le multipartisme et la démocratisation ont eu des conséquences divergentes sur la position des minorités ethniques : d'un côté, l'affaiblissement politique des Tikar de Magba dans le département du Noun. Sous le parti unique, il leur était accordé cumulativement et de manière exclusive au sein de l'exécutif communal de Magba le poste de maire et celui de premier adjoint. Avec le multipartisme, les Tikar ont dû céder le poste de maire aux Bamoun, le groupe dominant; pire encore, le poste de deuxième adjoint est passé entre les mains des groupes allogènes ; finalement, ils ne s'accommodent plus que du poste de premier adjoint. De l'autre, les Mbo de Santchou dans la Menoua ont vu leur position politique locale se renforcer, malgré les fortes pressions des Bamiléké des groupements Fondonera et de Fombap, autres composantes dudit arrondissement. Bon gré mal gré, les Mbo ont pu conserver le poste de maire, leur apanage sous le parti unique et marqué un autre point en se réservant automatiquement un des deux postes d'adjoint au maire. Côté Mbororo, la démocratisation a assuré leur éveil politique ; aussi, contrairement à la période du parti unique où difficilement ils prenaient même part au vote, aujourd'hui, de plus en plus briguent-ils des postes de conseillers municipaux et réussissent-ils même à se faire élire. Seuls les Pouakam traînent les pieds et, du coup, leur marginalisation persiste. Pour dire simple, jusqu'à présent, ils n'ont jamais eu de conseillers municipaux, car l'UDC qui contrôle l'électorat de la région répugne à aligner un Pouakam dans les élections municipales pour leur offrir une chance de succès électoral. Quels facteurs ont déterminé ces variations ?

Des enquêtes de terrain et analyses que nous avons faites, trois facteurs ont déterminé ces variations sur la position sociopolitique desdites minorités : un déterminant principal, à savoir leur densité démographique, ensuite leur statut socioéconomique, enfin « l'assimilation structurelle » des partis politiques.[7] D'abord le facteur démographique. C'est assurément Durkheim qui a poussé le plus avant l'analyse de ce facteur dans le changement social en marquant une liaison entre densité démographique et densité morale ; nous en parlerons largement au chapitre suivant. Sur cette base, l'ossature numérique des Mbo, et par conséquent leur poids électoral, largement supérieur à celui des Bamiléké de Fondonera et de Fombap, leur assure une densité morale en les dopant psychologiquement pour jouer ou réclamer un rôle plus prépondérant dans la vie politique de Santchou. Avec le principe un homme, une voix, leur « matelas de votes » est indispensable pour qui veut remporter une élection dans cette localité. C'est d'ailleurs sur la base de leur poids démographique conséquent que le régime du parti unique, dans sa politique d'intégration nationale, avait voulu réserver aux Mbo mais aussi aux Tikar de Magba, au contraire des Pouakam et des Mbororo, le contrôle de leurs municipalités respectives.

Ensuite le statut socioéconomique : le statut social d'un citoyen peut être défini par un ensemble de dimensions plus ou moins congruentes. Les appartenances bio-sociales (âge, sexe) déterminent une place dans la division sexuelle du travail et le système des rôles liés à l'âge. Les positions sociales (types d'activité, catégories socioprofessionnelles, tranches de revenus, niveaux de patrimoine, niveaux d'études) situent l'individu dans la division du travail social. En outre, les appartenances socioculturelles (statut du logement, résidence urbaine ou rurale, conception de sa place dans la société) dessinent différents degrés d'intégration de l'individu dans la société. Tous les citoyens ayant une position sociale et économique peu élevée ou précaire ont une propension relativement faible à participer (Mayer et Perrineau 1992:23 et 29). Sur cette base, les Mbo disposent de nombreux lettrés et cadres administratifs, bref des élites bureaucratiques, promptes à engager pour leur société une action historique. En revanche, au plan démographique, les Tikar de Magba sont aujourd'hui réduits à une parité déficitaire, suite aux contrecoups de la forte immigration des pêcheurs nordistes, lesquels sont venus gonfler la densité de la population non-tikar (les Bamoun mais aussi les allogènes bamiléké et anglophones). Sans le soutien d'un ou de ces groupes allogènes, les Tikar ne seraient pas à même d'emporter une compétition électorale ; aussi sont-ils obligés d'accepter le partage des postes politiques. Or, plus grave, ils sont assez démunis, sous-scolarisés, en panne de leaders et donc désarmés devant leurs concurrents bamoun. Ce déficit de leadership ajouté à la tutelle pesante de la royauté bamoun, qui a toujours voulu assurer une hégémonie bamoun sur les Tikar et préserver ainsi l'unité du royaume, joue en faveur des Bamoun dans les luttes pour le contrôle des postes politiques locaux, à la mairie notamment. L'éparpillement des Mbororo, populations déjà marginales, les prédispose à un déficit démographique partout où ils s'établissent à l'Ouest. Leur éveil politique est plutôt le résultat d'un certain nombre de mutations sociopolitiques parmi cette population : un début de scolarisation, quelques élites émergentes mais surtout l'action du MBOSCUDA (Mbororos Social and Cultural Development Association), un nouveau mouvement social mbororo qui œuvre par des actes de sensibilisation, voire de pression, pour une prise en compte des Mbororo dans nos politiques d'intégration nationale.

A ces deux premiers facteurs il faut ajouter enfin « l'assimilation structurelle » des partis politiques, c'est-à-dire la distribution proportionnelle des groupes ethniques dans les structures desdits partis. Ce sont les partis qui mettent en pratique les prescriptions législatives et constitutionnelles de respect des minorités et de « composantes sociologiques » des circonscriptions électorales en accordant leur investiture à quelques Mbororo. Sur ce plan, les partis apparaissent comme la vigie qui devrait être à l'avant-garde dans le domaine démocratique. Mais, dans la plupart des cas, c'est moins l'intégration des minorités que les intérêts électoralistes des partis qui priment, cela en termes de voix électorales que ces entreprises d'intérêts engrangent ou escomptent parmi les populations cibles. Cette visée électoraliste exclut les Pouakam qui portent un lourd handicap en termes de déséquilibres sociaux : numériquement très infimes avec près de 350 électeurs, enclavés, très pauvres, très sous-scolarisés et n'ayant, malgré l'hypertrophie de la fonction publique camerounaise, aucun natif fonctionnaire, ni cadre administratif, ni agent public ou privé, ni opérateur économique. Mais pas moins que ceux qui pratiquent d'autres disciplines, le politologue ne peut échapper à la contextualité, cognitive et épistémologique, des concepts qui guident sa démarche et lui permettent d'ordonner les faits. Dès lors, comment définir les minorités ethniques ? Quels critères retenus quand on sait que ce concept est porteur de connotations variées, comme d'interprétations fluctuantes ? Quid de sa relation avec le concept d'autochtonie ?

Selon Joseph Sumpf et Michel Hugues, une minorité est un groupe ethnique qui se trouve dans la dépendance d'un groupe ethnique plus puissant soit du point de vue politique, soit du point de vue économique, etc. En général, les minorités sont caractérisées par l'accumulation de certains traits négatifs. Elles sont relativement exclues de la communauté plus large qui les entoure et vivent cette exclusion en la ressentant d'une manière particulière (Sumpf et Hugues 1973:173-174). Il transparaît de cette définition que les minorités dont il s'agit sont d'abord des minorités ethniques, entendues comme les ethnies numériquement inférieures à d'autres ethnies qu'elles côtoient. Mais ici le seul critère numérique est insuffisant pour définir une minorité, tant il est vrai que le phénomène de minorités dominantes est bien connu, à l'exemple de la minorité blanche durant l'apartheid en Afrique du Sud, ou encore l'hégémonie de la minorité tutsi sur la majorité hutu au Rwanda et au Burundi. En Afrique subsaharienne, le problème des minorités semble insoluble dans la mesure où il déborde le concept classique majorité/minorité. Dans un très un grand nombre de pays dont le Cameroun, le concept qui s'impose et la réalité l'inspirant sont plutôt « minorités »/minorités ou « multiples minorités » (*multiple minorities*) (voir Osaghae 1998:1-24), tant le paysage ressemble à une mosaïque ethnique. La façon dont les frontières ont été découpées en Afrique a laissé la plupart des pays africains dans la situation difficile de devoir gérer un régime qui repose sur un collectif des minorités. Quelquefois, il y a une minorité qui s'en détache et a l'air d'une majorité, mais finalement, il y a un contrepoids exercé par deux ou trois autres minorités qui peuvent la faire basculer, ce qui explique que les Africains ont très peu pris de décisions en ce qui concerne les langues nationales (Roy et Labrie 1996:381).

Dans le cas du Cameroun, comment identifier les minorités dans un Etat de plus de 200 ethnies sans majorité reconnue comme telle ? En quoi les Tikar, les Mbo, Mbororo et Pouakam de l'Ouest constituent-ils des minorités ? La lecture se complique ici du fait que l'éventail des situations est fort large… Avec la réforme constitutionnelle de 1996, on aurait pu attendre du constituant camerounais un effort de circonscription et de précision permettant d'identifier sans conteste les minorités susceptibles d'être protégées au Cameroun. Selon Léopold Donfack Sokeng, le constituant n'a pas voulu peut-être s'enfermer dans le cadre figé d'une définition constitutionnelle qui limiterait les capacités manœuvrières des gouvernants relativement à cette question épineuse. « Peut-être est-ce la loi prévue dans la disposition du préambule y relative qui viendra définir les minorités camerounaises et organiser leur statut » (Donfack Sokeng 2001:246) ? A en croire le même auteur,

> …hormis quelques cas de groupes ethniques évoluant en marge du processus dominant d'intégration sociale et de développement à cause de leur mode de vie et d'organisation sociale, à l'instar des Pygmées et des Mbororos et de quelques autres groupes difficilement identifiables de la région montagneuse de l'Extrême-Nord, il paraît particulièrement difficile d'appliquer le concept de 'minorités' au sens où le prône le droit international et comparé aux groupes ethniques du Cameroun.

> …Certes, on doit reconnaître qu'il existe des ethnies numériquement plus importantes que d'autres groupes (notamment les Bamiléké, les Béti, les Peuls, les Kirdi)[8], et que plus d'une centaine d'ethnies sont de dimensions assez réduites. Mais non seulement aucun de ces groupes dits importants ne constitue 35% de l'ensemble de la population si l'on se réfère à des estimations générales, mais surtout les plus importants de ces groupes (les Bamiléké, les Kirdi) ne semblent pas en situation dominante ; notamment si l'on considère que celle-ci résulte, comme c'est généralement le cas en Afrique noire, de la maîtrise du pouvoir et du système politico-administratif. Peut-on alors se satisfaire du critère de la majorité relative définie en terme comparatif entre groupes se côtoyant dans une relation de proximité ?

> Là aussi les choses ne semblent guère aller de soi, car l'enchevêtrement et le brassage des groupes ethniques dans l'espace territorial camerounais sont tels que chaque ethnie sera toujours majoritaire par rapport à l'une ou l'autre, variant ainsi indéfiniment selon le point considéré du territoire (Donfack Sokeng 2001:320-322).

De son côté, Roger Gabriel Nlep distingue, à la suite de Jean-François Bayart, d'une part, les « grands complexes ethniques » que sont :

- le complexe bamiléké dans l'Ouest ;
- le complexe béti dans le Centre et le Sud ;
- le complexe « nordiste ».

D'autre part, les « minorités groupées ou organisées » qui « sont des tribus ou des clans de petite taille, coutumièrement distincts les uns des autres mais qui se regroupent à la faveur d'un dialecte ou d'une langue médiane » :

- l'ensemble minoritaire qui regroupe, sous le dialecte ancestral des *Duala*, des tribus qui sont plus ou moins proches de cette tribu de base : Mbo, Bakaka, Abo, Ewodi, etc., jonchés le long de la côte de Campo jusqu'à l'estuaire du Wouri.

- L'ensemble minoritaire organisé autour de l'anglais dans les régions du Nord-Ouest et du Sud-Ouest.

- Enfin les « minorités isolées » qui sont, selon cet auteur, « des minorités dont la spécificité culturelle, après avoir survécu aux multiples influences colonisatrices extérieures, exclut toute combinaison et tout regroupement. On retrouve essentiellement des pygmées des forêts de l'Est, des Bassa, Bafia, Banen et Yambassa dans le Centre-Sud, des Bamoun à l'Ouest, ou des Bakoko dans le Littoral, entre autres » (Nlep 1986:216).

Une telle classification, généralisante, ajoute à l'amalgame, tant les situations sont par trop complexes. Par exemple, les Anglophones, à l'instar des *Kirdi*, ne constituent pas un peuple, mais une multitude de communautés ethniques dont certaines sont dominantes, d'autres des minorités. L'on ne saurait ranger les Bassa, les Mbo, les Banen et les Bafia dominants démographiquement et politiquement dans leurs terroirs des régions du Centre ou du Littoral, comme des minorités, à l'instar des marginaux pygmées. Dans notre étude, les Bamoun font plutôt figure de groupes dominants à l'Ouest à côté des Bamiléké. Un groupe peut donc être dominant au plan local et considéré comme minoritaire au plan national ; et c'est à ce niveau national que la classification de Roger Gabriel Nlep trouve quelque pertinence. Achille Mbembe pense d'ailleurs avec raison que les Bamoun, les Bassa et autres *Duala* constitueraient plutôt « une variable intermédiaire entre les principaux acteurs politiques camerounais à travers coalitions et ententes » et non des minorités (Mbembe 1993:345-377). En revanche, les Mbo, les Tikar, les Banen, les Bakoua et les Yabassi sont des minorités dans la région de l'Ouest, conséquemment aux découpages administratifs qui les ont circonscrits sur une même unité administrative que les majoritaires Bamoun et Bamiléké. Les minorités ethniques de la région de l'Ouest se singularisent ainsi par le fait qu'elles constituent des groupes de taille démographique réduite, en situation non dominante, anciennement établis et fixés dans un espace territorial donné d'un département et séparés du fait de ce découpage administratif du/des départements ou terroirs où ils sont numériquement plus importants. Le critère de détermination ici est d'abord démographique, géographique et ethnolinguistique, mais enjambe le politique dès lors que ces groupes sont défavorisés à l'Ouest dans les mécanismes de l'équilibre régional. Plusieurs niveaux d'observation, de territorialités et de relations interethniques doivent donc être pris en compte pour qualifier un groupe ethnique de minoritaire.

Deux exceptions notables complètent cette énumération: les pasteurs mbororo clairsemés en petits clans dans plusieurs villages de l'Ouest et les Pouakam, groupe démographiquement très infime, dont nous verrons que dans leurs cycles migratoires, ils ne se sont établis définitivement en territoire bamoun et banso que dans les années 1960, en acquérant pourtant le statut « d'autochtones », au contraire des pasteurs mbororo toujours en défaut de territorialité et considérés comme des « étrangers », (voir chapitre 5). Cette divergence de perception nous amène à ouvrir la réflexion sur les notions d'« autochtonie » et de « peuples autochtones », une autre problématique centrale dans cette étude. En effet, dans un monde où le les bornes de délimitation des champs culturels sont en pleine mutation, les concepts d'identité et d'altérité suscitent une nouvelle prospection sémantique, tant ils sont confrontés à l'expérience de la globalisation et à la récurrence des discours régionalistes identitaires dont le fondement génital est l'affirmation et la conquête de l'autochtonie culturelle, dans un contexte sociétal où la diversité ethnique est souvent perçue comme une source d'instabilité. Quel sens donner à ces deux concepts dans des espaces sociaux fortement marqués par des pratiques culturelles hétérogènes où apparaissent également des conservatismes culturels ? Si le continent africain n'incarne pas à lui tout seul la problématique de ces deux concepts en mobilité sémantique, il reste que les expériences coloniales et postcoloniales font de ce continent l'espace privilégié d'une introspection analytique de la praxis sociale de ces concepts (Mambenga-Ylagou 2005).

D'abord, le concept d'autochtonie; celui-ci est devenu aujourd'hui en Afrique « une référence pour affirmer ou réaffirmer des droits exclusifs sur la terre ancestrale et bénéficier d'un accès privilégié aux ressources qu'ils offrent. Est mis en avant le droit du premier occupant » ou des conquérants régulant l'accès à la terre dans le monde rural en tant qu'autorités coutumières, selon des procédures négociées sans règles codifiées (Médard 2006:166-167). Il implique donc la notion de territoire, avec les droits fonciers particuliers qui peuvent s'y rattacher. Celui qu'on appelle « autochtone » est l'occupant par voie héréditaire, le plus ancien des occupants actuels, voire le « premier », si tant est que cela soit vérifiable (Lespinay 1996:55). Une première contestation pourrait porter sur le terme autochtone lui-même. Jeanne-Françoise Vincent distingue les « autochtones », qui n'auraient pas de traditions d'origine (jusqu'à preuve du contraire), des « premiers installés » qui ont des traditions (vérifiables ou non) les faisant venir d'ailleurs. Cependant, sur le plan de leurs droits, il semble n'y avoir aucune différence de traitement (Vincent 1995:16-17). L'autochtonie se traduit aussi simultanément par des comportements de rejet, des représentations symboliques et de la culture matérielle de l'autre. Elle se manifeste également « non seulement pour investir au village ou y faire valider sa réussite, mais aussi pour s'y enterrer, ce critère devenant le véritable terroir » (voir Bayart, Geschiere et Nyamnjoh 2001:177-194 ; Geschiere 2009).

L'une des singularités des idéologies africaines de l'autochtonie consiste en leur teneur ethnique, voire, plus récemment, racialiste, quand d'autres mouvements comparables, en Europe notamment, mettent en exergue les clivages culturel, linguistique, religieux, national ou régional. Parce qu'elle est un processus récent d'inclusion-exclusion à fondement spatial s'inscrivant contre la fluidité des frontières et le métissage national (Médard 2006:166-167), l'autochtonie est devenue un rival dangereux de la citoyenneté nationale (voir Geschiere 2004:9-23, 2009, 2006:1-7 ; 2009 ; Konings 2003:31-56 ; Ceuppens et Geschiere 2005:385-407). Mais cette ethnicisation de l'autochtonie ne doit pas tromper. Elle n'exprime pas des identités « primordiales » antérieures à la colonisation. Elle procède directement de celle-ci, comme l'ont montré nombre d'historiens et d'anthropologues. L'ethnicité est un produit de l'Etat et un mode de partage et d'appropriation de celui-ci, plutôt que sa négation ou sa subversion. Elle est en outre inséparable du processus de territorialisation humaine, politique et économique dont sa formation a été le vecteur depuis un siècle (Bayart, Geschiere et Nyamnjoh 2001:179-180). Bien plus, en tant qu'exacerbation de particularismes identitaires, la problématique de l'autochtonie participe de la globalisation.[9] Elle va souvent de pair avec la démocratisation (Afrique subsaharienne), la décolonisation soviétique (Caucase), la libéralisation économique et financière (Europe, Amérique du Nord). Elle varie d'une situation à l'autre, selon qu'elle se développe dans un climat d'expansion ou de crise économique, selon qu'elle se réfère à une conception biologisante, ethnique ou culturaliste de l'identité ou selon le rapport qu'elle entretient (ou n'entretient pas) avec l'Etat, le droit, la violence. Et bien sûr selon les mémoires historiques dont elle est tributaire et qu'elle contribue à construire. L'audience de la problématique de l'autochtonie procède ainsi de son ambivalence, de cette capacité à adapter à une très grande diversité de situations politiques son alternative simpliste entre «nous » et « eux » dans les termes d'un jeu à somme nulle entre l'« avant » et l'« après » (Bayart et Geschiere 2001:127 ; Geschiere 2009 ; voir Nicoué Broohm 2007).

S'agissant ensuite des « peuples autochtones », en principe, ceux-ci ont en commun une continuité historique avec une région déterminée avant la colonisation et un lien étroit avec leurs terres. Ils conservent, du moins en partie, des systèmes sociaux, économiques et politiques distincts. Ils ont des langues, des cultures, des croyances et des systèmes de connaissance distincts. Ils sont déterminés à maintenir et à développer leur identité et leurs institutions distinctes. Ils forment en outre un secteur non dominant, voire marginalisé et discriminé de la société.[10] Et c'est parce qu'il n'existe pas de continuité historique des Mbororo dans la région de l'Ouest du Cameroun avant la colonisation, encore moins un lien étroit avec leurs terres de pâturage, puisque, pasteurs nomades à l'origine, ils ne se sont jamais préoccupés d'en acquérir la propriété, ainsi que nous le verrons plus devant, qu'ils y sont considérés comme des « étrangers en défaut de territorialité ». Outre qu'ils sont arrivés à l'Ouest et plus largement dans tout le sud Cameroun après la colonisation, il faut dire en effet que l'opposition entre les Mbororo et les agriculteurs « autochtones » est pratiquement totale : elle est d'ordre vestimentaire, linguistique, économique et de civilisation. Les agriculteurs participent à la culture « bantoue », entendue au sens large, tandis que les Mbororo se rattachent au monde peul dispersé à travers l'Afrique occidentale sèche (voir Pelican 2008:540-560).

C'est au regard de cette complexité contextuelle que la définition de la notion de « peuple autochtone ou indigène » fait l'objet de nombreux débats au sein des instances internationales concernées. Aussi, dans le troisième chapitre de la deuxième partie de son ouvrage sur *La question des peuples autochtones*, Isabelle Shulte-Tenckhof aborde-t-elle ce problème. Prenant comme base la « définition du travail » de l'Etude de Cobo,[11] définition fondée sur les trois critères de l'antériorité dans le territoire, de la non dominance et de la revendication identitaire, l'auteur en analyse les limites. Soulignant l'exclusion qu'engendre cette définition sur le plan des peuples eux-mêmes, ainsi que les confusions sémantiques entre « peuples » et populations, l'auteur nous fait bien voir la complexité de toute tentative de définition universaliste de l'autochtonie. Face à ce problème épineux, Isabelle Shulte-Tenckhof propose une définition empirique à trois volets : reconnaître l'auto-identification des peuples autochtones sur le plan international et dans le cadre des Etats individuels, tout en ne confondant pas les peuples autochtones et les minorités, ni les minorités ordinaires à celles qui sont le produit du colonialisme interne ou du néolibéralisme, c'est-à-dire ces «peuples originels des pays du 'premier monde' que le discours dominant refuse depuis longtemps à considérer comme des situations résultant d'un manque de décolonisation » (Shulte-Tenckhof 1997:145).

Les peuples autochtones sont généralement confrontés aux nombreux défis ; entre autres, le refus de leur droit à contrôler leur propre développement en fonction de leurs propres valeurs, besoins et priorités, l'absence de – ou très peu de – représentation politique et le manque d'accès aux services sociaux. Non seulement ils sont souvent exclus ou mal représentés dans les processus de prise de décisions sur des questions qui les touchent directement, mais en plus ils ne sont pas souvent consultés sur les projets concernant leurs terres ou l'adoption de mesures administratives ou législatives qui pourraient les affecter. Ils sont souvent déplacés de leurs terres ancestrales à la suite d'initiatives telles que l'exploitation de ressources naturelles. Face au monde occidental, ils partagent en outre une série de caractéristiques et une expérience commune : la préexistence, la non domination, la différence culturelle, l'auto-identification en tant que peuple autochtone, la forte dépendance vis-à-vis d'écosystèmes nourriciers, une organisation basée sur le mode des sociétés précapitalistes. Une abondance de formes sociales subsiste donc à l'uniformisation du monde entraînée par la globalisation du marché et par la mondialisation des rapports sociaux.

Cela dit, l'adoption de la Déclaration des Nations Unies sur les droits des peuples autochtones par l'Assemblée générale, en 2007, a marqué un tournant dans la lutte de ces groupes marginaux pour la justice, l'égalité des droits et le développement. Des mesures bienvenues ont aussi été prises récemment au niveau national; certains gouvernements ont présenté leurs excuses aux peuples autochtones pour les injustices passées, d'autres ont fait progresser des réformes législatives et constitutionnelles. La Déclaration reconnaît les droits de l'homme fondamentaux et les libertés fondamentales des peuples autochtones. Elle souligne, entre autres, le droit des peuples autochtones à la liberté et à l'égalité; le droit à l'autodétermination; le droit de définir librement leur statut politique et de poursuivre librement leur développement économique, social et culturel ; le droit de pratiquer et de raviver leurs traditions et leurs coutumes culturelles ; le droit d'établir et de contrôler leurs systèmes d'éducation; le droit de participer pleinement à tous les niveaux de prise de décision sur les questions qui pourraient affecter leurs droits, leur vie et leur destinée; le droit sur leurs terres, leurs territoires et leurs ressources ; et le droit de s'assurer leurs propres moyens de subsistance et de développement. La Déclaration ne comporte cependant pas de définition des peuples autochtones. Elle considère toutefois l'auto-identification en tant qu'autochtones comme critère fondamental, par référence à leur droit de définir leur propre identité ou appartenance, conformément à leurs coutumes et traditions. Et c'est eu égard à cette auto-identification que dans tout le sud Cameroun, les Mbororo peuvent se prévaloir du statut d'autochtones. Par ailleurs, d'autres textes internationaux reconnaissent des droits spécifiques aux peuples autochtones ; ce sont, entre autres, la Convention 169 de l'OIT sur les droits des peuples indigènes et tribaux, la Convention sur les Droits de l'Enfant, la Déclaration universelle de l'UNESCO sur la diversité culturelle ainsi que des conventions connexes consacrées à la sauvegarde du patrimoine culturel immatériel et à la protection et la promotion de la diversité des expressions culturelles. Mais ces textes ne doivent pas rester lettre morte, ils doivent trouver leur application sur le terrain. Or, en dépit des progrès réalisés, obtenir une reconnaissance et des améliorations significatives en matière de droits de l'homme pour des peuples qui ont enduré des siècles d'exploitation et de marginalisation reste un énorme défi pour les gouvernements et le système des Nations Unies.

Au Cameroun, au-delà des questions de terminologie, plusieurs critères définis tant par la Commission Africaine des droits de l'Homme et des Peuples que par la convention 169 de l'OIT sur les droits des peuples indigènes tribaux permettent d'affirmer que dans notre pays, il existe deux grands groupes identifiés par le système des Nations Unies et par ces groupes eux-mêmes comme autochtones. Il s'agit des pasteurs mbororo et des chasseurs-cueilleurs dits « Pygmées » rangés dans la catégorie de groupe « marginal ». Ces populations sont confrontées à un véritable problème d'intégration dans les schémas économiques et politiques dominants, et d'application du droit et de la justice modernes. Ce qui a fait dire à James Mouangué Kobila que la protection des minorités et des peuples autochtones au Cameroun vogue entre consécration universelle réaffirmée et reconnaissance interne contrastée (Mouangué Kobila 2009).

De l'inextricable liaison entre démocratie et inclusion des minorités

Par la science politique, comme par les réflexions sur la démocratie en général, on a appris à concevoir la trajectoire évolutive de la démocratie moderne sous l'angle du perfectionnement, et rarement sous l'angle de la rupture. Or, en la matière, le terme commun consacré est celui de « démocratisation ». Terme élastique par excellence, il permet de couvrir les déplacements de sens des représentations politiques, d'englober dans un même mouvement d'ensemble la transformation des pratiques, la complexification des procédures, la multiplication des acteurs politiques habilités à intervenir. Parler de démocratisation suggère surtout une interprétation de l'évolution des sociétés démocratiques qui s'accommode fort bien du constat de l'inscription croissante de la démocratie dans la société réelle. Mais la question est alors de savoir si les données nouvelles qui animent la démocratie dans ses formes contemporaines, par exemple l'intensité de l'inscription sociale dont celle-ci tient absolument à faire la démonstration, prolongent l'élan d'origine ou rompent avec celui-ci (Thuot 1999:10). C'est dans cette perspective qu'il convient de distinguer entre « démocratisation et libéralisation politique » (Kay Smith 2000:25 ; Diouf 1995:10).

La définition la plus connue de la libéralisation politique est l'œuvre de G. O'Donnel et Peter Smitter (1987:7) qui considèrent qu'elle est « le processus consistant à rendre effectifs certains droits qui protègent aussi bien les particuliers que les groupes sociaux d'actes arbitraires ou illégaux commis par l'Etat ou les tierces parties ». En revanche, dans son expression la plus simple, la « démocratisation » renvoie plutôt à l'instauration d'un système de gouvernement démocratique, c'est-à-dire l'existence des diverses institutions étatiques, les instances garantes de la règle de droit, les partis intermédiaires entre la société civile et l'Etat, et une culture politique (von Meijenfehdt, Santiso et Otayek 1998:58 ; voir Bratton and van de Walle 1997 ; Wiseman 1995). Là encore, il importe de distinguer entre « démocratie formelle et démocratie réelle », comme le relève si bien Georges C. Vlachos (1996:245). En effet, pressés par les événements, les publicistes du XIXe siècle et de la première moitié du XXe faisaient de plus en plus souvent état de cette distinction ; leur attention ainsi que celle des masses portaient, d'une part, sur l'élargissement du droit des suffrages (femmes, nombre croissant des jeunes) et, de l'autre, sur la protection effective des minorités soit au moyen d'un aménagement approprié des systèmes électoraux, soit par la démocratisation des partis politiques eux-mêmes (recrutement plus large, reconnaissance des « tendances » et meilleure organisation interne). A la suite de ces évolutions, qui étaient accompagnées ou faisaient suite à des tensions ou conflits plus ou moins tenaces, le principe majoritaire, tout en ne pouvant être écarté entièrement, perdait, néanmoins, petit à petit, son caractère dogmatique antérieur. Et ce changement ne se limitait pas seulement à la constatation que « la majorité peut se tromper », mais pénétrait jusqu'au cœur même de la notion du bien commun. Il devenait en effet de plus en plus manifeste que le bien commun n'est pas une idée à sens unique, mais s'analyse et se décompose en un faisceau d'intérêts partiels ou catégoriels, qui coexistent et ne sont en fait solidaires qu'au sein de la communauté une et indivisible, sans cesser pourtant chacun de posséder son existence propre et distincte de celle des autres. Le droit à la différence que recouvrait jusqu'ici et rendait d'une certaine manière invisible le principe de l'égalité juridique formelle était désormais de plus en plus propulsé à l'avant-scène politique, en rendant parfaitement visible la présence effective des minorités diverses, nationales, ethniques, confessionnelles, de même que des classes et catégories sociales, des groupes et organisations diverses ayant chacun des intérêts et des revendications propres (Vlachos 1996:245 ; Guèye 1996:17-18 ; Balogun 2001:2).

A ces observations on devrait sans doute ajouter à présent qu'avec la mondialisation du commerce et la création d'unions économiques superposées ou croisées avec les souverainetés étatiques traditionnelles, la notion de lien politique a cessé d'être univoque. Le citoyen ne reconnaît plus son identité en référence exclusive à un seul et unique pouvoir de son origine ou de son choix. De toutes ces données nouvelles il résulte une plus grande exubérance des intérêts individuels ou collectifs partiels, lesquels se croisent à leur tour sur le plan à la fois national et international (Vlachos 1996:245). Aussi, dans la plupart des régions du monde, la question de la démocratisation est-elle devenue centrale ; elle donne lieu à des interprétations visant à expliquer pourquoi et comment certains régimes politiques sont devenus des démocraties ; à évaluer la qualité de la démocratie. Car, derrière la modestie des attentes, il y a une conviction ferme que la qualité d'un régime politique s'évalue selon l'intensité de son inscription sociale, c'est-à-dire selon sa capacité à représenter non pas la société en général, mais la société « réelle », dans l'intimité de ses contours, dans la multiplicité conflictuelle des intérêts qui la constituent, dans la diversité des acteurs qui l'animent, dans ses divisions et ses tensions. D'où le sentiment diffus que les institutions typiques de la démocratie moderne (les partis et les parlements, par exemple) sont peut-être insuffisantes pour mettre correctement en œuvre la coïncidence socialement revendiquée du politique et de la société. On exige de la démocratie qu'elle soit en prise directe sur la réalité du moment. Or nombre de ses institutions semblent encore trop entretenir la distance entre la base sociale et le sommet politique. Il n'y a pas longtemps, l'ordre politique démocratique pouvait se légitimer par le seul processus électoral, en se contentant de remettre périodiquement en jeu la constitution du pouvoir politique (Thuot 1999:9 ; Vlachos 1996:239-252 ; Balogun 2003 ; Moluh 2001:164).

L'accord semble donc se faire sur l'idée que la démocratie ne saurait se passer par pertes et profits les mouvements identitaires. Comme le dit si bien Luc Sindjoun, il est difficile de penser historiquement la démocratie « sans hétérogénéité de la société nécessitant la recherche d'un consensus minimal et relatif, étant entendu qu'il existe des différences de degré et de nature dans l'expression et la gestion des désaccords et des clivages » (Sindjoun 2000:23 ; Thomas-Woolley et Keller 1994:411-42). Si la démocratie peut et doit être considérée comme une exigence universelle tant par ses principes et par les valeurs qui l'inspirent que par sa finalité qui est l'affirmation pleine et entière de la liberté et de la dignité de l'homme en tant qu'homme, elle ne se « vit » cependant et ne se pratique que dans le contexte des sociétés concrètes culturellement et historiquement spécifiées, par des hommes concrets se ressentant dans leurs comportements comme dans leurs mentalités de ces déterminations culturelles et historiques. Il s'agit là, nous semble-t-il, d'une simple évidence qu'il serait à la limite inutile de rappeler si, sans doute pour éviter de prêter le flanc au reproche de « culturalisme », certains n'en faisaient pas si peu cas dans leur approche théorique de la question (Guèye 1996:17-18). Or la carte coloniale de l'Afrique avait été dessinée sans tenir compte des liens entre les différents groupes ethniques et linguistiques, et des bases de pouvoirs régionaux ; aujourd'hui, protéger les droits des minorités, c'est relever un tout autre défi: celui de favoriser la diversité culturelle; promouvoir la richesse des valeurs appartenant aux groupes ethniques; combattre l'exclusion sociale, économique et politique; et respecter les droits de tous les groupes ethniques en matière de développement, conformément aux droits fondamentaux développés en droit international. Autant de mesures qui mènent à la protection et à la promotion des droits humains et contribuent à contrer la manipulation des identités ethniques à des fins politiques. « Le point de départ pour atteindre ces objectifs est de reconnaître l'existence des minorités », nous dit Samia Slimane (2003:1-2).

Comment intègre-t-on les minorités ?

Schématiquement, l'inclusion des minorités ethniques mobilise quatre approches théoriques principales: les approches institutionnelles, les approches structurelles, la théorie de mobilisation des ressources, enfin, la théorie du conflit social. Si les trois premiers courants qui sont complémentaires permettent, entre autres choses, d'expliquer les variations de l'intégration sociopolitique selon les groupes ethniques et les contextes, la théorie du conflit social postule, quant à elle, que les relations conflictuelles entre groupes ethniques sont à l'origine de la mobilisation de certains groupes et d'un accroissement de leur participation à la vie politique. Dans les lignes qui suivent, nous nous proposons de procéder à une revue de la littérature sur ces différentes approches théoriques; de celles-ci, nous préciserons notre propre approche théorique.

Les approches juridico-institutionnelles

Selon le courant institutionnaliste, l'intégration sociopolitique des minorités passe par un certain nombre d'arrangements institutionnels. Sous cet angle, respecter les droits des minorités suppose des mesures spéciales ouvrant des perspectives auxdits groupes que la seule loi de la majorité aurait altérées, parce que devant le principe d'« égal traitement pour tous », certaines minorités se retrouvent toujours en situation défavorable pour protéger leurs intérêts. Cette ingénierie institutionnelle peut consister en des quotas représentatifs, des discriminations positives (*affirmative actions*) ou même des découpages électoraux spéciaux. A titre indicatif, William Safran distingue 16 types principaux d'arrangements institutionnels protecteurs des intérêts des minorités. Ceux-ci vont du fédéralisme au soutien aux initiatives de création culturelle des minorités en passant par le quasi et pseudo-fédéralisme, l'autonomie régionale et locale, le consociationnisme, la décentralisation fonctionnelle, la rotation des offices publics, le communalisme, les quotas représentatifs, les systèmes juridiques et de justice multiples et différenciés, le multilinguisme, la tolérance dans l'usage pratique des langues, les discriminations positives, la distinction entre citoyenneté et nationalité et le patronage politique. Ces institutions sont, selon le même auteur, mutuellement incluses (Safran 1994:61-80).

Ainsi par exemple, aux Etats-Unis, le découpage électoral a souvent permis aux minorités raciales comme les Noirs de constituer à elles seules une majorité électorale dans une ou plusieurs circonscriptions. C'est pour cette raison que dans ce pays, à l'issue de chaque recensement, les juridictions doivent ajuster le tracé des circonscriptions en fonction des évolutions démographiques interve- nues au cours des dix années écoulées. Pascal Noblet trouve en cette praxis politique une véritable voie vers « l'égalité réelle » (Noblet 1993:133). Pour Barbara Thomas-Woolley et Edmond J. Keller, la nature plurielle des sociétés africaines condamnerait notre continent à adopter le fédéralisme, tant ce méca- nisme offre des garanties institutionnelles d'« inclusion sociale », à savoir des droits nationaux établis pour tous et pour certaines autres affaires, des mesures spécifiques adoptées par des gouvernements fédérés qui ne soient en contradic- tion toutefois avec les lois fédérales. Aussi ces deux auteurs invitent-ils l'Afrique de cette « seconde indépendance », dans sa quête de la démocratie, à se servir de l'expérience fédéraliste américaine, laquelle repose sur le credo cardinal de la nécessaire conciliation de la « règle majoritaire » avec le respect des droits des minorités, son pendant complémentaire (Thomas-Woolley et Keller 1994:411-412).

Comment aussi comprendre cette « vertu apaisante de la décentralisation », se demande Ernest-Marie Mbonda ? Celle-ci répond sans doute à un besoin vital de reconnaissance des identités et de participation qui aujourd'hui s'af- firme avec plus de force en Afrique et ailleurs. Les sociétés multiethniques comme la Belgique, la Suisse et le Canada ont dû adopter des systèmes de décentralisation fédéraliste pour doter chaque entité « ethnique » d'un pouvoir politique ayant une extension limitée simplement par les principes généraux de la politique nationale ou fédérale. Chaque communauté ethnolinguistique dispose de nombreuses prérogatives lui permettant d'assurer, à travers son auto-administration, la garantie et la promotion de ses valeurs culturelles, sociales et économiques propres. Les visées indépendantistes ne font plus beaucoup recette au Québec, et l'angoisse de l'extinction de la culture francophone semble bien apaisée depuis le moment où l'Etat canadien a reconnu à la province le pouvoir de prendre un certain nombre de mesures particulières pour promouvoir son identité. « En Afrique, poursuit Ernest-Marie Mbonda, les demandes de décentralisation doivent être entendues comme la manifestation du rejet d'une forme d'Etat dans laquelle les groupes n'ont jamais véritablement pu se reconnaître ». « Les réaménagements constitutionnels enregistrés dans ce continent depuis 1990 ouvrent la possibilité au moins légale, pour les collectivités locales, de s'administrer elles-mêmes » (Mbonda 2001:33-34). Ce qui a fait dire à Léopold Donfack Sokeng qu'avec la réforme constitutionnelle de 1996, le constituant camerounais « semble vouloir déchirer le voile qui masque pudiquement la complexité de cette Afrique des ethnies avec sa cohorte de revendications identitaires » dès lors qu'elle institue la décentralisation, reconnaît l'existence des minorités et la nécessité de préserver les droits des peuples autochtones (Donfack 2001:30-31).

Arendt Lijphart, de son côté, estime que dans les sociétés plurales, entendues, celles qui sont profondément divisées suivant les clivages religieux, idéologique, linguistique, culturel, ethnique ou racial, et qui sont virtuellement constituées en sous-sociétés séparées ayant chacune son parti politique, son groupe d'intérêt et son moyen de communication, la flexibilité nécessaire à la démocratie majoritaire est absente. Dans ces conditions, la loi de la majorité est non seulement antidémocratique, mais aussi dangereuse, parce que les minorités auxquelles l'accès au pouvoir est constamment dénié se sentiront exclues, victimes de discrimination et cesseront de manifester leur allégeance au régime. La démocratie est généralement présentée ici sous la forme de la « démocratie consociationnelle ». L'idée qui domine alors est que cette forme de démocratie, parce qu'elle vise à atténuer les effets négatifs de la loi de la majorité, est à promouvoir dans les sociétés plurales. Celle-ci consacrerait ainsi la politique des coalitions, le principe de la proportionnalité, la protection des minorités au moyen de la décentralisation ou du fédéralisme. Autrement dit, la démocratie dans les sociétés plurales ne peut être viable qu'en tant que démocratie de partage de pouvoir.[12] La Suisse nous offre ainsi un modèle fédéral de type consociationnel réussi, entre autres (Papadopoulos 2001).

En Afrique, l'Etat fédéral du Nigeria représente un cas unique de régulation de l'accès aux ressources étatiques à travers une codification reposant sur des mécanismes de type consociatif. Ce modèle institutionnel fut imaginé dans ce pays à partir de la fin des années 1960, en réponse à l'une des guerres les plus sanglantes qu'ait connues le continent. Le caractère fortement décentralisé du système politique nigérian est assuré par un mode de distribution original des revenus de la fédération et par l'institutionnalisation du principe dit du « caractère fédéral ». Ce principe a institué des mécanismes butoirs destinés à faire en sorte qu'« aucune prépondérance ne soit accordée à des personnes (…) originaires d'un petit nombre d'Etats, ou d'ethnies, ou d'autres groupes minoritaires, dans le gouvernement ou dans l'un de ses organes ». Depuis la Constitution de 1979, l'application dudit principe a été a formalisé et généralisé.[13] Suivons Jibrin Ibrahim :

> Ces mesures ont un effet positif fondamental sur l'évolution de l'élite politique, administrative et même économique au Nigeria. Depuis la Constitution de 1979, il n'y a aucun groupe géographique, religieux, ethnique ou autre qui soit exclu systé-matiquement du pouvoir. Depuis …, les postes politiques et administratifs sont distribués parmi les … Etats. Dans chaque Etat, tous les local governments reçoi-vent leurs quotas de postes, et, dans chacun des local goverments, chaque district a son pourcentage. Il semble aujourd'hui que la doctrine établie du « juste partage géographique des dépouilles » entraînera dans le long terme l'apparition d'un cor-poratisme national qui sera un garde-fou contre la division. Dans les années 1960, Isaac Boro et Joseph Tarka ont déclenché des guerres contre l'Etat nigérian parce que les régions de COR et Middle Belt étaient presque totalement exclues de tous les bénéfices qui peuvent venir à l'Etat. Aujourd'hui, ces régions bénéficient de patrona-ges, de postes administratifs, de contrats, etc., mais aussi d'écoles, d'industries, d'électricité, au même titre que toutes les autres régions du pays.[14]

Toutefois, la démocratie ne saurait être réduite à sa seule dimension institutionnelle. Elle est sans doute affaire de textes garantissant le bon fonctionnement de mécanismes pluralistes, réglementant l'équilibre des pouvoirs, ou encore assurant le respect des libertés. Mais elle est également affaire de pratique (Bourgi 2000 ; Safran 1994:72 ; Kay Smith 2000:34). Aussi faut-il « penser concrètement la démocratie » (Guèye 1996:17). Pour atteindre un tel objectif, il faut, selon Liisa Lasko et Adebayo O. Olukoshi, « réinventer » l'Etat africain ; ce sera un Etat ouvert qui traduit dans les faits le pluralisme de nos sociétés et admet la participation des mouvements sociaux (Olukoshi et Laasko 1996:33).

Les approches structuralistes

Les arrangements institutionnels quels qu'ils soient peuvent avoir des effets soit positifs, soit dysfonctionnels, à la fois pour les minorités et pour l'ensemble de la communauté nationale, travaillés qu'ils sont, par un certain nombre de facteurs à l'essentiel, structurels. L'on peut en citer quelques-uns : la culture politique, le développement économique, le statut socioéconomique des minorités

ethniques, leur degré de cohésion, la nature des politiques publiques aménagées
en leur faveur, la nature et les attitudes de leurs élites, etc. (Safran 1994:61-80).
Prenons la culture politique. Au Nigeria, malgré la fresque idyllique de Jibrin
Ibrahima sur le modèle consociationnel de ce pays agencée plus haut, il faut
remarquer, à la suite de Daniel C. Bach, qu'à cause de l'absence de la culture
démocratique, le fédéralisme y est plutôt source de nombreux dysfonctionnements
que cet africaniste qualifie d'« effets boomerang des mécanismes consociatifs ».
On ne saurait dès lors conclure, soutient-il, que le « Nigeria soit en passe de
rejoindre les prototypes autrichien, suisse et belge de démocratie consociative ».
Car « Au Nigeria, c'est la recherche de la stabilité, plus que l'exigence de démocratie,
qui paraît présider à l'adoption de mécanismes destinés à susciter une gestion
consensuelle des affaires publiques ». En outre, les clivages culturels, religieux et
ethniques tendent à se renforcer sans que ce phénomène puisse être considéré
comme un facteur de stabilisation des rapports intercommunautaires ni comme
une garantie pour la paix civile. Depuis la seconde République, la distribution
statutaire de ressources étatiques en fonction des « quotas » n'a fait qu'encourager
le développement des logiques clientélistes. Ruineuses pour l'économie du pays
et sans effets d'entraînement sur le sort des populations, ces pratiques sont loin
d'être interrompues.[15]

Au Cameroun, de nombreux auteurs sont d'accord aujourd'hui pour reconnaître que la réforme constitutionnelle de 1996 a plutôt conduit à une interprétation pernicieuse des notions des droits des « minorités » et d'« autochtones ».
Au nom de ces droits, certains Camerounais sont passés maîtres de l'exclusion,
de la démagogie et de la division, en niant aux nombreux citoyens des droits
civils et politiques qui leur sont constitutionnellement reconnus, notamment les
allogènes, militants des partis politiques de l'opposition dans certaines régions et
grandes villes (Geschiere and Nyamnjoh 2000:423-452 ; Konings 2004:12-13 ;
Jua 2001:37-42 ; Nyamnjoh et Rowlands 1998:320-337 ; Monga 2000:723-749 ;
Menthong 1998:47-48 ; Eboko 1999:116-117). « La démocratisation a ainsi
pour résultat paradoxal l'exclusion, la production des 'métèques', des citoyens
de seconde zone, des 'allogènes politiques' dans leur propre pays », pour reprendre Tessy Bakary (1998:11).

Le statut socioéconomique des minorités informe aussi leur intégration
sociopolitique ; il apparaît même comme le principal facteur de variation entre
les groupes au niveau de leur participation politique (Leighley et Vedlitz 1999).
Autrement dit, plus un groupe possède un statut socioéconomique élevé, plus
son réseau associatif est important et structuré, et plus grandes sont ses chances
de s'impliquer dans la vie politique formelle. Cette perspective a fait l'objet de
plusieurs travaux en Occident depuis ceux de Verba et Nie (1972), de Daniel
Gaxie (1980, 1983, 1993) qui identifiaient un lien entre le statut socioéconomique,
la présence d'associations au sein d'un groupe et sa propension à participer à la
vie politique au sein de la société. D'autres recherches du même genre ont été

effectuées plus récemment, notamment par Verba, Schlozman et Brady (1995) et par Leighley et Nagler (1992). Celles-ci s'efforcent de démontrer que le niveau d'éducation et le revenu influent sur la propension de certains groupes à participer, à organiser et à s'impliquer dans la vie politique. Situées dans un paradigme « classique » de l'étude de la participation politique des minorités, ces recherches ont le mérite d'appliquer uniformément l'approche du statut socioéconomique à tous les groupes ethniques minoritaires pour déterminer quels sont les groupes les plus susceptibles de mobiliser leurs ressources en vue d'une éventuelle participation. Ces recherches, corroborées par des chercheurs dans d'autres contextes nationaux et à d'autres niveaux de gouvernement, généralement le municipal, sont instructives parce qu'elles établissent les balises de l'engagement politique des groupes minoritaires et démontrent qu'il n'y a pas uniformité des pratiques en ce domaine (Arcand 2003).

Toutefois, comme le font remarquer Jan Leighley et Arnold Vedlitz (1999) dans le cas canadien, la perspective du statut socioéconomique fournit une explication intéressante à la question de la participation politique, mais n'arrive pas à expliquer pourquoi, depuis les années 1970, alors que le niveau d'éducation et les revenus des minoritaires tendent à s'accroître, on observe une baisse importante du taux de participation aux élections à tous les paliers de gouvernement. C'est dire que la perspective du statut socio-économique ne peut, à elle seule, favoriser la compréhension de l'ensemble des mécanismes qui expliquent la participation différenciée des groupes ethniques minoritaires à la vie politique. On pourrait également reprocher à l'approche du statut socioéconomique de ne pas tenir compte des contraintes auxquelles font face les groupes ethniques minoritaires. Tout se déroule comme si, une fois que les groupes ont acquis des ressources (éducation, revenus, etc.), ils n'ont qu'à les mobiliser sans la moindre contrainte pour ainsi participer à la vie démocratique de la société. Ces lacunes sont comblées par la théorie de mobilisation des ressources.

La théorie de la mobilisation des ressources

La perspective de la mobilisation des ressources est fondée sur la théorie libérale selon laquelle les phénomènes sociaux sont le résultat des décisions et actions individuelles (Nash 2002:114). Elle se développe à partir d'une conjoncture donnée, celle des années 1960 et de la multiplication des mouvements sociaux aux Etats-Unis et en Europe occidentale : les mouvements étudiants, la contestation contre la guerre au Vietnam, les émeutes raciales, mais surtout le Mouvement des droits civiques. Mouvement démocratique en faveur de l'intégration des Noirs dans la société américaine, alors en pleine expansion, et de la fin de la ségrégation légale, le Mouvement des droits civiques, sanctionné par le vote des *Civil rights acts et Voting rights acts*, eut surtout pour principale conséquence l'entrée des Noirs sur la scène politique américaine, leur situation économique ne s'étant que faiblement améliorée. Ces nouveaux mouvements sociaux ont fait éclater les modèles structuralistes classiques, incapables de rendre compte de l'émergence d'une contestation au cœur même du système social, contestation qui n'était pas liée à une crise économique, mais plutôt à l'élévation générale du niveau de vie et d'éducation. Ces mouvements sont liés aux problèmes d'intégration et de la participation, et sont, au fond, faiblement conflictuels (Lapeyronnie 1988:593-595).

Comme élaboration théorique, la perspective de mobilisation des ressources apparaît fortement tributaire de ce cadre politique américain des années 1960. Elle ne s'intéresse pas seulement à l'activité politique formelle et partisane. Elle analyse les mouvements sociaux en accordant une place centrale à leurs structures organisationnelles, aux interactions stratégiques entre les organisations et aux relations entre les organisations ou les mouvements sociaux et leur environnement. Elle fait appel à la rationalité et soutient que la participation à un mouvement doit être considérée comme un comportement rationnel au même titre que tout autre comportement institutionnel. Dans cette perspective, elle adopte un point de vue inverse au modèle classique qui considérait les mouvements sociaux comme des effets de rupture ou des dysfonctionnements du système social. Elle s'inspire de la prémisse qui veut que la mobilisation des ressources en vue d'une action collective soit problématique et, qu'à ce titre, elle comporte un coût et un bénéfice pour tout groupe désirant s'engager dans l'action politique. Dès lors, cette approche dépend de la sociologie politique et des théories économiques (Arcand 2003:24). La perspective de mobilisation de ressources s'attache à l'étude de la formation de l'action collective et de son développement. En s'inspirant des acquis de la sociologie des organisations, elle analyse les mouvements sociaux en accordant une place centrale à leurs structures organisationnelles, aux interactions stratégiques entre les organisations et aux relations entre les organisations ou les mouvements sociaux et leur environnement (Lapeyronnie 1988:594).

Une des propositions de base de la théorie de mobilisation des ressources est que la création d'une action collective suppose la réunion et l'investissement des ressources par un acteur social ou politique. La mobilisation peut donc être définie et conçue comme cette action de gestion ou de management de ressources dans le cadre d'un mouvement social (*ressource management*). « La mobilisation désigne le processus par lequel un groupe mécontent assemble et investit des ressources dans la poursuite des buts propres » (Oberschall 1973:28). Mobiliser est donc une activité instrumentale, qui intervient une fois les buts fixés, les ressources se définissant comme l'objet de cette activité. Dans cette perspective, la société, par opposition au champ de l'action, se définit comme l'environnement fournissant aux acteurs politiques et aux mouvements sociaux les ressources nécessaires à l'action. « La société fournit l'infrastructure qu'utilisent les industries des mouvements sociaux et les autres industries » (Zald et McCarthy 1977:1217). Les ressources sont donc l'élément central, car ce sont elles qui permettent aux groupes de créer l'action. Chaque auteur en donne une liste qu'il retient pour son approche. « Ce peut être n'importe quelle ressource matérielle-travail, salaire, économies et le droit à des biens matériels ou des services – ou ressources non matérielles- autorité, morale, engagement, amitié, qualification, zèle, etc.) (Oberschall 1973:28). Selon Charles Tilly, « ces ressources peuvent être la force de travail, des biens, des armes, des votes et n'importe quelle autre chose, du moment qu'elle est utilisable pour l'action en vue d'intérêts communs... L'analyse de la mobilisation se centre sur les façons dont les groupes acquièrent des ressources et les rendent utilisables pour l'action collective » (Tilly 1978:7). Enfin, pour McCarthy, les ressources peuvent inclure aussi bien la légitimité que l'argent ou l'activité (McCarthy et Zald 1977:1241). Il n'existe donc pas de définition conceptuelle commune des ressources, chaque auteur désignant sous ce terme générique les éléments sociaux, les « choses » qu'il juge déterminants pour expliquer ou analyser telle ou telle action. N'importe quoi peut constituer une ressource, le temps, la beauté, l'énergie, l'espoir, c'est le « concept ventre mou de la théorie », selon William Gamson et Magrit Meyer (1996:275-290).

Ces ressources sont ainsi des « biens », des « choses » rares, assimilables à des valeurs échangeables ou plus précisément à de l'argent ou de la monnaie. Il s'agit moins d'une définition que de l'analogie. La société est conçue comme un marché économique où des biens sont changés et investis pour produire du pouvoir. Les biens rares, autrement dit les ressources, ont ainsi une propriété remarquable : ils sont indépendants des rapports sociaux et politiques constitutifs de la situation. Les ressources sont des biens propres aux acteurs, des choses intangibles et fongibles, des instruments mis au service d'une domination ou d'une action politique et constituant les enjeux de la domination ou de l'action. Elles apparaissent comme des sortes de valeurs monétaires pouvant être transformées en pouvoir si elles peuvent être investies dans l'action collective. Ce sont des instruments au service des acteurs politiques et qu'ils se disputent. La mobilisation des ressources ainsi entendue peut être comprise comme comparable à l'activité économique dans la mesure où elle consiste à investir dans l'action collective ou le contrôle social un certain nombre de biens ou de valeurs dans le but d'augmenter sa « part de marché », c'est-à-dire la proportion des richesses contrôlées (Lapeyronnie 1988:604-605).

L'un des aspects les plus novateurs de la théorie de la mobilisation des ressources est l'intérêt qu'elle porte aux facteurs externes dans la compréhension de l'activité politique. En effet, cette théorie se distingue par la place réservée à la coopération et à la compétition inter-organisationnelle. A l'opposé des approches traditionnelles qui considèrent que seuls les griefs formulés par certains groupes fournissent les ressources nécessaires pour la conduite de l'action collective, la théorie de la mobilisation des ressources conçoit la mobilisation comme étant la résultante d'un travail d'organisation de la part d'individus vivant des situations similaires (Mann 1991). Que l'on s'intéresse uniquement à la présence de ressources au sein d'un groupe ou à leur mobilisation, les approches développées au cours des 25 dernières années ont fait progresser la réflexion sur l'activité politique des minoritaires et en ont déterminé les grandes lignes. Cela étant dit, la vision générale véhiculée par ces approches nous semble pour le moins idéaliste dans la mesure où elles font fi des actions des majoritaires qui, en fonction de leur position avantageuse au sein de la société, jouent un rôle prépondérant dans la participation politique des minoritaires. On ne peut nier que la présence ou l'absence de ressources socioéconomiques chez certains groupes et leur éventuelle mobilisation soit un facteur déterminant de l'action politique des minoritaires. Mais cette action n'est possible que si les majoritaires acceptent ou sont contraints de délaisser quelque peu leurs prérogatives et d'accorder aux minoritaires un accès aux lieux du pouvoir (Arcand 2003:23-25).

La théorie du conflit social

Lorsqu'il est question de théorie du conflit social, le nom de Lewis Coser vient immédiatement à l'esprit. Cet auteur s'est donné pour objectif de réinterpréter le schème conflictuel en tentant d'illustrer ses potentialités pour la compréhension des rapports sociaux et des actions qui en découlent. En présentant une analyse du conflit social qui sort des sentiers balisés par les courants marxistes et fonctionnalistes traditionnels, Coser met l'accent sur les changements pouvant survenir au sein d'un système plutôt que sur le changement de système à proprement parler. Sur cette base, il est tout à fait plausible d'envisager que des groupes entrent en conflit et que ce dernier devient le moteur de l'action sociale et, par extension, du changement social. La vision du conflit social de Lewis Coser est résolument fonctionnaliste bien qu'elle comporte une certaine part d'éléments critiques : le conflit social occupe une triple fonction qui est celle de la maintenance, de la régulation et de l'adaptation des relations et des structures sociales (Coser 1967).

Cette approche a été utilisée plus tard par plusieurs théoriciens américains des « *protest movement* », dont Anthony Oberschall (1973) et Charles Tilly (1978, 1981), pour ne nommer que ceux-là. L'important pour ce courant de pensée est de faire du conflit social la source principale des transformations des sociétés contemporaines et, dès lors, la participation et l'action collective deviennent les instruments de ce changement. L'approche du conflit social est également appelée à jouer un rôle important dans le développement des théories sur la participation des minoritaires à la vie politique grâce, notamment, aux travaux de Hubert Blalock (1967). Pour cet auteur, une présence relativement importante des minoritaires au sein des structures décisionnelles peut être perçue comme une menace pour les majoritaires. Cela entraîne du coup un accroissement du conflit. L'apparition de ce type de relation fondé sur la menace potentielle que provoque la présence de minoritaires au sein des sphères décisionnelles entraî-nerait une fermeture de la part des majoritaires et un affaiblissement du pouvoir des minoritaires. De plus, la théorie du conflit met en lumière la compétition que se livrent les groupes pour accéder aux ressources et, éventuel-lement, être en mesure de les mobiliser. L'avantage de cette théorie par rapport à la théorie de la mobilisation des ressources est qu'elle se situe en amont, c'est-à-dire qu'elle prend en considération les obstacles dans l'obtention des ressour-ces et non seulement leur présence ou absence au sein d'un groupe donné.

L'histoire des nomades touaregs et maures du Niger et du Mali nous semble édifiante. Elle est en effet une longue histoire d'exclusion politique et économi-que débutée lors de la colonisation française, et accentuée par les répressions des régimes despotiques postcoloniaux. Devenus minoritaires dans chacun des Etats où ils vivaient, écartés des centres de pouvoir monopolisés par des acteurs issus de cultures différentes, la menace de la disparition de l'identité touarègue était réelle et a été renforcée par la politique des Etats, qui a pu donner le sentiment qu'il existait une volonté de faire disparaître le groupe en tant que tel (Boilley 1996:106). Forcés à l'exil, pour des raisons de survie, les nomades vont former une première organisation clandestine, mouvement de lutte armée qui se manifestera en 1990. Ils parviendront ainsi à arracher des accords aux Etats pour « la reconnaissance d'une spécificité régionale et d'une promesse d'autono-mie, et dans la décision de rattraper le retard pris par les régions du nord au niveau économique » (Boilley 1996:105). Au Mali, il y a eu intégration des combattants dans l'armée nationale et dans la fonction publique. En même temps, à défaut d'accorder aux nomades un statut politique particulier, le Mali et le Niger ont dû procéder à une vaste politique de décentralisation pour éviter d'éveiller des sentiments de jalousie et des velléités irrédentistes chez les popula-tions des autres régions. Cela a conduit à un réel apaisement de la situation dans ces deux pays. Une cérémonie dite de la « Flamme de la paix » a même été célébrée le 8 mars 1996 à Tombouctou au Mali, pour enterrer, au propre comme au figuré, les armes de guerre (Mbonda 2003). La violence n'est plus comprise ici comme une expression de la frustration et de l'irrationalité. Elle se définit dans le cadre d'une stratégie rationnelle comme un moyen permettant à un groupe d'obtenir une reconnaissance politique qui lui est refusée par les acteurs établis. Elle est une conduite politique à part entière et doit être analysée positi-vement en ce sens. L'émergence de la violence n'est donc pas imputable aux acteurs qui la portent. Elle est plutôt le résultat logique d'une trop grande fer-meture du système politique et institutionnel (Oberschall 1973:204 et sv. Lapeyronnie 1988:600).

La théorie du conflit social témoigne avec une certaine acuité les difficultés des minoritaires à pénétrer les sphères du pouvoir politique et la propension des majoritaires à utiliser leurs ressources pour conserver leurs prérogatives. Elle échoue cependant à expliquer la pratique des majoritaires à intégrer au sein de leurs structures du pouvoir les minoritaires pour mieux en contrôler les discours et revendications. De plus, cette perspective omet de prendre en considération les avancées des minoritaires dans le respect de leurs droits et dans leur capacité à exercer une pression à leur avantage sur le pouvoir politique (Arcand 2003:28-29).

Notre approche théorique

De nombreuses études sur la démocratisation, l'ethnicité, l'intégration politique et la construction nationale au Cameroun existent ; le dénominateur commun est que celles-ci font litière du problème des minorités ethniques. Pour l'essentiel, ces travaux s'intéressent davantage à la situation des groupes dominants comme les Bamiléké, le Beti, les Bamoun, les Peuls, etc. Toutefois, l'on note depuis les années 1990 un certain élan où des auteurs s'intéressent à la problématique des minorités ethniques. Et d'abord les juristes, dans une perspective juridico-institutionnelle, conséquemment à la mutation constitutionnelle de 1996 (Donfack Sokeng 2001 ; Olinga 1998:271-291 ; Mouangué Kobila 2009) ; ensuite des politologues, sociologues et anthropologues se sont penchés aux problèmes de la minorité anglophone, à la situation des *Kirdi* du nord Cameroun et des *Duala* dans le Littoral. Si, du fait de l'immigration, notamment bamiléké à Douala, les autochtones *duala* sont devenus minoritaires dans leur terroir dès 1929 et en subissent les frustrations sociopolitiques aggravées par le nouveau contexte multipartiste (Moluh 2001:153-164), si les Anglophones s'estiment toujours sous le joug de la domination francophone (Konings 1996 ; Konings et Nyamnjoh 1997:207-229 ; Konings et Nyamnjoh 2003), les *Kirdi,* quant à eux, subissent les contrecoups de l'hégémonie peul-musulmane depuis le djihad d'Ousman Dan Fodio du XIXe siècle, maintenue, voire aggravée par les régimes coloniaux successifs allemands et français, mais aussi et surtout par le régime du premier président camerounais, Ahmadou Ahidjo, lequel était de l'ethnie peul (Burnham 1996 ; Gausset 1998:93-110; Socpa 1999:57-81). Seulement, il convient   de relever le fait une fois de plus: les *Kirdi,* à l'instar des Anglophones, ne constituent pas un peuple mais une multitude de communautés ethniques dont certaines sont dominantes, d'autres des minorités. Les *Duala,* quant à eux, sont considérés avec raison par Luc Sindjoun (2002) comme une ethnie « charismatique », à l'instar des Peul, des Bamiléké, des Beti, lesquels ont toujours eu une position conséquente dans les cercles du pouvoir au Cameroun. La notion de minorité étant ainsi contextuelle, ainsi que nous l'avons vu plus haut, se pose donc un problème de contextualisation et d'identification des minorités, au cas par cas.

A côté de cette littérature disons à la mode, les travaux menés par Philip Burnham (1996), Michaela Pelican (2008:540-560) et Lucy Davis (1995:213-228) font cas respectivement de la marginalisation sociopolitique des minorités mbororo de l'Adamaoua et du Nord-Ouest anglophone. Cette étude s'inscrit dans le même sillage en essayant d'évaluer l'état d'intégration sociopolitique des minorités mbo, pouakam, tikar et mbororo de l'Ouest, identifiées comme telles, selon des paramètres précis. Notre approche est plus empirique, plus locale et ambivalente de l'intégration sociopolitique des minorités ethniques. Elle réfute l'approche juridico-institutionnelle pour s'inscrire dans l'interface des théories structuralistes, de la mobilisation des ressources et du conflit social. Certes, nous avons connu des mutations législatives et constitutionnelles réceptives à la question des minorités, mais ces mutations n'ont de sens et significations que dans leur mise pratique par les partis politiques dans leur politique et stratégie d'assimilation structurelle des groupes ethniques. Nous avons déjà relevé plus haut comment, au Cameroun, la protection constitutionnelle des droits des minorités et la reconnaissance des peuples autochtones ont plutôt conduit à une interprétation pernicieuse desdites dispositions de la part de certains partis politiques. Car c'est moins l'intégration des minorités et groupes ethniques, donc la démocratie, que les intérêts électoralistes des partis qui l'emportent.

Revenons à présent sur les trajectoires divergentes de la participation politique des minorités mbo, tikar, mbororo et pouakam. L'on a assisté au renforcement de la position des Mbo de Santchou, à l'affaiblissement politique des Tikar de Magba, au réveil politique des Mbororo et à la marginalisation persistante des Pouakam. Ces variations sont travaillées, comme nous l'avons vu, par trois facteurs principaux : la densité démographique, le statut socio-économique et l'assimilation structurelle des groupes ethniques par les partis politiques. Concrètement, la stature numérique des Mbo, qui est largement supérieure à celle des Bamiléké de l'arrondissement de Santchou, les prédispose à mobiliser cette ressource majeure pour se positionner stratégiquement en avant-garde sur l'échiquier politique local. Or, à l'instar de leurs homologues bamiléké des groupements Fondonera et de Fombap, les Mbo ont eu pour la plupart accès à l'école et disposent, dans la vision structuraliste, de nombreux lettrés et cadres administratifs pour effectivement jouer leur rôle d'agents mobilisateurs. Dans la perspective de la théorie du conflit social, les Mbo sont prompts à mobiliser davantage leurs ressources démographiques et socioéconomiques qu'ils éprouvent des ressentiments contre l'hégémonie économique bamiléké à Santchou ; or, depuis le retour au multipartisme, ces Bamiléké des groupements Fondonera et Fombap revendiquent des postes politiques plus conséquents, voire leur partage par rotation entre les deux communautés. Les Mbo étant majoritairement acquis à la cause du RDPC, ce parti ne pouvant s'aliéner par stratégie électoraliste, ledit électorat privilégie cette communauté dans sa politique d'assimilation structurelle des groupes ethniques.

Les Tikar ont plutôt vu leur position politique s'affaiblir. Dans la perspective structuraliste et de mobilisation des ressources, ce groupe, aujourd'hui numériquement inférieur à l'ensemble constitué des autochtones bamoun et d'allogènes bamiléké, nordistes et anglophones, est également sous-scola-risé ; cette fragilité positionnelle concourt à leur déficit de leadership. Ce déséquilibre n'aurait véritablement pas affecté la position politique des Tikar si ceux-ci ne subissaient pas l'hégémonie des Bamoun et la tutelle pesante de la toute-puissante royauté bamoun qui n'a jamais eu cesse de vouloir contrôler la politique locale de Magba. Dans ce conflit hégémonique, et à cause de leurs votes conséquents qui départagent les Tikar acquis à la cause du parti au pouvoir et les Bamoun, regroupés derrière le parti de l'UDC en majorité Nordistes, Anglophones et Bamiléké se sont invités subrepticement dans ce partage des postes politiques à Magba au sein des partis politiques.

L'éveil politique des Mbororo fait suite à cette assimilation structurelle des groupes ethniques par les partis politiques et à l'activisme du MBOSCUDA, un nouveau mouvement social mbororo qui œuvre pour l'intégration sociopolitique de ladite communauté. Les Pouakam, quant à eux, n'ont à proprement parler pas de ressources démographiques à mobiliser, ni statut socioéconomique, encore moins un nouveau mouvement social comme les Mbororo. De manière prosaïque, ils n'ont pas d'arbres ou n'ont pas planté d'arbres pour en escompter ou en cueillir des fruits. Habitant un milieu isolé, enclavé et donc peu enviable, ils n'entrent en conflit politique avec aucun groupe, en particulier les majoritaires bamoun, conflit qui aurait dilué quelque peu leur léthargie. En outre, le déficit de la culture démocratique fait que c'est moins l'intégration des minorités que la recherche des suffrages qui anime les partis politiques, notamment l'opposition UDC, dans les batailles électorales, toutes choses qui concourent à la quasi exclusion des Pouakam dans les investitures aux compétitions électorales. Cette étude souligne, pour ainsi dire, le rôle central des partis politiques dans l'intégration sociopolitique des minorités ethniques.

Notes méthodologiques et articulations de l'ouvrage

Cette étude est le produit d'une subvention à nous offerte par le Conseil pour le développement de la recherche en sciences sociales (CODESRIA) dans le cadre de la « Bourse pour la recherche approfondie ». Portant sur les minorités tikar, mbo, mbororo et pouakam, elle donne une autre dimension au débat sur l'ethnicité. Elle exige de la part du chercheur une certaine ouverture sur l'interaction entre ces minorités et les groupes ethniques dominants que sont les Bamoun et les Bamiléké. Dans cette perspective et en mettant l'accent sur les questions soulevées en problématique, notre démarche s'est voulue exploratoire. Pour y parvenir, nous avons fait appel à trois techniques de recherche : les techniques documentaires, les interviews et le *focus group*. D'abord les sources documentaires. Deux types de sources documentaires sont généralement usités pour ce genre de recherche : les sources secondaires constituées d'écrits portant sur les minorités ethniques en général, mais aussi sur les groupes dominants que sont les Bamoun et les Bamiléké (ouvrages, journaux, articles de revues, etc.) et les sources primaires consistant en des documents rédigés par les groupes cibles eux-mêmes (discours, doléances, pétitions, tracts, professions de foi des partis, etc.), à quoi il faut ajouter les correspondances administratives.

La question des sources primaires est importante parce qu'elle permet de déterminer le statut socioéconomique et politique du groupe, son activisme, voire son niveau d'évolution sociale. Dans une démarche de type qualitatif, nous avons voulu que cette collecte de documents aboutisse à la construction d'un corpus représentatif. Et en analysant le contenu de nombreux documents portés exclusivement à notre attention par les Tikar et les Mbo, politiquement et socialement mieux intégrés, nous avons noté chez ces deux groupes une forte propension revendicative d'un ressort administratif et territorial propre qui soit les séparerait des groupes majoritaires, soit leur permettrait de mieux exprimer leur personnalité.

S'agissant des sources secondaires, nous en avons été bien servi en profitant de notre séjour aux Etats-Unis entre janvier et mai 2007 comme lauréat du « Five College African Scholars Program » pour exploiter l'abondante littérature largement numérisée sur notre sujet, dans les bibliothèques de ce consortium de cinq universités (dont, entre autres, l'Université de Massachusetts, campus d'Amherst, Amherst College, Smith College, Hampshire College et Mount Holyoke College). En consultant les sources Internet, nous avons pu constater que la marginalité des Mboro contrastait avec la forte publicisation de leurs problèmes dans ces autoroutes de l'information. On peut trouver la source de cette emphase dans les prescriptions de la Banque mondiale qui, depuis les années 1980, appelle avec insistance à la protection des « cultures en déperdition » des peuples autochtones, et donc les pygmées et autres peuples pasteurs comme les Mboro (Geschiere et Nyamnjoh 2000:429 ; Geschiere 2009). Les recherches complémentaires entreprises au Cameroun dans les bibliothèques respectives de l'Université de Yaoundé I et du Ministère de la recherche scientifique nous ont davantage édifié : nous nous sommes rendu compte une fois de plus que beaucoup avait été écrit sur les Mboro, notamment ceux des régions du Nord-Ouest et de l'Adamaoua, sous l'angle de l'anthropologie et de la géographie, peu de choses sur les Mbo et, dans une certaine mesure, les Tikar et rien sur les Pouakam. Fait inédit donc, pour la première, nous levons le voile sur ce groupe minoritaire du royaume bamoun, anglophone, laissé à l'abandon et dont le territoire s'apparente à une enclave dans le glacier francophone. Vivement que cette étude constitue le point de départ pour des études anthropologiques sur ces Pouakam.

Ensuite, l'enquête par interviews semi-directives et par *focus group*[16]. Cette enquête s'est déroulée en deux phases : d'une part, nous avons effectué une enquête préliminaire de repérage de deux semaines dans les départements de la

Menoua et du Noun, plus précisément dans les localités de Bangourain, de Santchou, de Koutaba et de Magba, chefs-lieux d'arrondissement où résident nos groupes cibles. D'autre part, une enquête approfondie de dix semaines nous a conduit dans plusieurs autres localités : outre ces mêmes chefs-lieux d'arrondissement, les campements mbororo de Yolo et Didango, les villages Koupoukam I et II, mais aussi Yaoundé, la capitale politique du Cameroun, où résident quelques élites mbo, mbororo et tikar, sans oublier la ville de Jakiri dans la région du Nord-Ouest, par laquelle on transite pour atteindre Koupoukam I et II. Cette ville était d'ailleurs incontournable pour notre enquête ; c'est surtout avec celle-ci que les Pouakam commercent civilement et administrativement (débouchés, établissement de la carte nationale d'identité, des actes d'état civil, etc.), moins qu'avec Bangourain, dont dépendent ces deux villages.

Nos discussions avec un parterre d'élites desdites minorités, d'autorités administratives, politiques et traditionnelles et de nombreux citoyens ordinaires ont porté essentiellement sur le niveau d'instruction des groupes cibles, les projections estimatives sur le nombre de leurs diplômés, de cadres et agents administratifs, d'entrepreneurs politiques et économiques ; leur intégration et leadership dans les arènes politiques locales et nationales, leurs apparentements politiques, leur leadership au sein des partis politiques, leur engagement dans les campagnes électorales, leurs candidatures aux élections, les dividendes ou, au contraire, les déceptions encourues. De cette enquête, quelques faits inédits : aucun Pouakam n'est ni fonctionnaire, ni cadre administratif, ni agent public ou privé; ce groupe très sous-scolarisé souffre d'une quasi absence d'infrastructures routières et scolaires; à l'instar de leurs cousins bamoun, les Pouakam soutiennent pour la plupart l'UDC tandis que les Mbororo, les Tikar et les Mbo sont acquis en majorité à la cause du parti au pouvoir, le RDPC.

Tout ce maillage donne une structuration en six chapitres de ce livre: le chapitre 1, introductif, consacre des considérations générales sur l'intégration sociopolitique des minorités ethniques en contexte de multipartisme et de démocratisation. Le chapitre 2 se penche sur les trajectoires divergentes de comportement politique des minorités ethniques de l'Ouest, en plongeant cette participation dans son contexte historique et politique, plus précisément à l'aune de notre politique d'équilibre régional ; ainsi que nous le verrons, celle-ci joue contre l'inclusion sociale en marginalisant les minorités ; les chapitres 3, 4 et 5 sont des études de cas sur ces variations de comportement politique: le renforcement politique local des Mbo à Santchou, l'affaiblissement des Tikar à Magba, l'éveil politique des Mbororo et la marginalisation persistante des Pouakam. Le chapitre 6, enfin, porte sur la conclusion générale. Ici, après quelques notes de synthèse et esquisses comparatives, nous dégageons des leçons et des perspectives en vue d'une véritable inclusion des minorités au Cameroun, voire d'une suitable intégration nationale.

Notes

1. Sur ce processus de construction autoritaire entre 1960 et 1989 par les élites politiques africaines de la première génération, lire Peter J.Schraeder (199:71-74) ; Julius O. Ihonvbere (1992:88-90).

2. Il faut souligner que la taille de la population bamiléké est très manipulée par les Bamiléké eux-mêmes. Dans certains sites Internet, ils vont même jusqu'à avancer le chiffre de huit millions pour une population totale camerounaise de près de 20 millions.

3. Cette définition est proposée notamment par un document de propagande de la présidence de la République intitulée « Cinq ans de progrès avec Paul Biya », qui est une publication du Cabinet Civil sur les acquis du 3e mandat de Monsieur le Président de la République, 3 novembre 1997, Yaoundé (1997:262). Il en serait ainsi si l'on se réfère à cette publication : des pygmées implantés dans les régions du centre, du sud et de l'est ; des groupes des populations kirdi des Monts Mandara dans le Mayo Tsanaga et le Mayo Sava, région de l'extrême-nord ; des populations des criques frontalières (populations des îles notamment) dont le sentiment d'appartenance au Cameroun semble peu développé (Donfack Sokeng 2001:113). Pour une connaissance approfondie du mode de vie des groupes marginaux au Cameroun, lire Jean-Claude Barbier (1981:239-260).

4. Pour mieux comprendre les fortunes contrastées, voire les limites de ce mécanisme de régulation politique, lire Léopold Donfack Sonkeng 2001, notamment le chapitre 1 sur « La longue pratique de l''équilibre régional' au Cameroun » ; Norbert Nkemegni (1981) ; Paul Nchoji Nkwi et Francis B. Nyamnjoh (1997) ; Emmanuel Kengne Pokam (1986) ; Monga Kuoh (2000:725-727) ; Monga Kuoh (1996:110-111).

5. Sur ces marches dites « sawa » de 1996, lire Yacouba Moluh (2001:153-164) ; Peter Geschiere et Francis B. Nyamnjoh (2000:423–452) ; Ernest- M. Mbonda (2001) ; Hélène Laure Menthong (1998:47) ; Fred Eboko (1999:116-117).

6. Lire aussi Peter Geschiere (1993b:151-175).

7. Nous empruntons l'expression « assimilation structurelle » à Peter M. Leslie, à la suite de bien d'autres auteurs :

    « The duality of goal just alluded may be more accurately described by distinguishing between what have been termed 'structural assimilation' and 'behavioural assimilation'. 'Structural assimilation' has been used by Frank Vallee and others, and as taken by John Porter, refers to the proportional distribution of an ethnic or immigrant group in the institutional structure and the civic life of the host society. A group which is structurally assimilated is one which ethnicity does not constitute a barrier to the social mobility of its members. 'Behavioural assimilation', on the other hand, refers to the minority's absorption of the cultural patterns of the majority» (Leslie 1969:422).

8. Kirdi est un terme de langue arabe choa du Ouadaï et du Baguirmi signifiant « infidèle », c'est-à-dire non musulman. Il est usité par les Islamo-Peuls pour désigner les ethnies païennes du nord Cameroun. Mais cette appellation ancienne n'est plus exacte puisque beaucoup de Kirdi se sont convertis au christianisme ou à l'islam.

9. La mondialisation ou, dans la terminologie anglo-saxonne, la globalisation, dans ces diverses modalités, économico-financière, technologique, informationnelle, culturelle, apparaît comme un pouvoir mondial anonyme dont l'un des effets majeurs est de détruire la forme du lien social et politique dans laquelle s'est épanouie la modernité

politique jusqu'alors : l'Etat-nation. Cette dynamique annonce, aujourd'hui plus encore qu'hier, la fin des frontières, la circulation généralisée et le village planétaire, mais concomitamment et paradoxalement la montée nouvelle des identitarismes dans des formes parfois extrêmes, des crispations ethniques ou nationalistes violentes, s'agissant de l'Afrique notamment. Ce qui est ainsi fondamentalement mis en cause en rapport à la citoyenneté, c'est la capacité même de l'action politique des hommes dans le nouveau monde planétaire (Nicoué Broohm 2007 ; Gesciere 2004:9-23 ; Konings 2003:31-56).

10. Voir Discours conjoint du Centre des Nations Unies pour les Droits de l'Homme et la Démocratie en Afrique Centrale et UNICEF à l'occasion de la célébration de la Journée Internationale des Peuples Autochtones, Yaoundé, Cameroun, 9 août 2009.

11. Grâce aux efforts de mobilisation des pouvoirs publics déployés par les représentants des peuples autochtones depuis 30 ans, les droits de ces peuples ont suscité davantage d'attention à l'ONU et dans la communauté internationale dans son ensemble. En 1971, la Sous-Commission de la lutte contre les mesures discriminatoires et de la protection des minorités, qui se compose de 26 experts indépendants dans le domaine des droits de l'homme, a nommé un de ses membres, M. Martinez Cobo, comme Rapporteur spécial. M. Cobo a été chargé de réaliser une étude exhaustive sur la discrimination à l'encontre des peuples autochtones et de recommander des mesures de portée nationale et internationale en vue de l'élimination de cette forme de discrimination. L'étude Martinez Cobo rendue publique au début des années 1980 après dix ans de travail aborde un large éventail de problèmes touchant les droits fondamentaux des peuples autochtones, notamment dans les domaines de la santé, du logement et de l'éducation. Elle appelle les administrations publiques à formuler des directives pour les activités qu'elles mènent en faveur des peuples autochtones en se fondant sur le respect de l'identité ethnique, des droits et des libertés de ces peuples. Ce rapport, aujourd'hui épuisé, a constitué une étape importante dans la prise de conscience des problèmes qu'ont les peuples autochtones dans l'exercice de leurs droits fondamentaux. En 1982, avant la parution du rapport Martinez Cobo, le Groupe de travail sur les peuples autochtones a été créé par le Conseil économique et social de l'ONU. Voir « Étude du problème de la discrimination à l'encontre des populations autochtones », Sous- Commission de la lutte contre les mesures discriminatoires et de la protection des minorités, par le Rapporteur spécial, M. Martinez Cobo, document des Nations Unies publié sous la cote E/CN.4/Sub.2/1986/7 (1986).

12. Arendt Lijphart (1991:515-526).

13. Daniel C. Bach, « Fédéralisme et modèle consociatif : l'expérience nigériane », in J.F. Médard (1991:17-140) ; Jibrin Ibrahim (2004:5-8); M. G. Balogun (2001:16).

14. Jibrin Ibrahim, « Le développement de l'Etat nigérian », in J.F. Médard (1991:164).

15. Daniel C. Bach (1991:117-140) ; Jibrin Ibrahim (1991) ; Attahiru Jega (2000).

16. Comme méthode orale et groupale, le *focus group* s'apparente aux palabres africaines, à la différence près qu'elle ne recherche pas le consensus mais plutôt l'émergence des opinions. Méthode qualitative d'animation du milieu, elle est très féconde pour les questions des minorités : elle donne la parole aux populations à la base, les conscientise aux problématiques, ce qui permet de recueillir les perceptions des groupes cibles, leurs attitudes, leurs croyances et les zones de résistance.

Chapitre 2

Démocratisation et variations sur la position des minorités ethniques de l'Ouest

La participation des groupes ethniques minoritaires à la vie politique formelle constitue depuis plusieurs années un domaine de recherche fécond favorisant l'élaboration de nombreuses approches théoriques. Ce domaine est particulièrement important dans les sciences sociales américaines où le vote des Afro-Américains, des Latino-Américains et des Américains d'origine asiatique fait l'objet d'une attention particulière. De fait, aux Etats-Unis, aucun silence ne plane sur ce qu'il est convenu d'appeler le « vote ethnique ». C'est dans cette toile de fond que s'inscrit cette étude qui mobilise, comme nous l'avons dit au chapitre précédent, quatre groupes minoritaires de la région de l'Ouest : les Mbo de Santchou, les Tikar de Magba, les Pouakam et les Mbororo. Dans le présent chapitre, nous nous proposons de faire deux choses : premièrement, il s'agit de situer cette participation politique des minorités ethniques de l'Ouest dans son contexte historique en revisitant notre politique d'intégration nationale. L'application de cette politique a-t-elle véritablement conduit à l'intégration nationale et à l'unité du pays ? Ou au contraire, n'a-t-elle pas favorisé l'accentuation de l'instinct ethnique chez les Camerounais ? Cette politique est-elle réceptive à la question des minorités ? Deuxièmement, nous mettons en contexte les variations sur la position sociopolitique de ces minorités ethniques de l'Ouest, c'est-à-dire, concrètement, l'affaiblissement politique des Tikar de Magba, le renforcement de la position des Mbo de Santchou, l'éveil politique des Mbororo et la marginalisation persistante des Pouakam. Comment se structurent ces variations ? Quelles sont les préférences exprimées par les minorités mbo, pouakam, mbororo et tikar lors des consultations électorales ? Quelles sont leurs alliances et allégeances politiques ? Quels sont les candidats et membres élus desdits groupes minoritaires ? Disposent-ils des ressources mobilisables pour se frayer des entrées dans les arènes politiques locales ? Quels rapports entretiennent-ils avec les groupes dominants ? Sont-ils conflictuels ou complémentaires ? Ces rapports déterminent-ils leurs alliances et stratégies politiques ? Quelles contraintes pèsent sur ces minoritaires ? En répondant à tout ce questionnement, nous nous bornerons simplement à dégager les tendances générales dans le présent chapitre ; aux chapitres suivants, celles-ci seront explorées de façon approfondie.

Le contexte historique de la participation politique des minorités ethniques de l'Ouest

Comme dit au chapitre introductif, le Cameroun est un pays d'extrême diversité tant et si bien que la problématique de l'intégration nationale est certainement dans ce pays « l'une des questions les plus préoccupantes et délicates qui s'est posée et se pose même encore, au-delà d'une quelconque quiétude qu'afficheraient les gouvernants dans leurs discours officiels » (Belinga in Nkwi & Nyamnjoh 1997:110-121). A cette diversité il faut ajouter la conjoncture de la décolonisation. En effet, l'indépendance est survenue dans des conditions difficiles dans ce pays. Une bonne partie de l'Ouest en particulier échappait au contrôle régulier des autorités de Yaoundé. Cette critique du pouvoir central par les armes déclenchée par le parti de l'UPC (Union des populations du Cameroun) avait pour objectifs d'empêcher la gestion de l'indépendance par une classe politique accusée de n'avoir pas pris part à la lutte anticoloniale. Cette grave crise et cette diversité eurent comme conséquence sur les gouvernants d'inscrire constamment la stabilité et l'intégration nationale au centre de notre vie politique. Celles-ci passent par la représentation des communautés ethniques du pays aux postes de direction de l'appareil d'Etat. Pour y parvenir, le premier président camerounais, Ahmadou Ahidjo, avait imaginé un principe, celui de l'« équilibre régional » emboîtant en fait le pas au colonisateur français. Celui-ci s'entend comme une politique de développement économique, social et culturel prônant la participation et la représentation effective de toutes les régions du Cameroun au sein des structures de l'Etat. Dans les lignes qui suivent, nous soulignons que ce mécanisme a toujours brillé par la marginalisation des minorités ethniques ; moins réceptif à l'inclusion sociale, il favorise les majoritaires et prévoit pour certains minoritaires un replâtrage local, en leur offrant prioritairement des positions de pouvoir comme maires dans les arènes communales. Encore, le multipartisme et la démocratisation sont venus remettre en cause ces arrangements issus du parti unique, en affaiblissant certains groupes, à l'instar des Tikar de Magba.

L'équilibre régional et la stabilité comme gage de l'intégration nationale

Au Cameroun, tout le monde est d'accord pour dire qu'à l'indépendance en 1960, on ne donnait pas cher le régime d'Ahmadou Ahidjo. Toutes les conditions étaient réunies pour que le pays éclate en morceaux. Or un pays ne peut se développer et assurer le bien-être de ses populations que si ses ressources et ses énergies ne sont pas dispersées dans des entreprises de divisons internes ou de coups d'Etat permanents. Il importait donc avant tout, pour le président, d'assurer la stabilité du régime. Et cette stabilité passait forcément par l'union des Camerounais. Mais tout le problème était de savoir de quelle unité il s'agissait. Ou plus exactement, comment on allait parvenir à cette unité. « Unité à partir de la base, ou unité à partir du sommet », se demande Pierre Flambeau Ngayap (1983:338) ? Selon le même auteur, dans le contexte de la fin des années cinquante, début des années soixante, les seuls véritables risques de stress du régime étaient ceux que pouvaient provoquer les leaders politiques. Il arrivait que spontanément des individus manifestent, oralement ou physiquement, leur mécontentement. Mais ceux-ci ne pouvaient mettre en danger le régime au pouvoir que s'ils étaient repris et amplifiés par des leaders d'opinion. La stabilité passait donc obligatoirement par la paix entre les chefs. Les chefs, c'étaient les leaders des différents partis politiques et tous leurs états-majors. C'étaient les chefs traditionnels et les associations qu'ils animaient ou parrainaient. C'étaient les cadres de l'administration coloniale. Mais c'était également toutes les élites montantes : les premières générations des *énamarques*[1] qui allaient investir l'administration et certains grands corps, les chefs de l'armée, les hommes d'affaires, l'intelligentsia. C'est tout ce monde-là qu'Ahmadou Ahidjo réussit à rassembler autour de lui, en leur offrant des sièges de pouvoir et les faisant cohabiter dans des lieux spécifiques d'intégration : gouvernement, parlement, comité central du parti, conseils d'administration des grandes entreprises d'Etat ou d'économie mixte ; mais aussi mêmes quartiers, mêmes tribunes officielles, mêmes sociétés et clubs privés (Ngayap 1983:338).

Parallèlement, la participation de l'Etat dans l'activité économique était de plus en plus poussée. Cette participation était justifiée par la nécessité de mettre en place un tissu économique moderne, en l'absence d'agents économiques capables de procéder à des investissements suffisants. Il en résulte que c'est l'Etat qui inspirait et orientait la plupart des activités économiques. Il s'agissait d'un Etat interventionniste. Celui-ci, forgé par Ahmadou Ahidjo à l'ombre du parti unique, devait sa solidité à une certaine efficacité dans l'allocation des prébendes. L'Etat pouvait contrôler les tensions ethniques et régionales en recourant soit à la création des emplois à la fonction publique, soit à l'économie d'endettement, de la commercialisation ou de la distribution (investissements, allocation des titres fonciers et des crédits bancaires, octroi des marchés administratifs et des travaux publics, réglementation du commerce import-export, régime des subventions, attribution des traitements, des avantages et des primes, affectation des équipements et des infrastructures). C'est aussi sur cette base que le régime était parvenu à se constituer des clientèles et à consolider ses réseaux de patronage. Cette gestion permettait de soutenir un système fort complexe de transfert de revenus, des circuits formels et officiels aux circuits parallèles, des ménages urbains aux ménages ruraux, des plus riches aux plus démunis par le biais des aides familiales, des dépenses et des prestations diverses telles que les paiements des frais de scolarité, de santé, des funérailles, les participations aux cérémonies coutumières. L'ensemble de ces dispositifs était géré selon le principe de l'« équilibre régional » (Mbembe in Geschiere et Konings 1993:367-368).

Ce principe ne se rattache à aucune idéologie démocratique reliée au suffrage universel. Il s'agit plutôt, comme l'affirme Guy Landry Hazoumé, d'une variante originale de la démocratie, d'une sorte d'« ethnocratie », si nous pouvons user de ce néologisme, reposant sur le postulat suivant lequel la représentation de toutes les ethnies ou régions du pays aux postes de direction de l'appareil d'Etat serait le seul modèle capable d'assurer la participation universelle des citoyens aux tâches d'administration de l'Etat (Hazoumé 1972:26 ; voir également Amselle et M'Bokolo 1985). Il consiste, selon Roger Gabriel Nlep, à « assurer une répartition plus ou moins équilibrée du produit étatique entre les différentes régions et les groupes humains du pays » (Nlep 1986:159). Dans un contexte marqué par le culte de l'identification régionale et de la prévalence de la solidarité mécanique, il s'agit de produire « le soutien spécifique » au pouvoir central à travers la nomination du frère ou de la sœur d'ethnie ou de région dans le gouvernement (Bayart 1986:7-8). Aussi, lorsque Ahmadou Ahidjo composait son gouvernement, ne se préoccupait-il pas uniquement de veiller à ce que les représentations provinciales[2] soient assurées, à ce que les grands équilibres géopolitiques soient respectés. « A l'intérieur de chaque province, il apparaît qu'il réalisait simultanément un microdosage qui assurait la représentation départementale, microdosage qui se superposait aux macro équilibres » géopolitiques et permettait de mieux chevaucher les réalités sociopolitiques que sont les ethnies, nous dit si bien Pierre Flambeau Ngayap (1983:80-83) ; ce que Jean-François Bayart a qualifié à juste titre de « processus moléculaire de l'assimilation réciproque » opéré de février 1958 à novembre 1982 par le régime Ahidjo, ces décennies ayant vu l'émergence d'une vaste alliance regroupant les différents segments régionaux, politiques, économiques et culturels de l'élite sociale (Bayart 1985:193).[3]

Dans cette foulée, signalons, pour être exhaustif, qu'au départ ou *a priori* (excusez cette clause de style !), le « Renouveau » prôné par Paul Biya qui prend les commandes en 1982 ne sera pas une rupture, eu égard à cet héritage. Selon notre président, construire la nation camerounaise, c'est

> assurer la participation de toutes les composantes du pays à cette œuvre ; c'est faire en sorte que toutes les régions, toutes les ethnies, tous les Camerounais, sans exclusive, se sentent concernés par l'évolution et le destin de leur pays. Chaque ethnie a son importance, sa place, sa valeur qui ne sont pas forcément fonction du poids démographique. Et notre politique d'équilibre vise justement à favoriser la coexistence harmonieuse de toutes les ethnies en sauvegardant particulièrement les droits, l'identité et le génie des minorités (*Cameroon Tribune* n° 5438 du 28 octobre 1993:3).

Par rapport à cette politique d'équilibre régional, il avait déclaré :

> … J'ai réaffirmé mon attachement inébranlable et constant à l'unité nationale, si chèrement acquise, si jalousement préservée, notamment par l'arithmétique de l'équilibre et de la représentation qui, tout en ayant ses mérites, a plus rassemblé et juxtaposé qu'elle n'a profondément unifié, souvent au mépris de l'efficacité (Paul Biya 1988:6).

Déjà lors de sa prestation de serment du 11 janvier 1984 comme président élu, intervenant après celle du 6 novembre 1982 en tant que successeur constitutionnel, M. Biya avait souligné qu'il était nécessaire de passer au stade supérieur de l'unité nationale, à savoir l'« intégration nationale ». En somme, il s'agit davantage d'améliorer que de rompre. Ce souci de continuité se traduit par la permanence sur le plan du droit positif du décret n° 82/407 du 7 septembre 1982 qui institue les quotas par région dans les concours et recrutements à la fonction publique et dans les grandes écoles. Mais avec le temps et dans les faits, ce mécanisme s'est subverti pour devenir un véritable vœu pieux, à considérer l'hégémonie politico-administrative des *Beti*, conglomérat ethnique auquel appartient le président Biya.

Les *Beti* sont établis dans deux régions : le Centre et le Sud et à cause de leur cooptation préférentielle, le concept qui fait de plus en plus recette aujourd'hui est celui de « pays organisateur » contre celui de « l'équilibre régional ». Certes, depuis l'époque coloniale, le Centre-Sud a surtout fourni les fonctionnaires à l'Etat, contrairement à la région de l'Ouest, avec les entrepreneurs bamiléké, principaux hommes d'affaires camerounais et de la partie septentrionale du pays avec ses « *aladji* », riches commerçants musulmans; cependant, depuis plus de deux décennies, les pratiques néopatrimoniales poussent de plus en plus ceux qui font partie du bloc au pouvoir (et donc de nombreux *Beti*), dans les ministères, les concours administratifs, les entreprises publiques et para-publiques et, chose curieuse, même dans les universités d'Etat, à donner une préférence quasi exclusive aux membres de leurs ethnies et aux ressortissants de leurs régions dans les recrutements et promotions aux postes administratifs. Dans de nombreux ministères et certaines sociétés d'Etat ou para-publiques, la *lingua franca* reste le parler *beti*, domination ethnique l'oblige ! De nombreux Camerounais sont ainsi des métèques et frappés d'exclusion, non pas en raison de leur manque de compétences, mais parce qu'ils sont mal nés, du fait de leurs origines ethniques et régionales. Or ni la présidence de la République, ni la primature et *a fortiori* le ministère de la fonction publique ne se soucient guère aujourd'hui des quotas régionaux; pas même le contrôle parlementaire ! Comme l'a si bien dit Eugène Nyambal, un activiste camerounais,

> La route qui mène vers la troisième République est semée d'embûches. Au cours du mandat qui s'achève, oubliant qu'il était le président de la Nation tout entière, le Président de la République a renforcé le repli identitaire du régime. Dans

l'histoire du Cameroun moderne, jamais un groupe n'avait concentré autant de leviers du pouvoir. Sous la première République, le Président Ahidjo s'était entouré de fidèles en provenance de toutes les provinces du pays. La deuxième République a institutionnalisé le sectarisme dans la gestion de l'Etat. Deux constats permettent d'étayer cette conclusion. En premier, le renouvellement des élites sous le Renouveau ne s'est opéré que dans l'aire géographique du président. Dans les autres provinces, le Président Biya s'est entouré de quelques caciques de sa génération cantonnés aux fonctions périphériques. En second, le président a confié les principaux leviers du pouvoir politique, économique et militaire aux ressortissants de son environnement géopolitique, qu'il s'agisse des postes de souveraineté au gouvernement (Défense, Sécurité, Economie et Finances et Affaires Etrangères, etc.) ou encore des principaux postes au sein des administrations centrales, de l'armée, de la police et des entreprises publiques. Ce népotisme institutionnalisé a eu un impact limité sur les conditions de vie des populations des provinces du Centre et du Sud. C'est ce que l'un de nos compatriotes a qualifié de paradoxes du 'pays organisateur'. Je refuse fermement avec lui de penser que nos frères et sœurs issus de ces deux provinces soient comptables de cette mascarade politique, car ils subissent les mêmes méfaits de la mal gouvernance que les autres Camerounais.[4]

C'est cette fresque népotiste, voire un « tribalisme » d'Etat au profit des *Beti* dans les recrutements et nominations aux hauts postes de responsabilité, qui donne aujourd'hui une coloration de purge ethnique, voire politique, à l'opération de lutte contre la corruption et d'assainissement des mœurs publiques engagée par le président Biya et baptisée « Opération Epervier ». Dans sa géographie ethnique, celle-ci ne prend en défaut à l'essentiel que les membres du groupe *beti*, même si on y trouve quelques originaires d'autres régions. Aussi certains *Beti* revendiquent-ils l'équilibre régional dans cette opération et notamment son élargissement aux Bamiléké, aux Nordistes, aux Anglophones, etc. Cette prétention n'est certes pas totalement spécieuse, puisque les « bandits en col blanc », pour user d'une expression chère au Président Biya, se retrouvent dans toutes les régions, et des prédateurs autres que *beti* sont sous les verrous. Toutefois, les membres du « pays organisateur » devenus opportunément défenseurs de l' « orthodoxie » de l'équilibre régional oublient pourtant le fond des choses : par-delà la langue de bois, on ne peut arrêter que ceux qui ont véritablement accès à l'Etat, qui le magnifient et l'exhibent comme trophée ou comme propriété, mais, surtout, qui se sont rendus effectivement coupables d'actes de prévarication. Etaient-ils d'ailleurs venus au secours des lésés, ô combien nombreux, d'autres régions et groupes ethniques lors des recrutements et promotions politico-administratives ? En tant que « frères » du président, ne se comportent-ils pas parfois en vainqueurs et dominateurs à l'origine de nombreuses frustrations, sapant les bases de la fragile intégration nationale acquise sous le parti unique ?

Si Epervier doit agir, il n'arrêtera que ceux qui ont « mangé » l'Etat, sans frontière ethnique ! L'expression n'est pas exagérée, tant les sommes détournées se chiffrent toujours en milliards de francs CFA et, au minimum, en centaines de millions. Cette hégémonie politico-administrative d'un conglomérat ethnique pose l'urgence et la nécessité de créer une Haute autorité de la Fonction publique et de constitutionnaliser le « principe national », à l'instar du « principe fédéral » au Nigeria. Le « principe national » voudrait que sur la base de la compétence (et il en existe dans toutes les régions), aucune prééminence ne soit accordée à un groupe ethnique, à une région ou communauté linguistique au détriment des autres dans les recrutements et promotions politico-administratives comme aujourd'hui. La Haute autorité de la Fonction publique devra être une structure collégiale comprenant les représentants des différentes régions du Cameroun, en charge d'appliquer le « principe national » ; elle devra être dirigée par des hommes d'Etat et non des politiciens ordinaires pour s'assurer que les procédures de recrutements et concours administratifs soient plus transparentes depuis leur ouverture.

Car, contrairement aux exigences de la rationalité bureaucratique et de la bonne gouvernance, beaucoup de recrutements se valident d'abord et avant tout en privé, au village et dans les associations des ressortissants aujourd'hui au Cameroun, cela, sans véritable considération de profils et compétences, le seul objectif restant de procurer à des « frères » le « matricule », précieux sésame qui ouvre les portes de l'administration. Dans un tel environnement patrimonialisé où l'ethnicité se mue en népotisme et tribalisme, les agents politico-administratifs adoptent le comportement des chefs traditionnels et deviennent des leaders factionnels sans aucune vision nationale. Comme conséquence, les originaires des régions et groupes ethniques qui n'ont pour seule arme de mobilité sociale que le savoir et la soif de réussir n'ont que leurs yeux pour pleurer ! Raison pour laquelle il faudra dorénavant accompagner les résultats des recensements démographiques des statistiques ethniques pour rendre plus lisible, pertinente et inclusive notre politique d'équilibre régional. Il est cynique et injuste que lors desdits recensements, des originaires des régions périphériques, du fait de l'émigration de travail, soient pris en compte dans les régions d'accueil à forte valeur ajoutée en termes d'emploi; mais que lors des recrutements et promotions, ceux-ci disparaissent subrepticement dans les quotas réservés à ces régions dont ils gonflent l'équation démographique pour être reversés dans les quotas minorés de leurs régions d'origine. La stabilité à long terme de notre pays dépend de cette justice ethnique et sociale.

L'équilibre régional contre l'inclusion sociale

Nous donnons à l'expression « inclusion sociale » le sens que lui assigne M. J. Balogun :

L'inclusion sociale signifie créer et soutenir les conditions permettant aux diverses strates de la société (les minorités ethniques, les femmes, les handicapés physiques, les ruraux, les ordres religieux et sectaires rivaux, les franges les plus faibles et les plus pauvres de la société, aussi bien que les victimes de pratiques d'exclusion sociales d'autrefois) d' être représentées dans l'organisation formelle. Cela contraste avec un arrangement assis sur «le mérite» ; il met aussi en évidence le dilemme auquel fait face le gestionnaire du secteur public moderne. Le mérite a un rapport avec l'excellence tandis que l'inclusion sociale, -quand elle est envisagée en termes de « quota » - penche vers le compromis, la négociation entre groupes et, probablement, la médiocrité. Par le mérite, on doit pouvoir anticiper, ou au moins, répondre aux forces du marché. Par l'inclusion sociale, on cherche à promouvoir la justice sociale même si cela va à l'encontre de l'efficacité et de l'allocation « rationnelle » des ressources Balogun 2001:1-2).[5]

Comme nous venons de le voir, de son accession à l'indépendance le 1er janvier 1960 à l'avènement du régime du « Renouveau » le 6 novembre 1982, le Cameroun a été gouverné sur la base d'une politique centraliste à parti unique dans une perspective multirégionale ou multi-ethnique. Pour canaliser les tensions et les inégalités sociales au niveau régional, le pouvoir d'Ahidjo s'est servi des personnalités influentes à qui il accordait de larges privilèges (politiques et financiers) et qui devaient, en échange, défendre sa cause auprès des groupes ethniques auxquels ils appartenaient. Cette politique permit de maintenir pendant 22 ans ce pays dans une relative cohésion sociale, au prix de nombreuses privations individuelles et collectives. Depuis le 6 novembre 1982 et plus encore depuis 1990, le Cameroun subit de profondes mutations dans les domaines politique, social et économique qui ont failli, à certains moments, paralyser ses institutions et compromettre sa paix sociale. Pour atténuer les effets pervers de ces mutations, réduire les inégalités régionales de développement et, au-delà, réaliser l'intégration nationale, le régime Biya fait de plus en plus appel à la générosité des élites, qualifiées dans un ton quelque peu dithyrambique de « vecteur de la concrétisation de la politique d'intégration nationale » par Kegne Fodouop (Fodouop in Nkwi et Nyamnjoh 1997:150-151). A l'instigation du président, celles-ci y assurent largement l'encadrement, l'animation politique des populations et la dotation des régions en équipements collectifs modernes. Elles se chargent ainsi de communiquer aux populations les décisions et instructions venant du pouvoir et de leur expliquer à la fois sa philosophie politique et son projet de société ; qu'elles résident en ville ou à la campagne, elles coordonnent les préparatifs des visites des autorités administratives dans leur arrondissement ou village d'origine ; en période électorale, elles y soutiennent et financent même la campagne des candidats du parti du pouvoir; dans le cadre des élections municipales ou législatives, elle y conduisent le plus souvent la liste du parti au pouvoir. En second lieu, les élites s'emploient à réaliser des équipements collectifs modernes dans leur arrondissement ou village d'origine. Avant l'avènement du Renouveau, le régime Ahidjo avait déjà lancé un appel à l'initiative des élites urbaines en les invitant vers le milieu des années 1970 à participer activement au développement, disons modernisation de leur région d'origine, afin de la placer au même niveau de vie que les autres. Depuis cette date et plus encore depuis une dizaine d'années et ce, malgré la crise, les citadins fortunés, hommes d'affaires, cadres privés et hauts fonctionnaires de l'administration rivalisent entre eux pour doter leur région ou village d'origine de villas, routes, ponts, établissements scolaires et médicaux, points d'eau potable, groupes électrogènes, bâtiments administratifs et exploitations agricoles modernes.[6]

Pour Kegne Fodouop, certains apports évoqués ci-dessus relèvent de l'initiative individuelle (cas des villas, des groupes électrogènes ou d'une partie des points d'eau potable), mais les plus nombreux sont mis en place de façon collective par des citadins qui agissent à travers des associations regroupant dans les villes du pays les ressortissants d'une même ethnie, d'un même arrondissement ou d'un même village. Les intéressés les financent avec soit des économies personnelles qu'ils ont mobilisées pendant longtemps dans des tontines ou dans un compte bancaire, soit des prêts bancaires, soit encore des cotisations qu'ils versent dans le cadre des associations ethniques ou de village pour réaliser un équipement d'intérêt collectif (une route, un pont, une école, un lycée ou un foyer culturel) dans leur arrondissement d'origine. Ceux d'entre eux qui occupent de hautes fonctions politiques et administratives, à l'instar des ministres, des députés et directeurs généraux d'entreprises publiques, mobilisent l'ensemble de leurs relations pour obtenir du gouvernement la construction de routes, de CES (Collèges d'enseignement secondaire), de dispensaires ou des points de distribution d'eau potable dans leur région d'origine ; ils font en outre des démarches auprès des autorités publiques compétentes afin qu'elles érigent leur arrondissement ou village en sous-préfecture ou en préfecture. Par ces diverses actions, les personnalités considérées montrent leur capacité à mobiliser les institutions étatiques et à les mettre au service de leur communauté. Tantôt, usant de leur position dominante dans le gouvernement, elles détournent, au profit de leur région ou village d'origine, des investissements publics initialement attribués à d'autres groupements, tantôt elles prélèvent sur le trésor public des fonds pour doter leur arrondissement ou village d'origine d'infrastructures sociales modernes (Fodouop in Nkwi et Nyamnjoh 1997:153).

Aussi le thème de la classe dirigeante est-il, sans aucun doute, « l'un des plus populaires au Cameroun, souligne avec raison Pierre-Flambeau Ngayap. Il est l'un des plus prisés, peut-être même autant que le football. Ce thème est quotidiennement présent dans tous les esprits, peut-être volontairement entretenu ». Les journaux radiodiffusés de 13 heures, 17 heures et de 20 heures sont des temps forts quotidiens de la vie des Camerounais, citadins comme ruraux, qui espèrent ou craignent, avec des convictions variables, une nomination, une

mutation ou une révocation de soi-même, d'un collatéral, d'un ami, d'un concurrent (Ngayap 1983:8-9). A en croire le même Ngayap, pour comprendre qu'il
s'agit d'un phénomène véritablement national, il faut se rendre compte que tous
les membres d'une administration sont curieux de savoir qui est leur nouveau
ministre, leur nouveau secrétaire général, leur nouveau directeur ou directeur
adjoint ; que les agents de bureau ou les secrétaires sténodactylographes ont au
moins une bonne raison de chercher à savoir si leur chef de bureau, leur chef
de service ou leur sous-directeur est maintenu ou non ; qu'aussi bien dans les
grandes villes que dans les zones rurales les populations connaissent toujours le
nom de leur maire, de leur sous-préfet et de leur préfet, dont le maintien ou le
départ ne leur est pas du tout indifférent ; que pratiquement tout le monde a
quelque part un parent ou une relation qui pense, à tort ou à raison, devenir
incessamment l'objet d'une promotion, d'une mutation ou d'une sanction, qui
touchera peu ou prou, directement ou indirectement, les intérêts de cet entou-
rage (Ngayap 1983:8-9 ; Nyamnjoh 1999:105-106).

La question qui vient cependant à l'esprit est de savoir, dans la perspective
identitaire, à quels groupes ou communautés ethniques appartiennent ces hauts
cadres administratifs : les ethnies majoritaires, dominantes ou minoritaires sans
préférence ? Heureusement, à la fin de son livre, M. Ngayap est venu nuancer
avec raison ses allégations en jetant le doute sur l'intensité de l'inscription sociale
du principe de l'équilibre régional, c'est-à-dire sa capacité à représenter non pas
la société camerounaise en général, mais la société « réelle », dans l'intimité de
ses contours, dans la multiplicité conflictuelle des intérêts qui la constituent,
dans la diversité des acteurs qui l'animent, dans ses divisions et ses tensions :

> M. Ahidjo avait ainsi trouvé la stabilité de son régime en réalisant l'union au
> sommet. Toute la question est de savoir s'il avait réussi à transmettre cette union
> du sommet à la base, c'est-à-dire à l'ensemble des Camerounais. Il faudrait avant
> tout dépassionner cette grave question, ensuite dire que seule une étude empiri-
> que sérieuse pourrait y apporter quelque réponse satisfaisante (Ngayap 1983:339).

Dans notre pays, lorsqu'on s'inscrit dans la perspective de l'inclusion sociale, on
en vient à la conclusion de la marginalisation, voire l'exclusion des minorités
ethniques dans les mécanismes de l'équilibre régional. Les études empiriques
tirées des trajectoires politiques locales de l'Ouest en attestent la preuve. Dans
cette région, les « macro-équilibres géopolitiques » et « microdosages intra-
provinciaux » ne profitent véritablement qu'aux deux groupes dominants,
principalement les Bamiléké et accessoirement les Bamoun. Mais avant de porter
au grand jour cet écheveau, commençons par délimiter les frontières de la classe
dirigeante camerounaise. Elles fourniront le seuil de comparaison à partir duquel
on fait partie de l'élite politico-administrative au Cameroun. Comme toute
délimitation, celle-ci est contextuelle, voire subjective ; n'étant pas une vérité
d'Evangile, elle a tout simplement valeur heuristique.

Selon Pierre Flambeau Ngayap, les premiers membres de la classe dirigeante d'une société sont les décideurs politiques. Ceux-ci sont des individus qui, à partir d'une position de pouvoir institutionnelle ou non, sont amenés à prendre des décisions de nature politique, c'est-à-dire qui touchent directement le fonctionnement de la société. C'est le cas des hauts dirigeants du parti (unique ou au pouvoir), des parlementaires, et d'autres décideurs qui sont à la fois politiques et administratifs : ministres, gouverneurs de région, secrétaires généraux de la présidence de la République ou des départements ministériels, préfets, directeurs des administrations centrales, etc., qui, par leurs responsabilités dans la haute administration, prennent des décisions qui ont une portée publique et qui, partant, sont nécessairement des décisions politiques. Pour être véritablement un décideur administratif, soutient Ngayap, il ne faut pas que la tutelle hiérarchique soit trop lourde. On peut logiquement considérer que la fonction directoriale est la limite inférieure de la classe dirigeante. En effet, d'un côté, le directeur d'administration centrale ne supporte réellement que la tutelle de son ministre, le secrétaire général ayant davantage un rôle de coordination des activités des directions. Et comme le ministre semble assez éloigné du directeur, précisément parce qu'il traite souvent plus directement avec son secrétaire général, le directeur a le sentiment d'avoir une bonne autonomie de gestion de ses services, une autonomie, somme toute, grande (Ngayap 1983:11-13).

Ce raisonnement doit être transposé à l'échelon de tous ceux qui ont rang de directeur de service central, et qui forment la frontière de la classe dirigeante camerounaise : préfets, conseillers techniques des ministères, ambassadeurs, secrétaires généraux auprès des gouverneurs de région, doyens des facultés et directeurs des grandes écoles, officiers à la tête des forces de commandement, présidents des cours d'appel et procureurs généraux près ces cours, directeurs des organismes publics. C'est par analogie à cette frontière politico-administrative qu'il faut considérer qu'à l'échelon des organes de base du parti (unique ou au pouvoir), seuls sont membres de la classe dirigeante les présidents des sections. De la même manière, un décideur économique ne peut être considéré comme membre de la classe dirigeante que si sa position dans le système de production est telle qu'il ne peut laisser indifférents les décideurs politiques. On le verra, ce seuil de sensibilisation ou de crédibilité politique, évalué en termes de chiffre annuel, fixé à deux milliards FCFA, peut être considéré comme raisonnable » (Ngayap 1983:11-13).

En appliquant à l'Ouest cette définition de la classe dirigeante, il appert clairement et sans équivoque une exclusion totale des minorités mbo, tikar, pouakam, mbororo, batoungtou, bakoua, diboum, vérifiable dans la promotion aux portefeuilles ministériels, les postes gouvernatoriaux, d'ambassadeurs, de secrétaires généraux de ministère, de recteurs d'universités, de haut commandement dans les forces de défense et de sécurité, etc. La seule exception notable a été dans les années 1960-70 où un Mbo de Santchou, M. Efon Vincent, a été secrétaire général de ministère, puis ministre de 1967 à 1972. Cette expérience ne s'est plus jamais répétée et depuis 1972, seuls les Bamoun et les Bamiléké occupent les bancs de l'Ouest au sein des différents gouvernements camerounais.

Tableau 1 : Les gouverneurs originaires de l'Ouest de 1982 à 2012

Gouverneurs	Département
Nkainfon Pefura Samuel	Noun (Bamoun)
Bénoît Namvou	Mifi (Bamiléké)
Mounchipou Seidou	Noun (Bamoun
Adrien Kouambo	Bamboutos (Bamiléké)
Benjamin Noutsa	Ndé (Bamiléké)
Lele Lafrique	Bamboutos (Bamiléké)

Source : Enquêtes et compilation de l'auteur.

Dans une Afrique où le bilan de carrière d'un haut fonctionnaire se ramène souvent à la question de savoir quels avantages il a accordés aux siens (en termes de positions sociales les plus enviées, de facilités de crédits et d'obtention des marchés publics, des recrutements dans les grandes écoles, des emplois dans les sociétés parapubliques, des bourses d'études, etc.), cette exclusion semble très préjudiciable pour les minorités ethniques de cette région, comme le dit à l'auteur un informateur mbo de Santchou, M. Christophe, agent de l'Etat, 47 ans :

> Régulièrement, dans nos rapports politiques, nous réclamons un poste au sein du gouvernement parce que depuis des décennies, l'équilibre régional ne joue qu'en faveur des Bamiléké dans la Menoua. On se demande si on n'a pas d'enfants compétents pour mériter ce poste de ministre. Or, à regarder de près, nous avons des enfants plus valeureux et nous servons plus loyalement le gouvernement que les Bamiléké. Si le flambeau du RDPC brille dans notre terroir, nous méritons un retour d'ascenseur !

> Un ministre, quels que soient son immobilisme et sa léthargie, doit penser au développement de sa zone, ne serait-ce que dans le domaine de sa compétence. Il n'est pas ministre pour son seul intérêt, il appartient à une communauté sociologique, à une région qu'il se doit de soutenir. Or les ministres de la Menoua, bamiléké, n'apportent rien en termes de dividendes à Santchou. Quand on regarde la route Melong-Dschang, on se rend compte que tout ce qui pouvait aider la population s'arrête à Nteingué. Or une route bitumée ouvre des perspectives en termes de débouchés, de construction des marchés, d'ouverture des bretelles qui desservent différents villages. Santchou n'a rien bénéficié, pour ne pas dire les Mbo... Depuis que j'ai commencé à réfléchir, je n'ai jamais vu ce que les ministres bamiléké ont fait pour Santchou. Il y a déjà eu plus de 10 ministres promus dans la Menoua, avec seulement un Mbo dans cette escarcelle.

Et une élite mbo de renchérir avec amertume :

> Quand vous avez une élite, un directeur général (DG) ou un ministre, elle intercède auprès des décideurs pour sa localité et est mieux écoutée. Nous n'avons pas d'élites, pas de DG, ministre et directeurs d'administrations centrales. Nous n'avons pas aussi d'hommes d'affaires. Nous avons des gens dans les ministères qui sont sous-directeurs depuis plus de 10 ans.

> Si un ministre est Mbo, il s'occupera d'abord et prioritairement des problèmes mbo. C'est ça la logique ; commencer d'abord par balayer dans sa propre cour, par sa famille, puis votre village, après, votre arrondissement et, enfin, votre département. Il faut prêter une oreille plus attentive à ses frères. Nous sommes lésés dans le département et nous menons une bataille rude contre cela. A l'époque où nous avions un ministre au gouvernement, nous en étions fiers. En plus, ce dernier avait placé beaucoup des nôtres dans la fonction publique.

Certes, le statut socioéconomique, notamment la formation scolaire et universitaire, joue dans les nominations ; mais observons cependant, en prenant en compte par exemple les quatre minorités, objet de notre analyse, que ces groupes, ne serait-ce que les Mbo et, dans une certaine mesure, les Mbororo, ont de la matière grise et de l'expertise. Les Mbo ont d'ailleurs un directeur général de société, le Professeur Maurice Nkam qui dirige le (Centre hospitalier universitaire (CHU) de Yaoundé ; cependant, ils souhaiteraient avoir un directeur général non pas d'un centre hospitalier, mais d'une entreprise de taille, productrice de pouvoir, c'est-à-dire à compétence nationale, à grande surface financière et mobilisant un nombre élevé de personnels, à l'instar de la Caisse nationale de prévoyance sociale (CNPS), du Fonds spécial d'équipement et d'intervention intercommunale (FEICOM), etc. Cette exclusion des minorités s'observe même au plan symbolique dans l'équipe régionale de campagne du parti au pouvoir. Notre préférence va à ce parti pour plusieurs raisons : d'une part, la quasi-totalité des minorités ethniques de l'Ouest soutiennent ce parti. D'autre part, depuis la restauration du multipartisme en 1990 au Cameroun, la routinisation des élections a plutôt consacré l'hégémonie de ce parti. Ce parti reste ainsi le plus implanté et le mieux organisé, avec une forte tendance à s'assimiler au gouvernement de la République ; aussi trouve-t-il ses adeptes parmi les hauts fonctionnaires, les chefs traditionnels, les principaux hommes d'affaires, les gros planteurs et propriétaires fonciers, divers féodaux, etc.

Lors du double scrutin législatif et municipal de 2007, aucun minoritaire de l'Ouest ne figurait dans la commission régionale de l'Ouest pour la campagne du RDPC. Cette liste comprenait deux Bamoun et 13 Bamiléké.

Dans les équipes de campagne RDPC, les minoritaires sont généralement affectés dans les commissions communales et, au meilleur cas, dans les commissions départementales. Cette deuxième hypothèse ne concerne d'ailleurs que les

Tableau 2 : Répartition ethnique de la commission régionale de campagne du RDPC pour les législatives et municipales de 2007

Noms	Origine ethnique	Statut socioprofessionnel	Fonction dans la commission
Niat Njifenji Marcel	Bamiléké	Ancien ministre	Président
Nkuete Jean	Bamiléké	Vice-premier ministre	Vice-président
Ngoubeyou François	Bamiléké	Ancien ministre	Vice-président
Mouiche Moïse	Bamoun	Ancien directeur général des services secrets	Vice-président
Juimo Monthe Claude	Bamiléké	Président chambre de commerce du Cameroun à l'époque	Vice-président
Mme Tefack Madeleine	Bamiléké	Femme d'affaires	Vice-présidente
Kouambo Adrien	Bamiléké	Ancien ministre et aujourd'hui ambassadeur	Vice-président
Kengne Nguiffo	Bamiléké	Homme d'affaires	Membre
Njomatchoua Justin	Bamiléké	Secrétaire général de ministère à l'époque	Membre
Domngang Samuel	Bamiléké	Professeur d'université	Membre
Njitoyap Ndam Elie Claude	Bamoun	Directeur général de l'Hôpital général de Yaoundé	Membre
Mbou Samuel	Bamiléké	Homme d'affaires	Membre
Noubissi Christophe	Bamiléké	Haut fonctionnaire	Membre
Ngambo Fondjo Pierre	Bamiléké	Haut fonctionnaire	Chargé de missions
Simo Ndjonou Jean-Pierre	Bamiléké	Homme d'affaires	Membre
Sokeng Paul	Bamiléké	Homme d'affaires	Membre

Source : Le journal *L'action* n° 594 du 6 juillet 2007.

Mbo, aussi vrai que jusqu'à présent, aucun Tikar, pas même un Bamoun originaire de Magba, n'a été coopté comme membre de la commission départementale de campagne RDPC pour le Noun. C'est avec le découpage spécial de 2007 qui fait de Magba une circonscription législative avec un siège unique qu'on voit d'ailleurs des Tikar figurer dans les commissions locales de campagne. Cette exclusion des minoritaires dans la commission régionale n'est pas justifiée, ne serait-ce qu'auprès des Mbo. Si on prend en compte le statut socioprofessionnel, nous verrons au chapitre 3 que ce groupe n'en est pas tout aussi démuni. Ils ont, comme nous venons de le voir, un directeur général de société, le Professeur Maurice Nkam. L'on pourrait objecter que ce dernier était président de la commission communale de campagne de Santchou ; c'est oublier que beaucoup de membres de campagne cumulent des responsabilités dans différentes commissions. En outre, au plan symbolique, il y a une véritable hiérarchie de positions dans les commissions ; une présence dans une commission régionale ou départementale est très valorisante et source de pouvoir.[7]

Cette relégation des minoritaires dans les équipes communales de campagne RDPC ouvre la fenêtre sur ce que nous appelons « le microdosage local », supplétif des « macro-équilibres géopolitiques » et « microdosages intra-provinciaux ou départementaux » de l'équilibre régional.

Sous le parti unique, les Mbo de Santchou et les Tikar de Magba, mais aussi les Diboum du district de Petit-Diboum, bénéficiaient prioritairement et exclusivement des positions fortes de pouvoir comme maires au sein des municipalités de leurs localités respectives ; mais le problème, c'est que les maires ne font pas partie de notre définition de classe dirigeante tout comme les catégories suivantes : les directeurs adjoints des administrations et toute la hiérarchie subordonnée, les adjoints préfectoraux et les sous-préfets, les chargés d'affaires, conseillers et secrétaires des ambassades, les consuls, les chefs des missions économiques, les chefs des secrétariats particuliers des ministres, les chefs coutumiers (Ngayap 1983:12). S'agissant des présidents des sections du parti au pouvoir, depuis le retour au multipartisme, le RDPC a opéré un véritable quadrillage politique du territoire national dans les régions, départements, communes, villages, quartiers, etc., en faisant éclater les anciennes structures de l'ancien parti unique. Ainsi, de 58 sections épousant les contours des départements au crépuscule de l'année 1992, ce nombre a été multiplié en 1993 par deux, cette fois-ci dans le cadre infra-départemental. En 1996, ce parti s'est encore doté de 53 nouvelles sections, atteignant le seuil de 111. Aujourd'hui, il compte 168 sections auxquelles il faut ajouter six de France, de Grande-Bretagne, d'Allemagne, du Benelux et des USA, à l'extérieur du territoire national (Tchejip Kaptchouang 2006:72-73). Depuis 2002, les arrondissements de Santchou et Magba disposent chacune d'une section RDPC, respectivement les sections Menoua-Sud et Noun-Nord. Mais avec cet éclatement où de nombreuses sections épousent désormais le cadre de l'arrondissement, les présidents des sections RDPC des zones rurales et villes moyennes, notamment, n'ont plus le poids politique d'antan. Dès lors, ceux-ci ne sauraient faire partie de la classe dirigeante.

Des limites de la politique d'équilibre régional à l'irrédentisme des minorités

Comme nous venons de le voir, l'implication des ethnies dans notre vie politique n'est pas uniforme. Il y a une assomption de certaines ethnies au détriment des autres qui tient non pas à une supériorité intrinsèque, non pas à une inégalité d'« essence », mais plutôt aux constructions symboliques, à l'imposition de la marque. De fait, la diversité infinie des groupes ethniques révélée par l'anthropologie ou la linguistique est en contraste avec leur insertion différentielle dans l'espace public. D'où le passage du pluralisme ethnique extensif au pluralisme ethnique intensif. Cette inscription différentielle des ethnies dans l'espace public entendue ici comme lieu de présentation de soi et représentation du pouvoir relativise le mythe de la diversité infinie des groupes ethniques. Car la « publicisation » de ceux-ci, c'est-à-dire leur politisation, est un moment de sélection, de ségrégation. « La vie politique camerounaise, à travers un processus de ségrégation, institue en groupe séparé les ethnies qui monopolisent l'espace public, engendre une noblesse ethnique », nous dit Luc Sindjoun. Par noblesse ethnique ou ethnies charismatiques, cet auteur entend non pas des ethnies d'essence supérieure, mais les constructions ethniques dont les agents sociaux qui s'en réclament imposent dans la vie publique, les font exister dans le marché politique, dans l'agenda national ou communautaire. Il s'agit des constructions politico-idéologiques auxquelles échappent difficilement les sciences sociales (Sindjoun 2002:198-200).[8]

Pour reprendre Manga Kuoh, « le dosage tribal est bel et bien un mode de gestion suranné ». Tout d'abord, le maintien d'une telle pratique, avec une certaine réussite, requiert un régime autocratique qui poserait rapidement, aujourd'hui, des limites aux perspectives de progrès économiques et que peu de citoyens seraient prêts à accepter. Ensuite, pour fonctionner, le « dosage » a besoin d'un Etat pourvoyeur régulier des rentes et de services publics. Autant d'exigences que contredisent aussi bien la situation actuelle des finances publiques que la détérioration des prestations sociales. Par ailleurs, la notion de dosage relève d'une logique distributive et consumériste de partage par le décideur qui influence les récipiendaires et veille aux équilibres qu'il a définis. Le dosage est un « jeu à somme nulle » où les gains chez certains impliquent nécessairement des pertes chez d'autres. Enfin, en tendant à limiter le référentiel de l'individu à sa communauté, le dosage ne lui assigne de contrat qu'avec l'ethnie. Seule l'amélioration du sort des membres de son ethnie le concerne véritablement et constitue à ses yeux le but de son effort (Manga Kuoh 1996:110). Par conséquent, « le dosage tribal dicte des démarches ethnocentriques ». Le bien-être des individus reste subordonné aux sorts de leurs ethnies respectives dont les projets se télescopent nécessairement, rendant insaisissable pour les populations toute notion d'intérêt général de caractère national. On comprend alors que le « dosage » conduise non pas à un équilibre stable, mais à une suite de déséquilibres et à des tonnes de ressentiments et, une fois privé de son environnement politique autocratique et de ses moyens financiers, il enfante le chaos. L'ethnie « exposée », quel que soit le domaine dans lequel elle occupe une position prépondérante, ambitionne d'asseoir une domination, s'organise en conséquence (éventuellement au détriment des autres ethnies) et se découvre des allures qui suggèrent, sinon des tendances, du moins des velléités hégémoniques. Il en résulte une accentuation des clivages ethniques, voire une levée de boucliers dans les autres groupes (Manga Kuoh 1996:110-111 ; Banock 1992:97 ; Sindjoun 2002:311-313 ; Nyamnjoh 1999:101-118). Car, dans la mesure où toute richesse essentielle transite par l'Etat (les prébendes, les contrats, les licences, les capacités de détournement et de fraude), la réussite sociale suppose l'accès à la « bourgeoisie directoriale » ou à ses couloirs. Les postes politiques et administratifs constituent dès lors les bases des différents échelons d'une nomenklatura de privilégiés qui, par définition, doit en tenir éloignés d'autres candidats. La rivalité politique prend donc la forme d'une confrontation de factions, sans autre projet que de se sentir mieux à même que les autres de « gérer » le gâteau national (Chrétien 1991:15-27).

Les modes de répartition des postes politiques et des ressources de l'Etat appliqués par les différents régimes qui se sont succédé au Cameroun justifient largement une telle perception du pouvoir. Les chantres de la rhétorique de l'unité nationale ne s'embarrassent pas de se prendre eux-mêmes allègrement en défaut par le népotisme flagrant de l'attribution des positions sociales privilé-giées. Selon une logique clientéliste qui fait apparaître toute nomination comme un cadeau du chef de l'Etat à l'ethnie d'origine de l'élu, chaque nomination est suivie par un rituel de remerciement et d'allégeance que le nouveau promu organise « au village » avec les membres de son ethnie. Les populations sont invitées à cette occasion à témoigner d'une reconnaissance éternelle et incondi-tionnelle à l'endroit de celui qui a daigné élever le groupe ethnique à la hauteur de la majesté ministérielle. La traduction concrète de cette reconnaissance est attendue pendant les élections, à l'issue desquelles le groupe peut être « sanc-tionné » à travers un limogeage de son représentant si les scores atteints par le bienfaiteur dans la localité ne sont pas à la hauteur du cadeau offert (Mbonda 2001:18).

L'effectivité de ce phénomène de positionnement des ethnies dans l'Etat s'observe facilement au travers la prolifération des associations d'élites. La vi-sion que celles-ci se font du processus du développement national cache peu leurs véritables préoccupations. Le fait pour ces élites de s'employer, d'une part, à rechercher les leurs dès lors qu'elles accèdent à des positions de pouvoir et, d'autre part, qu'elles n'abordent la question du développement qu'en termes de partition est une preuve suffisante qu'elles n'appréhendent pas le Cameroun comme une globalité. C'est ce qui explique pourquoi certaines n'hésitent pas souvent à détourner un projet de développement initialement prévu pour une localité au profit de leur région. De telles pratiques confèrent à leurs initiateurs un crédit social facilement convertible en dividendes politiques. De leur côté, les populations n'hésitent pas souvent à décrédibiliser toute élite qui « ne fait rien » pour son terroir, même si les initiatives qu'elle entreprend affectent négative-ment le développement d'autres localités (Belinga in Nkwi et Nyamnjoh 1997:110-121). Par ailleurs, nous dit Kegne Fodouop, aucun régime politique ne peut parvenir à concrétiser toute sa politique d'intégration nationale en s'ap-puyant sur la seule générosité des élites. Il y a au moins trois raisons à cela, à en croire le même auteur: en premier lieu, les élites ne prennent souvent des initia-tives qu'en faveur de leurs villages ou régions d'origine. Il en résulte que les terroirs n'ayant pas de véritables élites, c'est-à-dire de « grands », comme on les appelle vulgairement chez nous, sont de ce fait même défavorisés. Même les régions qui possèdent les élites ne sont pas complètement à l'abri des besoins dans la mesure où nombre de ces élites agissent surtout dans le but de préserver leurs propres intérêts financiers et matériels. Aussi leurs actions ponctuelles et disparates ne s'intègrent-elles pas nécessairement dans une politique globale de développement ou d'aménagement du territoire. Ces élites œuvrent ainsi de façon peut-être inconsciente à détruire la politique d'intégration nationale. Il leur arrive même parfois de contrarier les initiatives sociales ou économiques de leurs concitoyens dont les options politiques sont éloignées de celles du parti au pouvoir (qu'elles soutiennent) et d'exercer des violences physiques sur eux ; il leur arrive aussi de décourager toute initiative venue de l'extérieur de leur région d'origine qu'elles n'auraient pas approuvée à l'avance. Enfin, au Cameroun, on ne peut pas concevoir une véritable politique de partage équitable des richesses nationales sans une forte implication de l'Etat. Ici comme ailleurs, c'est à l'Etat qu'incombent les tâches prioritaires d'assurer le maintien de l'ordre et de la sécurité, mais aussi celles de réglementer et de réguler l'économie et de mettre en place les infrastructures et les services sociaux nécessaires, depuis les routes jusqu'aux crèches, en passant par les voix ferrées, les aéroports, les hôpitaux, les réseaux d'adduction d'eau, d'électricité, et de télécommunications, les établissements scolaires, etc. Les élites n'ont ni les moyens financiers, ni la volonté, ni les compétences, encore moins la hauteur de vue nécessaire à leur réalisation intégrale (Fodouop in Nkwi et Nyamnjoh 1997:154.). Il ressort de ce qui précède l'urgence, pour la communauté nationale camerounaise, de se mettre rapidement à l'école du vivre ensemble que le monde lui offre.

A cette insertion sociopolitique variable des ethnies il faut ajouter le développement inégal des régions selon leur position géostratégique dans l'économie et la politique coloniale. Ce sont d'abord les régions côtières (Douala, Kribi, Campo, Tiko, Victoria) qui vont être les premières à être mises en valeur, pour des raisons stratégiques évidentes. Y seront construits des ports, des routes et des ponts, des bâtiments administratifs, etc. Se mettaient ainsi en place les conditions infrastructurelles idéales pour la naissance de la première élite moderne, attirée par la recherche de la compétence technique à travers l'éducation, en vue d'exercer les fonctions les moins harassantes et les plus lucratives. La rapide croissance de Douala, première station commerciale, entraînera une démultiplication de sa population, avec l'arrivée d'immigrants provenant des autres régions (constitués pour la plupart de Bamilékés), ce qui ne tardera pas à générer des conflits avec les populations autochtones. D'autres stations commerciales furent installées à Yaoundé et à Nkongsamba, en plus des stations côtières, et ces régions se transformèrent dès lors en pôles d'attraction pour les populations des régions voisines. Les villes ainsi créées de bonne heure, comme celles qui se développeront plus tard pendant la période franco-britannique (Mbalmayo, Sangmelima, Bafoussam, Ngaoundéré, Garoua), deviendront toutes le théâtre d'âpres compétitions entre les ethnies locales et les « allochtones », nouveaux impétrants aux privilèges (argent, biens matériels, positions sociales dans le secteur tertiaire, positions politiques) qui autrefois semblaient revenir aux « autochtones » (Mbonda 2001:15). De la même manière, la scolarisation s'est faite de façon déséquilibrée à l'intérieur du triangle national ; certaines régions, compte tenu de leur situation d'éloignement par rapport à la côte, zone de débarquement des missionnaires et du colonisateur, n'ont pas eu facilement accès à la scolarisation. Cet arrière-fond historique aurait dicté dans la démarche de nos gouvernants une thérapie réparatrice de ces déséquilibres.

Or, on le sait, le principe de répartition de l'« équilibre régional » repose moins dans une politique d'aménagement équilibré et solidaire du territoire, à l'exemple de la France, que dans la mise en œuvre d'une arithmétique ethnique dans la répartition des postes administratifs et des fonctions politiques au sein de l'Etat (Donfack Sokeng 2001:74 ; Hazoumé 1972:26 ; Amselle et M'Bokolo 1985). Ainsi, contrairement à ce qu'on affirme, cette politique n'a pas eu à s'occuper (mais alors pas du tout) ni des infrastructures, ni des équipements dans les zones rurales défavorisées, ne serait-ce que pour entretenir le peu de patrimoine laissé par la colonisation. Ce patrimoine (routes, pistes, hôpitaux et dispensaires de brousse, etc.) se détériorait et dépérissait irrémédiablement (Banock 1992:99). Et l'on pourrait citer bien des exemples de voies revêtues ou non pour lesquelles on a pu recueillir le financement extérieur à leur création, mais dont la dégradation a été rapide faute de cet entretien régulier. D'où les difficultés à la fois pour assurer à de nombreuses zones rurales un écoulement correct de leurs produits, et pour approvisionner de manière satisfaisante les villes (Champaud 1983:107). Bien plus, la globalisation des économies semble appeler des regroupements régionaux pour créer des marchés de taille suffisante, réaliser des économies d'échelle, éviter la multiplication d'équipements surdimensionnés, etc. La fin du protectionnisme mercantile postcolonial appelle également une mise en ordre de marchés des économies nationales sur la base des compétences avérées, et donc la mise au rencard du système de discriminations positives. On se trouve donc devant des contradictions et la nécessité d'imaginer de nouvelles formes de politique pour répondre à de nouvelles aspirations sans compromettre la viabilité des unités en création. Comment cela peut-il se passer ? Les politiques d'ajustement structurel ont enfin déstabilisé Etats et appareils d'Etat qui ont voulu être des bâtisseurs de territoire au forceps. Au total, se grippent les processus qui ont jusqu'ici fonctionné, remettant en cause l'adhésion de fortes minorités aux valeurs nationales (Courade in Nkwi et Nyamnjoh 1997:49-53).

Pour nous résumer, la politique d'« équilibre régional » présente de nombreuses limites et impertinences : sur le plan de l'analyse scientifique rigoureuse, cette notion est sujette à caution d'autant plus qu'elle renvoie à des localités inégales sur le plan démographique, sur le plan du recrutement administratif, de l'accès à l'éducation et de l'encadrement administratif (Nkemegni 1981:104-170). Au vrai, elle n'a toujours été qu'un artifice à la gloire des groupes dominants. Il s'est toujours agi de s'assurer de la stabilité plus que l'exigence de démocratie en veillant à la représentation des principales ethnies   dans les effectifs retenus (Monga 2000:725), sans que l'on ne sût pour autant la clef de répartition utilisée à cet effet. Cette conception de l'unité nationale qui profitait et profite toujours dans l'Ouest, accessoirement aux Bamoun et principalement aux Bamiléké, contraste avec la marginalisation de certaines populations pourtant particulièrement défavorisées, comme le relève si bien Léopold Donfack Sokeng. Cet auteur en vient à parler avec raison de « l'oubli' des populations dites marginales » (Donfack Sokeng 2001:112-187).   Et du fait de leur marginalisation, les minorités ethniques répondent essentiellement par une politisation rebelle à toute forme d'intégration horizontale. C'est pourquoi elles revendiquent à l'envi une émancipation administrative susceptible de leur produire des rentes de situations. C'est aussi pourquoi depuis le retour au multipartisme en Afrique en général, le débat politique est de plus en bousculé par une idéologie particulariste. L'irruption des partis identitaires dédouble d'ailleurs le débat politique qui devient simultanément débat entre citoyens et débat sur la citoyenneté: au lieu d'activer l'identité stato-nationale, la compétition politique vient ainsi, tout au contraire, la desservir. D'autant que les partis classiques ont tôt fait de se défaire à leur tour, renforçant leur structure factionnelle et clientéliste, substituant à leur fonction d'intégration un rôle actif de reproduction des solidarités verticales (Badie 1992:239-240).

A l'Ouest, les Tikar de Magba et les Mbo de Santchou revendiquent ainsi à tue-tête leur propre unité administrative, qui les mettrait en parité démographique véritablement favorable pour leur assurer l'éligibilité aux « macro-équilibres géopolitiques » et « microdosages régionaux ». Cela signifie deux choses : soit l'érection de leurs arrondissements respectifs en départements soit encore, pour les Mbo cette fois-ci, un rattachement de Santchou au département voisin du Mungo (région du Littoral) où ils constituent un groupe numériquement important. Suivons cette élite mbo, le député Ndi François :

> Nous ne tirons aucun profit de notre rattachement à l'Ouest. Nous préférons être Jésus qu'apôtre. Exemple : je suis député à l'Assemblée nationale, circonscription électorale de la Menoua. Je sais que je ne peux pas être considéré comme originaire de l'Ouest. A l'Ouest, si on ne donne pas aux Bamiléké, on le fera aux Bamoun ; ce sont ces deux groupes qui bénéficient de ce que l'Etat réserve à cette région dans la politique d'équilibre régional. Une communauté ethnique ne doit pas être là pour jouer seulement les seconds rôles. Quand tu sais d'avance que les premiers rôles te sont proscrits, il n'y a plus ta raison d'être. Si tu sais que tu ne seras jamais chef de l'Etat, membre du gouvernement, parlementaire, haut cadre administratif ou politique, que fais-tu alors dans un tel système ? Le pis- aller serait donc d'aller se noyer dans la majorité ethnique où tu garderas les mêmes chances d'accession aux rentes politico-administratives. Car, si on n'est brave là-bas, on peut être pris en compte.

Notre rattachement au Mungo nous sera très bénéfique. Dans les perspectives de l'équilibre régional, le ministre pourra sortir de partout. Nous aurons les mêmes chances alors que dans la Menoua, on ne me reconnaît pas comme un des originaires. Mon oncle, M. Eweck Raphaël, a fait 24 ans de carrière comme préfet, mais il n'a pas pu être promu ministre parce qu'il n'est pas Bamiléké. Quelle frustration quand nos élites sont obligées de déclarer officiellement qu'elles sont du Mungo ! Quand elles se déclarent originaires de l'ouest, elles sont défavorisées. Le gars de l'Ouest qui décide ne nous considère pas comme originaire de cette région parce que nous ne sommes pas Bamiléké ; dans le Mungo, nous sommes considérés comme étant chez nous, dans notre propre terroir. Par exemple, je suis plus à l'aise dans le cabinet du ministre Etame Massoma (originaire du Mungo), que celui d'un ministre bamiléké de Dschang. Quand on nomme un ministre Dschang de souche bamiléké, malgré notre appartenance au même département, mes frères ne vont jamais en groupe le féliciter mais individuellement ; il y a donc opérationnalité de l'ethnicité.

« Notre souhait est qu'on érige Santchou en département, peu importe qu'il soit rattaché à l'Ouest ou dans le Littoral. Avec cette érection, nous serons libres ! Pour l'opinion qui incline pour notre rattachement au littoral, c'est surtout la conséquence de notre forte marginalisation à l'ouest bamiléké », dira à l'auteur un autre informateur mbo. Côté tikar, c'est le même son de cloche à en croire un autre informateur :

Nous voulons un département… Il y a une amicale des chefs traditionnels et élites tikar du Cameroun qui regroupe les Tikar des quatre régions, créée en 1996. Cette structure fonctionne normalement et le dernier festival a eu lieu du11 au 13 avril 2008 à Mara, dans l'arrondissement de Malantouen (département du Noun). Au plan culturel, on essaie de revaloriser nos cultures et rites traditionnels. On se penche sur les problèmes de développement. Notre principale préoccupation reste toutefois que les pouvoirs publics puissent nous regrouper dans une seule unité administrative, que ce soit une région ou un département ; dès lors notre développement suivra.

Magba déjà même souhaite être érigé en département, de par sa superficie, la densité de sa population et son éloignement par rapport à Foumban, chef-lieu du département du Noun. Ce département (de la Mapé ou du Noun-Nord) nous permettra de mieux exprimer notre personnalité….

Effectivement, une érection desdits arrondissements en départements aura des attendus positifs immédiats : les autochtones tikar et mbo deviendront majoritaires dans ces départements ; dès lors, ils seront éligibles dans les macro-équilibres géopolitiques et microdosages régionaux de notre fameux mécanisme de l'équilibre régional. Leur position se renforcera davantage dans les microdosages locaux, tant des nouvelles unités administratives inférieures (arrondissements ou districts) seront créées, et leur offriront dans le cadre des communes, d'autres lieux de pouvoir. Enfin, n'oublions pas que le rôle de l'administration territoriale est décisif dans la création et la croissance des centres urbains. Il l'est encore capital, et d'une manière générale, la taille des villes et leur importance régionale sont fonction de leur place dans la hiérarchie administrative. Dans chaque région, le chef-lieu puis les préfectures constituent les villes les plus peuplées. Le nombre de fonctionnaires varie selon la place de l'agglomération dans la hiérarchie administrative, d'autant que les différents ministères calquent leur structuration locale sur celle de l'administration générale. On constate que tous (à l'exception bien normale des affaires étrangères) y sont présents. A l'échelon départemental, la répartition des services n'est pas toujours identique et certaines administrations ne sont pas représentées. Les sous-préfectures ne réunissent qu'un nombre beaucoup plus réduit des fonctionnaires (Champaud 1983). L'on peut dès lors légitimement avancer qu'accumulation et enrichissement sont devenus les maîtres mots de l'ultime justification du processus de création de nouvelles entités territoriales. Comme au Nigeria avec la division des Etats, la création de nouveaux départements au Cameroun accroît non seulement leurs ressources et possibilités d'accumulation à l'échelon local, mais aussi leurs positions et garanties de représentation à l'échelon national (Bach in J.F. Médard 1991:117-140).

Devant cette quête d'émancipation administrative, ces minorités ethniques soutiennent le parti au pouvoir, le RDPC, le seul disposant véritablement du monopole gouvernemental d'allocation de ressources étatiques, le seul à même d'ériger leurs localités en départements : « Je me dis que, quand on est orphelin, on doit accepter de s'accrocher sur un père nourricier, s'accrocher sur un diable qu'on connaît plutôt que de s'accrocher sur un prétendu bienfaiteur qu'on ne connaît pas. Nous sommes sans ressources, seul le gouvernement peut nous sortir de cette marginalité. Or, pour nous aider, nous devrions être avec le gouvernement », nous dira un informateur tikar à Magba. La quasi-totalité des électorats respectifs mbo et tikar semble ainsi acquise à la cause du RDPC dans les arrondissements respectifs de Santchou et de Magba. C'est cette logique clientéliste et de la manducation qui a fait dire à Frédéric Faverjon que le RDPC est plus « un conglomérat d'opportunistes qu'un parti politique ».[9] Néanmoins, il convient de bien distinguer ici les pressions alimentaires des pressions de type ethnique, même si les deux se complètent.[10] Les « pressions ethniques » relèvent de ce que nous appelons la « logique de terroir » dans le cadre de l'impératif de développement local (Mouiche 2005). Quant aux « pressions alimentaires » ou de la manducation (Bayart 1989), elles se résument soit à offrir à manger et à boire à son électorat, soit à promettre la nomination d'un fils de la localité à un poste important dans les hautes sphères de l'Etat afin d'obtenir ses suffrages. En somme, la « pression ethnique » utilise la stratégie de la corruption morale alors que la « pression alimentaire » déploie l'arme de la corruption matérielle (Socpa 2000:92-93). La quête d'unités administratives relève du premier type de pressions.

Variations et déterminants de la position sociopolitique des minorités ethniques de l'Ouest

Cette étude s'inscrit dans la perspective du changement social, lequel consiste, selon Guy Rocher, en des transformations observables et vérifiables sur de plus courtes périodes de temps. Un même observateur peut, durant sa vie ou même durant une brève période de sa vie, en suivre le développement et en connaître l'issue. Le changement social est davantage localisé géographiquement et sociologiquement : on peut généralement l'observer à l'intérieur d'une aire géographique ou dans un cadre socioculturel plus limités que l'évolution (Rocher 1968:17). Sous ce registre, nous avons, depuis la libéralisation politique de la fin de l'année 1990, enregistré 11 consultations électorales au Cameroun. Malgré cette routinisation des élections, de nombreux motifs de péjoration, voire de disqualification de la voie camerounaise de démocratisation conséquemment à un certain nombre de manœuvres en faveur du RDPC, au pouvoir (Gros et Mentan 2003:131-165), ont fait dire à beaucoup que nous avons affaire ici à une « démocratisation autoritaire » (Kamto 1993:209-238 ; Schraeder 1994:69-90 ; 1995:12-13), à une « démocratie cosmétique » ((Nyamnjoh 2002:5-8), « illibérale » (illiberal democracy) (Konings 2004:20-21 ; van de Walle 2001:243-245)[11] ou « bigmaniaque » (big man democracy) (Takougang 2003:433 ; Martin Gabriel 1999:173-174),[12] ou, beaucoup mieux, à une « révolution passive » (Sindjoun 1999:3),[13] une « démocratie de transit » (Eboussi Boulaga). Nonobstant ces réserves, ces élections s'avèrent somme toute suffisantes pour donner à notre analyse, la visibilité et le recul nécessaires pour évaluer le degré d'inscription politique des minorités mbo, pouakam, mbororo et tikar. Et en comparaison avec la période du parti unique, le multipartisme et la démocratisation ont eu pour conséquence l'affaiblissement de la position politique des Tikar, le renforcement politique des Mbo, l'éveil politique des Mbororo et la marginalisation persistante des Pouakam.

Cela dit, la participation politique est un phénomène complexe. Sous cet angle, Milbrath W. Lester (1965:18) s'est efforcé de formuler une esquisse de hiérarchisation des indices de participation politique où le détenteur d'un mandat électoral est supposé avoir parcouru toutes les autres étapes. Mais, contre cette idéologie de la « participation politique » qui, décrivant la hiérarchie des formes d'intervention politique, pose l'existence d'une sorte de continuum allant du vote à l'exercice du pouvoir d'Etat, il importe de souligner la coupure imposée par la division du travail politique entre les agents du champ politique et les autres agents sociaux. Ainsi, la lecture des rubriques politiques des journaux, l'écoute des émissions spécialisées à la radio et à la télévision et les discussions politiques n'impliquent aucune participation à la lutte pour la conquête des postes de direction de l'appareil d'Etat. Ce sont en réalité les signes de l'attention que certains accordent en spectateurs aux événements politiques. Il en va de même du vote qui exprime souvent une volonté de conformité sociale et qui ne survient en tout état de cause que de loin en loin. A l'opposé, la candidature à une élection, l'exercice d'une responsabilité politique ou le militantisme au sein d'un parti ne sont pas des formes d'intervention qui différeraient simplement des précédentes par un engagement Tikar plus coûteux en temps et en énergie. Ce sont des activités ressortissant à d'autres champs de la pratique sociale, généralement exercées par des professionnels ou des agents sociaux vivant pour la politique (Gaxie 1978:42). En outre, lorsqu'il est question de la vie politique formelle, il importe de prendre en considération tout ce qui, en démocratie, est en étroite relation avec l'exercice du pouvoir. Dans le contexte de la participation des minorités ethniques, cela comprend les préférences exprimées par certains groupes lors de l'élection des candidats, leurs allégeances et idéologies politiques ou encore la présence de membres élus de communautés ethniques minoritaires dans les cercles du pouvoir (Arcand 2003:20).

Dans la détermination du critère de participation politique des minorités ethniques de l'Ouest, nous privilégions davantage les élections municipales et la mairie comme lieux de pouvoir ; à ceci, nous faisons valoir d'autres référents complémentaires, notamment les législatives et la représentation parlementaire, les structures et représentations partisanes ; et pour cause ! D'abord, nous avons vu plus haut comment, sous le parti unique, notre politique d'équilibre régional réservait à certaines minorités ethniques des positions fortes dans les instances communales, cela en termes de monopole exclusif du poste de maire dans leurs localités respectives. Ensuite, les élections ne sont pas interchangeables, mais elles sont d'inégale importance aux yeux des électeurs. Des études ont démontré que dans les régimes présidentiels ou présidentialistes, c'est l'élection à la présidence de la République, clef de voûte des institutions, que les électeurs classent en tête. En second, ils placent les élections municipales, les plus proches de leurs préoccupations quotidiennes, la commune dont l'échelle est réduite, leur permettant de percevoir plus aisément le lien entre leur vote, les programmes publics et les services effectivement obtenus (Mayer et Perrineau 1992:16). En plus, les élections municipales mobilisent de nombreuses candidatures de nature à évaluer véritablement le poids et l'engagement politiques des minorités, mieux que toute autre consultation.[14] Enfin, dans la perspective de l'espace public, de l'approche délibérative du partage des postes politiques, c'est à l'échelle des élections communales que sont généralement observées les délibérations sur les types d'autorités destinés à entrer dans la compétition pour le leadership du pouvoir local (Fay 2000 ; Geschiere 2006:1-7). C'est autour de ce contrôle des municipalités que le multipartisme et la démocratisation ont conduit à l'affaiblissement de la position des Tikar, au renforcement politique des Mbo, à l'éveil politique des Mbororo et à la marginalisation persistante des Pouakam. L'affaiblissement politique des Tikar se singularise principalement par la perte du poste de maire jadis leur apanage sous le parti unique, au profit du groupe dominant bamoun. Au contraire, les Mbo ont conservé cet acquis hérité du parti unique en s'octroyant tout aussi automatiquement un des deux postes d'adjoint au maire. S'agissant des Mbororo, contrairement à la période du parti unique où ils brillaient par leur apathie politique, de plus en plus aujourd'hui, ils briguent des postes électifs et parviennent même à se faire élire. Enfin, la marginalisation persistante des Pouakam se singularise par la non obtention d'un mandat électif par un de ses membres jusqu'à présent. Leur rôle se résume au seul vote pour les partis politiques, notamment l'opposition UDC, qui ne leur accorde d'ailleurs aucune investiture pour leur offrir une chance de succès électoral.

Ces variations de comportement politique sont travaillées par trois facteurs : la densité démographique desdites minorités, leur statut socioéconomique et leur assimilation structurelle par les partis politiques. D'abord le déterminisme principal constitué par la densité démographique : l'idée générale ici est qu'une population nombreuse dispose d'un électorat suffisant pour jouer un rôle politique conséquent sur l'échiquier politique local, voire national ; ensuite, le statut socioéconomique des minorités : la démocratie est un système dans lequel le pouvoir découle de l'autorité du peuple et se fonde sur sa participation. Démocratie et participation marchent de pair. La participation politique, dans ses diverses modalités, n'est pas une dimension isolée des autres aspects de la participation sociale au sens large. Les indicateurs de la participation politique covarient avec d'autres activités sociales (appartenance syndicale, vie associative, etc.). Reste à poser la question « qui participe ? », question aussi importante que celles de l'ampleur et des modes de participation. La nature des participants nous éclaire sur la signification de la participation politique. Quels intérêts sociaux et politiques accèdent au système politique, au travers de la participation, et quels sont ceux qui en sont largement exclus ? La participation politique n'est-elle que le reflet fidèle du système de positions sociales ou au contraire répond-elle surtout à des stimuli d'ordre politique ? (Mayer et Perrineau 1992:14). Dès lors, une équation démographique n'est favorable à un groupe ethnique que si celui-ci dispose, dans la perspective élitiste, de compétences pour assurer l'action historique pour ledit groupe, sinon ce serait un géant au pied d'argile. Enfin, l'assimilation structurelle des partis politiques : c'est la distribution proportionnelle des groupes ethniques dans les structures et investitures des partis. Cette assimilation structurelle dépend de deux premiers facteurs, travaillée par les intérêts électoralistes des partis.

Le déterminisme démographique

C'est assurément Durkheim qui a poussé le plus avant l'analyse du facteur démographique dans le changement social. Durkheim, comme nombre de ses contemporains, assiste à la fin d'un monde. Il semble que la société se délite, que l'ordre ancien ne soit plus capable d'admettre la rapidité des changements sociaux. C'est à cette transformation qu'il réfléchit, c'est pour la comprendre qu'il participe largement à la création de la sociologie. Sa thèse, publiée sous le titre *De la division du travail social*, représente une tentative de réponse à l'explication du changement social. La division du travail comme phénomène social, c'est-à-dire la division du travail dans la société, est pour lui un objet d'étude qui doit faciliter la compréhension des mécanismes au travers desquels les sociétés, en se spécialisant, parviennent à se transformer. Et selon notre auteur, lorsque, dans une société, la population est peu nombreuse et est dispersée sur un vaste territoire, elle peut survivre sans recourir à une division complexe du travail; les familles et les groupes de familles, répartis sur le territoire, ne se nuisent pas économiquement et peuvent compter sur les mêmes ressources (agriculture, chasse, pêche) en utilisant les mêmes techniques. Lorsque la population s'accroît et en même temps devient plus dense, la survivance du groupe n'est possible qu'à la condition d'opérer une division des tâches, de développer la spécialisation et la complémentarité des fonctions. De cette observation, Durkheim tire la proposition générale suivante : « La division du travail varie en raison directe du volume et de la densité des sociétés, et si elle progresse d'une manière continue au cours du développement social, c'est que les sociétés deviennent régulièrement plus denses et très généralement plus volumineuses » (Durkheim 1960:244).

Durkheim fait intervenir l'idée que la division du travail possède, dans les sociétés modernes, une fonction « morale » : elle produit le lien social, la solidarité et l'intégration de l'individu dans un groupe social, ce que l'auteur appelle la densité morale. Les hommes étant plus rapprochés, leurs rapports se multiplient, se diversifient, s'intensifient ; il en résulte une « stimulation générale », une plus grande créativité, et donc une élévation de niveau de civilisation de cette société. Ce qui amène Durkheim à conclure :

> En déterminant la cause principale des progrès de la division du travail, nous avons déterminé du même coup le facteur essentiel de ce qu'on appelle la civilisation... Du moment que le nombre des individus entre lesquels les relations sociales sont établies est plus considérable, ils ne peuvent se maintenir que s'ils se spécialisent davantage, travaillent davantage, surexcitent leurs facultés ; et de cette stimulation générale résulte inévitablement un haut degré de culture. De ce point de vue, la civilisation apparaît donc, non comme un but qui meut les peuples par l'attrait qu'il exerce sur eux, non comme un bien entrevu et désiré par avance, dont il cherche à assurer par tous les moyens la part la plus large possible, mais comme l'effet d'une cause, comme la résultante nécessaire d'un état donné... Plus ils (les individus) sont nombreux et plus ils exercent leur action les uns sur les autres, plus ils réagissent avec force et rapidité ; plus par conséquent, la vie sociale est intense. Or, c'est cette intensification qui constitue la civilisation (Durkheim 1960:327 et 330).

Cette évolution peut se comprendre à partir de la place qu'occupe la morale dans la pensée durkheimienne. Un individu moral doit posséder l'esprit de discipline et respecter les normes du groupe, il doit servir la collectivité et appliquer des règles impersonnelles, qui facilitent la stabilité de la communauté, quels que soient les individus qui la composent. La morale provient donc du groupe et Durkheim ne peut faire l'économie du retour de la communauté comme niveau intermédiaire, favorisant l'accroissement harmonieux de la société globale, mais développant aussi la dépendance de l'individu face au groupe restreint qui l'enserre. En définitive, nous retrouvons dans ce texte de Durkheim, comme facteur principal de civilisation, l'interaction sociale, c'est-à-dire l'influence réciproque des personnes dans les relations humaines. La densité morale, moteur du développement des sociétés et source de civilisation, est en réalité le produit d'une multiplicité d'interactions, d'une intensification de l'influence réciproque des personnes. Durkheim arrive donc à établir une double relation causale. La première veut que la connaissance de la densité démographique engendre en même temps le progrès de la division du travail et celui de la densité morale. En second lieu, la division du travail et la densité morale sont à leur tour les facteurs principaux du progrès de la « civilisation », c'est-à-dire le développement économique, social, politique et culturel. Cette double relation causale apparaît à Durkheim si fondamentale dans l'explication de l'histoire sociale qu'il l'appelle la « loi de la gravitation du monde social », par analogie à la loi de gravitation universelle de Newton en physique (Rocher 1968:37-38).

Que penser de cette « loi » ? Comment interpréter la participation politique des minorités mbo, mbororo, pouakam et tikar à l'aune de la densité démographique et morale dans cette optique durkheimienne ? Les chiffres sur les populations au Cameroun ne sont pas rigoureux : aux défauts habituels des recensements administratifs s'ajoute la difficulté de connaître exactement le chiffre de la population véritable de chaque communauté ethnique. En l'absence de ces données statistiques fiables et disponibles, nous essayerons tout au long de cette étude de compulser les données électorales dans différents groupements et villages pour établir la parité démographique entre ces communautés ethniques. Nous sommes conscient des limites méthodologiques d'un tel attelage, tant aucun village ou groupement n'est mono-ethnique. Cette simulation nous permet toutefois de dégager les tendances à partir d'un certain nombre de régularités électorales, surtout qu'en milieu rural, les crispations identitaires sont très fortes dans les aires géographiques. Sous cet angle, les trajectoires divergentes de comportement politique des minorités mbo, tikar, pouakam et mbororo nous offrent une très belle illustration empirique : le renforcement de la position sociopolitique des Mbo en ce temps de multipartisme et de démocratisation est lié en partie à leur poids démographique qui leur assure un électorat largement supérieur à celui réuni de leurs concurrents bamiléké de Fondonera et de Fombap. Fort dudit électorat susceptible d'être mobilisé pour remporter toute consultation politique dans l'arrondissement de Santchou, les Mbo en prennent prétexte pour revendiquer et occuper des positions fortes de pouvoir dans cette localité.

Cette ossature numérique ne laisse nullement indifférents les partis politiques, en particulier le RDPC, parti privilégié des Mbo, dans sa politique d'assimilation structurelle des groupes ethniques dans l'arrondissement de Santchou, ainsi que nous le verrons au chapitre suivant.

Les Tikar de Magba ont plutôt vu leur position politique s'affaiblir. Au plan numérique, avec l'avènement du barrage sur le fleuve de la Mapé qui y a fait venir des milliers de pêcheurs nordistes, les Tikar, qui étaient déjà talonnés au plan démographique par l'ensemble constitué des Bamoun et des allogènes bamiléké et anglophones, sont aujourd'hui réduits à une parité démographique défavorable dans l'arrondissement. L'éparpillement des Mbororo les prédispose à un déficit démographique partout où ils s'établissent à l'Ouest. L'électorat pouakam reste très infime pour susciter une densité morale auprès de ces populations : près de 350 électeurs dans une circonscription électorale de Bangourain qui mobilise au moins 7000 électeurs. Outre cette parité démographique défavorable, les Tikar, les Mbororo et Pouakam souffrent d'un déficit de leadership au plan socioéconomique (voir chapitres 4 et 5).

Le statut socioéconomique

Le statut socioéconomique détermine la variation entre les groupes au niveau de leur participation politique. Participer suppose une capacité de comprendre l'univers politique, « inséparable d'un sentiment plus ou moins vif d'être compétent au sens plein du mot, c'est-à-dire socialement reconnu comme habileté à s'occuper des affaires politiques, à donner son opinion à leur propos ou même à modifier le cours » (Bourdieu 1979:466). Dans les démocraties occidentales, le principe de l'égalité politique des citoyens cohabite avec cette réalité d'une hiérarchie sociale organisée autour de la catégorie socioprofessionnelle, du niveau de diplôme ou encore du montant des revenus. La nature des relations entre cette hiérarchie sociale et la participation politique est clairement établie: plus on progresse dans la hiérarchie sociale, plus la participation politique tend à s'élever (Verba et Nie 1972 ; Verba et al. 1978). L'engagement politique semble ainsi obéir à une logique forte : celle de la position sociale qui entraîne un certain sentiment de compétence sociale et politique qui lui-même génère un certain niveau de participation (Mayer et Perrineau 1992:18). Cette lecture de la participation politique vidée de son contenu démocratique par les inégalités sociales s'est imposée en France dans les années 1970. Pour certains auteurs (Pierre Bourdieu, Daniel Gaxie) qui se retrouvent derrière un paradigme dominant qu'on pourrait appeler le paradigme de la domination, l'espace social est traversé par un clivage central entre deux catégories d'agents : d'un côté, les « dominants » qui impriment leur marque à la société, de l'autre, les « dominés » qui la subissent. Ce clivage se reproduit selon un « principe d'homologie » dans chaque « champ » de la réalité sociale.

La notion de participation politique est donc un leurre idéologique qui cache la coupure entre des activités de masse, propres aux dominés, et des activités spécialisées, « propres aux dominants » :

A partir du moment où certains agents sont spécialisés dans la lutte pour la conquête et l'exercice du pouvoir politique, les autres deviennent de simples spectateurs d'une compétition dont ils se trouvent objectivement exclus (Gaxie 1978:42).

Cette thèse récuse les présupposés philosophiques de la démocratie représentative. Elle considère que le système démocratique, qui prétend organiser la participation, dresse en réalité des obstacles à celle-ci. La participation est alors réservée aux classes dominantes, les classes dominées étant privées des moyens matériels, intellectuels et de la légitimité d'exprimer leur opinion. Derrière la façade démocratique se cache donc un nouveau cens :

En provoquant l'exclusion électorale des agents culturellement et/ou sociale-ment dominés, les inégalités de politisation fonctionnent comme un cens caché et aboutissent aux mêmes résultats- de façon certes plus atténuée- que les restric-tions du droit de vote et les conditions d'éligibilité posées aux XVIIIe et XIXe siècles pour écarter les femmes et les classes dangereuses (Gaxie 1978:254-255).

Ce sens caché n'est pas le seul fruit du jeu des mécanismes de l'inégalité sociale, il est voulu et mis en place par les groupes sociaux dominants :

Le sens caché qui limite la participation ne s'analyse pas seulement comme la conséquence directe des inégalités sociales, il est le fruit d'une construction de l'ordre politique par ceux qui en bénéficient le plus, construction acceptée et intériorisée par une majorité d'individus exclus ou tenus à l'écart (Lagroye 1991:315).[15]

Dans cette perspective, plus le statut socioéconomique d'un groupe est élevé, plus grandes sont les chances qu'il s'intéresse et s'engage dans la vie politique. Toujours dans l'approche du statut socioéconomique, des études révèlent qu'il y a souvent effet d'entraînement et que la présence d'un candidat du même groupe ethnique peut avoir une influence positive sur la propension des membres à s'impliquer dans la vie politique (Tate 1993). La présence de membres de l'élite économique, par exemple les entrepreneurs, est aussi un facteur à prendre en considération (Bobo et Gilliam 1990). De fait, à travers le facteur démographique que nous venons d'analyser plus haut, ce sont les hommes qui font l'histoire des sociétés, ce sont leurs actions et leurs décisions qui déterminent le destin des collectivités. Karl Marx a précisément voulu le rappeler aux philosophes idéalistes : l'histoire sociale résulte de la praxis d'hommes ayant des besoins qu'ils ne peuvent satisfaire que par le travail et la production. De même, Max

Weber a souligné que l'éthique protestante ou ascétique s'exprime par la réaction des croyants à la dureté intolérable de la doctrine de la prédestination. L'un et l'autre nous renvoient donc à l'homme, à ses besoins, à ses réactions et à son action. C'est en suivant cet enseignement que Guy Rocher distingue entre changement social et action historique, celle-ci étant l'action des divers agents qui influencent le cours historique de leur société (Rocher 1968:128).

Au Cameroun, nous dit Luc Sindjoun, « l'ethnicité légitime dépend aussi de l'existence d'une classe politique, de l'aptitude des agents sociaux qui s'en réclament à la communication. C'est le préalable à l'insertion dans l'agenda politique » (Sindjoun 2002:212). Cette évidence est d'autant plus avérée que les suffrages revêtent une expression ethno-régionale importante dans ce pays. L'implantation des partis est attestée ici par la distribution territoriale des votes qui reflète la mobilisation communautaire. Le choix des électeurs se porte très souvent sur les candidats avec lesquels ceux-ci partagent des affinités ethniques et régionales. « L'identification à la région, à l'ethnie et à la langue française ou anglaise détermine l'élection qui correspond à une arène où se joue le sort des communautés territoriales ethniques et linguistiques du Cameroun » (Menthong 1998:41-42 ; Nchoji Nkwi et Socpa 1997:138-149 ; Geschiere et Nyamnjoh 2000:423-452 ; Nyamnjoh et Rowlands : 1998:320-337).[16] Ces référents identitaires commandent que la politique camerounaise soit peu basée sur les projets des candidats et davantage sur les personnalités. Comme le souligne Frédéric Faverjon, un chercheur français, témoin oculaire des municipales de 1996 à l'Ouest du Cameroun, la politique camerounaise est peu basée sur l'idéologie :

> Il s'agit bien davantage d'une politique de rassemblement derrière quelqu'un en vue. Les partis politiques vont surtout placer en tête de liste des candidats à l'aura certaine qui se sont déjà illustrés par leurs actions au village. Ces élites rassembleront plus les électeurs sur leur nom que sur leur programme. Typiquement les candidats RDPC dans le Ndé aux législatives ont été Niat en 1991 (le Directeur général de la SONEL, l'EDF du Cameroun) et Tchouta Moussa en 1997 (le Directeur général de l'ONPC-Office national des ports du Cameroun). Les électeurs ont plus voté pour ces élites qui ont su se montrer généreuses envers leurs frères que pour le RDPC honni par les populations et dont le bilan est peu flatteur.[17]

C'est donc dire que la possession d'une classe politique prédispose une minorité ethnique à une forte participation politique. Celle-ci est à l'origine des trajectoires divergentes de la position sociopolitique des minorités ethniques de l'Ouest. Concrètement, le renforcement de la position politique des Mbo est en partie nourri par cet élément qualitatif et quantitatif : de nombreux lettrés et cadres administratifs qui n'éprouvent aucun complexe devant leurs concurrents bamiléké de Fondonera et de Fombap, bref des élites, promptes à engager pour leur société une action historique, comme nous le verrons au chapitre 3. En revanche, au plan socioéconomique, les Tikar de Magba restent assez démunis, sous-scolarisés, en panne de leaders et donc désarmés. Ce déficit de leadership ajouté à la tutelle pesante de la royauté bamoun, qui a toujours voulu assurer une hégémonie bamoun sur les Tikar et préserver ainsi l'unité du royaume, joue en faveur des Bamoun dans les luttes pour le contrôle des postes politiques locaux, à la mairie notamment. L'éveil politique des Mbororo s'explique aussi en partie par cette donne socioéconomique : quelques élites émergentes dont nous parlerons au chapitre 5 et regroupées au sein du MBOSCUDA, un nouveau mouvement social mbororo qui œuvre, par des actes de sensibilisation, pour une prise en compte des Mbororo dans nos politiques d'intégration nationale. Les Pouakam, quant à eux, n'ont à proprement parler pas de ressources à mobiliser ; ni densité démographique, ni statut socioéconomique, encore moins un nouveau mouvement social comme les Mbororo pour intéresser les partis politiques dans leur politique d'assimilation structurelle des groupes ethniques.

Les partis politiques et « l'assimilation structurelle » des minorités ethniques

Tout au long de l'histoire des régimes des pays occidentaux, le terme de « parti » a signifié division, conflit, opposition au sein d'un corps politique. Etymologiquement, ce mot vient de « part », et depuis le moment où il apparut pour la première fois dans le discours politique à la fin du Moyen Age, il a toujours conservé cette référence à un ensemble d'éléments en concurrence ou en opposition avec un autre ensemble à l'intérieur d'un certain tout unifié (Lipset et Rokan in Birnbaum Chazel 1971:196). La mission principale des partis politiques consiste finalement à maîtriser et à mettre à l'unisson les intérêts sociaux catégoriels ; intérêts qui, bien qu'ils ne possèdent pas une existence bien définie dans le cadre des rouages politiques légitimes, se meuvent et agissent aux souterrains de la démocratie représentative et en déterminent le destin. Quand elle ne revêt purement et simplement un caractère révolutionnaire, la cohorte des intérêts et des initiatives catégoriels se canalise par les ramifications des partis politiques dans les luttes électorales, sans que les caractères initiaux de la démocratie individualiste et libérale en soient affectés. C'est ce qui rend, à n'en point douter, plus sensible la distance qui sépare la volonté générale présumée au moyen de l'observation stricte du principe majoritaire, de la volonté de tous entendue comme la volonté de l'ensemble des individus-citoyens (Vlachos 1996:243).

Comment les partis politiques procèdent-ils à la distribution des minorités ethniques de l'Ouest dans leurs structures ? Cette question est importante quand on sait qu'au-delà de l'image globale qu'ils ont de la politique, les citoyens ont une image du système partisan. Les partis sont l'objet des processus d'identification partisane. Attitude que les électeurs ont vis-à-vis des partis, celle-ci a comme toute attitude ou disposition une direction et une intensité. Une direction dans la mesure où un électeur ou un groupe ethnique peut préférer un parti aux autres.

Une intensité dans la mesure où il peut se sentir plus ou moins attaché à celui-ci. Selon Angus Campbell, l'identification partisane s'analyse comme un sentiment d'attachement au nom et aux symboles d'un parti politique. « C'est l'acceptation du parti comme groupe de référence positive (…) ; l'identification n'est pas synonyme d'appartenance formelle, c'est une disposition psychologique qui peut ou non s'accompagner de démonstrations visibles de soutien ou d'opposition » (Campbell 1966:582). L'absence de proximité partisane favorise la non participation (Mayer et Perrineau 1992:34). Or l'un des jalons importants de libéralisation politique des années 1990 au Cameroun est la réforme constitutionnelle de 1996 qui institue un Etat unitaire décentralisé, reconnaît les droits des autochtones et protège les minorités. Dans le même ordre d'idées, les lois portant organisation des élections municipales et législatives appellent au respect des « différentes composantes sociologiques » des circonscriptions dans la constitution des listes de candidatures aux élections. A la lumière de ces dispositions, l'on peut légitimement se demander sur quelle base les partis politiques accordent leurs investitures aux minorités ethniques lors des élections. Est-ce sur une base proportionnelle, en fonction de leur poids démographique ou de leur soutien politique et électoral, c'est-à-dire leur identification partisane ? Ou encore en fonction de leur statut socio économique ou du respect de ces textes régissant les élections au Cameroun ? En vérité, l'assimilation structurelle des minorités ethniques par les partis politiques obéit moins aux équilibres « sociologiques » prescrits par nos lois et règlements qu'aux identifications partisanes ; la mise en pratique de notre armature juridico-institutionnelle reste contingente ; ce qui importe pour les partis politiques, ce sont leurs intérêts électoralistes, en termes de suffrages engrangés ou escomptés auprès des électorats des communautés ethniques lors des compétitions électorales: pour remporter une élection ou engranger de nombreux suffrages parmi une communauté ethnique, il faut davantage primer et doper ce groupe en lui accordant une investiture proportionnelle à son investissement et soutien politiques. Mais jusqu'ici, nous nous sommes limité aux tendances générales de comportement politique de ces minorités ethniques ; dans les trois chapitres qui suivent, nous allons approfondir ces variations par des études de cas.

Notes

1. *Enamarques* : diplômés de l'Ecole nationale d'administration et de magistrature (ENAM).

2. Avec le processus actuel de décentralisation, les provinces ont été érigées en régions en 2008.

3. Cette conception de l'unité nationale était aussi sous-tendue sous le règne du Président Ahidjo par une politique de discrimination en faveur de sa région natale du Nord-Cameroun, dite avec raison «sous-scolarisée », afin de désamorcer les déséquilibres initiaux entre le nord et le sud. En vérité, Ahidjo voulut aller le plus vite possible. Il comprit qu'il faudrait recourir à des artifices pour obtenir les résultats

rapides. Il n'hésita pas à tricher. Il savait bien qu'originaire de la région la plus attardée tant sur le plan économique que sur celui de l'instruction, il serait accusé de favoriser son fief. Il assuma l'opprobre, écrit le journaliste Philippe Gaillard (1994:19). Cette discrimination se manifestait par des traitements différenciés des citoyens camerounais en matière de recrutement aux emplois de la fonction publique, de la police, de l'armée. Concrètement, une différence tranchée était observée entre les candidats des « départements sous-scolarisés » et ceux des autres départements. Les premiers cités étaient recrutés dans la liste « A » avec des diplômes d'un niveau inférieur à ceux des autres candidats postulant pour le même emploi. Au niveau de l'enseignement, les épreuves d'évaluation différaient en même temps que la période d'examen (Y. Monga 2000:725 ; Léopold Donfack Sokeng 2001:77 et sv. ; Philippe Gaillard 1994:19-20 ; Valentin Ndi Mbarga 1993:18).

4. http://camerounlibre.blogspot.com/. Publié par Cameroun libre à l'adresse 1/26/2010 08:30:00 AM.

5. By social inclusiveness is meant creating and sustaining conditions making it possible for the various strata of society (ethnic minorities, women, the physically handicapped, rural dwellers, competing religious and sectarian orders, the weakest and poorest sections of society, as well as victims of erstwhile social exclusion practices) to be represented in a formal organization. This contrasts with an arrangement in which 'merit' holds sway. It also highlights the dilemma facing the modern public sector manager. Merit, howsoever defined, has to do with the quest for excellence, while social inclusiveness – particularly, when interpreted as 'quota representation' – leans towards compromise, inter group bargaining, and, possibly, mediocrity. To be guided by merit is to be able to anticipate, or at least, respond to, market forces. To bend towards social inclusiveness is to seek to promote the cause of social justice even if this means going against the grain of efficiency and «rational» resource allocation (Balogun 2001:1-2).

6. C'est donc dire que dans tout Etat, et pas seulement en Afrique, l'enjeu central de la compétition politique reste « le partage du gâteau national ». La différence avec les systèmes politiques occidentaux, c'est qu'en raison de la patrimonialisation de l'Etat africain, la compétition pour les ressources est beaucoup plus immédiate et directe. L'accès à l'Etat conditionnant l'accès direct aux ressources économiques, les ressources économiques et les ressources politiques sont immédiatement interchangeables et le pouvoir donne accès à la richesse comme la richesse au pouvoir. Il en résulte que les enjeux de la compétition sont globaux et non spécifiques et ils deviennent, par là, vitaux. Les conflits qui opposent les groupes et les individus en vue de l'accès aux ressources politiques s'en trouvent exacerbés, d'où une propension marquée au recours à la violence pour régler les conflits. Dans les sociétés démocratiques, il est plus facile de recourir à un mode démocratique de régulation des conflits, c'est-à-dire à un mode pacifique, en raison d'un niveau d'institutionnalisation plus poussée de l'Etat, d'une plus grande différenciation des sphères politiques, économiques et domestiques et parce que la sphère publique laisse un espace à la société civile. Il existe ainsi une affinité structurelle entre le patrimonialisme et l'autoritarisme. Le patrimonialisme s'exprime naturellement dans l'autocratie, tout en contribuant à subvertir la démocratie. Dans un Etat, normalement autoritaire, l'accumulation des ressources est fondée sur la prédation et l'extorsion fondées sur la violence en association avec le clientélisme et la cooptation (Médard 1991b:93).

7. Aucun Mbororo et *a fortiori* un Pouakam ne figure et n'a jamais figuré dans aucune commission de campagne du parti au pouvoir, pas même communale.

8. Dans l'ouvrage de Jean-François Bayart, *L'Etat au Cameroun*, consacré à la politique camerounaise de 1958 à 1975, les groupes ethniques qui constituent les noyaux durs de son observation sont les suivants : Beti (Ewondo, Eton, Boulou), Bamiléké, Foulbé ou Peuls, Bassa, Bamoun, Kirdi (Toupouri, Massa). De manière générale, ce sont ces ethnies que l'on retrouve principalement dans les ouvrages consacrés à la vie politique camerounaise.

9. Frédéric Faverjon, http://membres.lycos.fr/rdefap/faverjon/politique.html, p. 5.

10. Pour mieux comprendre les logiques alimentaires et clientélistes dans le jeu politique camerounais, lire Antoine Socpa 2000:91-108.

11. Sur le concept de démocraties « illibérales », lire Fareed Zakaria 1997:22-43 ; Larry Diamond 1996:20-37; van de Walle 2001:243-244.

12. Joseph Takougang emprunte ce concept de démocratie *« bigmaniaque »* (*big man democracy*) à Michael Bratton et Nicolas van de Walle, 1997:233.

    « What seems to have occurred in Cameroon since the reinstitution of multiparty politics in December 1990 is what Bratton & van de Walle (1997: 233) have described as 'big-man democracy', in which the formal trappings of democracy coexist with neopatrimonial political practices. In other words, despite the semblance of democracy, the old one-party system in which one party and one individual were in charge still reigns ».

13. Selon Luc Sindjoun recourant à Max Weber, la « révolution passive » s'entend d'« un changement bricolé » par lequel le régime et ses acteurs dominants, confrontés à la « revanche de la société », des dominés, parviennent à la relative émasculation révolutionnaire de celle-ci ou de ceux-ci à travers les procédures de réformes politiques (multipartisme, reconnaissance et protection des libertés publiques, dilution des aspects répressifs, etc.), de cooptation gouvernementale de certaines élites de l'opposition, de canalisation institutionnelle de l'opposition, etc. (Sindjoun 1999:3).

14. Prenons par exemple les législatives : Magba et Santchou ne bénéficient que d'un seul siège de député respectivement. Magba est d'ailleurs favorisé depuis 2007, parce que érigé en circonscription législative spéciale avec un siège unique. Au contraire, Santchou fait plutôt partie intégrante de la circonscription électorale de la Menoua qui comprend cinq sièges de députés ; dans ce contexte, les partis politiques ne sont pas forcément tenus d'intégrer ou d'engager un Mbo dans leurs listes de candidatures aux législatives ; quand bien même un ou plusieurs Mbo figureraient dans des listes de candidatures, en cas de partage de sièges entre partis politiques, leur sort serait lié à leur position sur ces listes. Ce scénario s'est vérifié en 1997 où, malgré la large victoire du RDPC à Santchou, le chef supérieur des Mbo, Milla Assouté, troisième dans la liste RDPC, ne put être élu député, son parti n'ayant remporté que deux sièges sur les cinq en compétition. En revanche, Magba et Santchou disposent chacune d'une commune de 25 sièges de conseillers municipaux, suffisants, pour les partis politiques, pour prendre en compte les équilibres sociologiques ou ethniques desdites localités lors des investitures.

15. Face à ce paradigme de la domination où la participation politique n'est que l'apanage que des seuls « dominants », s'affirme un paradigme concurrent, celui de l'intégration, selon lequel les inégalités de participation correspondent à une inégalité des degrés d'engagement de l'individu. Dans cette perspective, il y a véritable continuum des diverses activités de participation politique des moins engagées (militance) et aucune

rupture n'intervient de manière brutale entre les participants et les autres. Un tel paradigme accepte de fait les présupposés philosophiques de la démocratie. Il considère que le système démocratique organise, facilite et encourage la participation et que les citoyens ont intérêt à celle-ci, car elle leur permet de défendre leurs intérêts personnels ou collectifs. Dans cette perspective, si certains citoyens participent moins que les autres, c'est qu'ils sont mal intégrés à la société (Mayer et Pascal Perrineau 1992:23).

16. Toutefois, il faut le souligner, il n'y a pas de corrélation absolue entre appartenance communautaire et sens du vote : l'électeur, fût-il africain, ne se détermine pas fatalement (et c'est heureux) en fonction des motivations « primordialistes » ; des considérations « utilitaristes » peuvent l'amener à infléchir le sens de son vote et à plébisciter un candidat ou un parti différents de son groupe de référence (Otayek 1998:10).

17. Voir Frédéric Faverjon, http://membres.lycos.fr/rdefap/faverjon/politique.html, p. 5.

Chapitre 3

Santchou et le renforcement de la position politique locale des Mbo

Au chapitre précédent, l'évidence est apparue clairement que la politique camerounaise de l'équilibre régional privilégie les groupes dominants dans ce que Pierre Flambeau Ngayap appelle les « macro-équilibres géopolitiques et microdosages intra-provinciaux » dans l'allocation des postes politico-administratifs dans les hautes sphères de l'Etat ; à l'Ouest, les Bamiléké et les Bamoun. Contre cette inclusion sociale, une fenêtre était cependant ouverte sous le parti unique pour accorder prioritairement et exclusivement à certaines minorités ethniques des positions fortes de pouvoir comme maires au sein des municipalités de leurs localités respectives. Les Mbo de Santchou étaient bénéficiaires de ce « microdosage local » ; mais avec le multipartisme qui a remodelé le théâtre politique avec des maires dorénavant élus et non nommés comme sous le parti unique, une incertitude a plané sur cet acquis politique de cette communauté : devrait-elle conserver cet héritage ou le perdre au profit d'autres communautés ethniques, notamment leurs concurrents bamiléké des groupements Fondonera et Fombap, autres composantes de l'arrondissement de Santchou ? Pour maintenir cet acquis, quelles stratégies les Mbo devraient-ils utiliser ? Quelles ressources devraient-ils mobiliser ? Nonobstant cette incertitude, les Mbo ont conservé cet acquis depuis les premières élections municipales pluralistes de 1996, contre l'opposition farouche des Bamiléké de Fondonera et Fombap, en s'octroyant tout aussi automatiquement bien d'autres postes politiques locaux. C'est cette production accrue du pouvoir politique local mbo qui nous intéresse dans ce chapitre. Pour mieux en rendre compte, il faut auparavant faire émerger les traditions d'origine mbo et la question de citoyenneté et d'autochtonie à Santchou.

Le contexte ethnographique et politique

Que sait-on aujourd'hui des minorités mbo de l'Ouest ? Que nous apprennent-elles sur les références qui leur sont faites ? Quelle interaction entre elles et les Bamiléké, l'autre composante ethnique de l'arrondissement de Santchou ? Quelles sont les relations de pouvoir entre les deux communautés, mais aussi leurs relations à l'Etat ?

Origines et fresque migratoire des Mbo

Selon Vincent Ngoula et Richard Penda Ekoka (Penda Keba 2006), les Mbo, encore appelés Ngoh-Nsongo, sont les peuples originels du département du Moungo. Dans la terminologie constitutionnelle à la mode, on les désignerait par le vocable « autochtones du Moungo » qu'on serait plus précis. L'aire du groupe Ngoh-Nsongo recouvre toutefois le département du Moungo dans la région du Littoral, le Koupé Manengouba, la plus grande partie du département de la Mémé, le nord du département de Fako dans le Sud-Ouest et à l'Ouest, les franges occidentales des arrondissements de Santchou et de Kékem. Ses origines historiques sont relatées à la fois par la tradition orale et l'histoire des migrations bantoues. Selon les mythes de fondation, Ngoh et Nsongo, des frères, seraient les fondateurs des peuples de la région, à l'exception des Bakoko. Ngoh habitait au sommet du Mont Manengouba, plus précisément à la caldeira d'Eboga. Un jour qu'il allait à la chasse, il trouva une jeune fille du nom de Sumédiang qu'il épousa. Puis arriva une certaine Ngotengang dont la peau était recouverte de gale. Ngotengang parcourait la région à la recherche de l'assistance. Partout où elle passait, on lui refusait l'asile. Ngoh et sa femme furent les premiers à l'accueillir. La nuit venue, elle leur délivra un secret : « la région connaîtra un cataclysme ; vous serez les seuls rescapés ». Le secret délivré, Ngotengang disparut. Le cataclysme se produisit. Ngoh et sa femme furent les seuls rescapés. Après le cataclysme, le couple s'installa définitivement à Mwekan, sur le versant occidental du Mont Manengouba. A quelle date se produisit ce miracle de la création ? La légende reste muette là-dessus. Cependant, elle ajoute que Ngoh avait un cadet du nom de Nsongo. Ngoh et Nsongo, deux frères mythiques à l'origine du peuplement originel du Moungo ; voilà qui nous renvoie à la légende antique de la création de Rome par deux frères jumeaux : Romulus et Remus !

Sur le plan historique, le peuplement originel des Ngoh et Nsongo est à situer dans le vaste mouvement de migrations bantoues originaires du Congo et arrivées dans le golfe de Guinée vers la fin du XVIIe et les débuts du XVIIIe siècle. Il s'agit du courant *duala* ayant en son sein deux composantes essentielles : la composante *duala* elle-même qui remonte l'estuaire du Wouri pour occuper les rives dudit fleuve, tandis que leurs cousins de la composante bakoundou s'installent d'abord dans l'actuelle ville de Limbé au pied du Mont Cameroun, puis émigrent dans un second temps vers l'hinterland à Barombi où ils s'installent autour du lac du même nom, vers l'actuelle ville de Kumba, région du Sud-Ouest. Les fréquentes éruptions volcaniques du char des dieux (Mont Cameroun), très actif au début du XVIIIe siècle, pourraient justifier le repli intérieur des Bakoundou, un peuple de l'eau, qui se voit obligé de quitter la côte atlantique pour le bassin du lac Barombi, non loin des flancs occidentaux du Mont Manengouba. Certains auraient poussé leurs escortes vers le rebord méridional du plateau bamiléké. Dans la composante bakoundou en question, on retrouve des sous-groupes comme les Balong, les Abo, les Bakossi, les Balondo, etc., qui se réclament aujourd'hui, selon la légende, descendants de Ngoh et Nsongo. On pourrait donc avancer à la confrontation du mythe et de la réalité que Ngoh et Nsongo n'ont pas été engendrés par une mystérieuse alchimie d'un déluge sur les sommets de Manengouba. Ils seraient des descendants bakoundou dont les ancêtres sédentarisés autour du lac Barombi vivaient de la pêche et de petites activités rurales. L'essor démographique et le milieu naturel aidant, ces populations se seraient dispersées à la recherche de nouveaux espaces vitaux tout en multipliant et diversifiant leur culture du milieu ambiant pour leur adaptation. Ce serait vraisemblablement dans la dispersion des Bakoundou, de la dépression Barombi que les phénomènes Ngoh et Nsongo se seraient installés en guerriers, chasseurs et nomades sur les flancs voisins du Manengouba où ils vont engendrer de nombreux fils dont les familles pétilleront le Moungo originel.

Les Ngoh et Nsongo sont aussi et surtout une culture de la montagne et c'est là leur grande originalité qui tranche avec les autres affinités *sawa* (populations côtières). Montagnards, ils croient aux esprits du Koupé et pensent que cette montagne est le berceau mystique de toute l'histoire de l'humanité. Le Koupé est pour eux le lieu d'échange entre le monde des vivants et celui des morts. Les grands initiés y vont la nuit, mais aucun ne vous dira le lendemain ce qu'il y a fait. La soif des hauteurs, sinon l'habitude de l'altitude et la connaissance des eaux et de leurs messages ont développé chez ce peuple un complexe de supériorité et d'ouverture d'esprit vers le lointain. Peuple de forêts enfin : les Ngoh et Nsongo vivent de l'agriculture, de la chasse et de l´élevage.

La société mbo, à l'instar de la quasi-totalité des communautés de la forêt et du littoral au sud du Cameroun, est bâtie sur le modèle de sociétés segmentaires que d'aucuns ont qualifiées d' « acéphales ». Le pouvoir politique et administratif est entre les mains du chef de lignage qui n'a d'autorité que sur les membres de sa famille. L'ensemble des lignages qui composent la société entretient entre eux des rapports de voisinage basés sur le principe de l'égalité des droits de différentes familles. La distribution du pouvoir est donc assez diffuse. Dans un tel contexte, on se rend compte que l'institution du chef du village ou du groupement est apparue avec l'organisation de l'Etat moderne, pour remodeler les structures de ces communautés, selon le schéma classique de l'administration, et disposer de relais sûrs à tous les niveaux (Ndoumbe-Manga 1981:48).

Pour communiquer, les Mbo parlent des dialectes bantous ayant pour dénominateur le *duala*. Selon Richardson (1957) et les chercheurs de l'ORSTOM, le rameau mbo compte dix-huit dialectes plus identifiés comme : Balong, Babong, Bafaw, Bakossi, Bakaka, Banéka, Bassossi, Bafun, Balondo, Elung, Manehas, Manengouba, Miengge, Manéhas, Mwaménam, Ninong, Nkongho et Sambo. Cette différence lexicale, qui relève plutôt de la dispersion géographique des populations, ne présente sur le plan pratique aucune difficulté de communication de fond entre les locuteurs de ces sous-groupes (Richardson cité par Etame Ewane 1987).[1] Le sobriquet *mbokoki,* utilisé par les allogènes pour désigner tous les autochtones de la région, du fait que le *koki* est le principal mets des Mbo, témoigne de l'unicité ethnique du rameau. L'on ne saurait d'ailleurs oublier que l'administration coloniale avait mis à profit le découpage linguistique poussé à l'extrême pour ses délimitations administratives, notamment cantonales. En maints endroits, les communautés linguistiques qui ne correspondaient bien souvent qu'à des variations dialectales furent considérées comme des ethnies. Il en est ainsi de cette région de Nkongsamba où des populations apparentées les unes aux autres constituent un vaste réseau clanique inextricable dont les alliances matrimoniales renforcent le tissu social. Si Manéhas, Mwaménam, Bakaka, Banéka, Baréko, Elong, Mbo, Ninong et Bakossi, etc., peuvent être considérés à la rigueur comme des communautés dialectales distinctes, l'identité ethnique ne saurait en revanche se laisser enfermer dans de si petites unités. Jean-Claude Barbier a regroupé ces populations sous l'ensemble « bakossi-mbo » (Barbier 1981:248).

Mais comment situer l'origine de l'ethnonyme « Mbo » ? Les chercheurs de l'époque coloniale allemande, ayant constaté que toutes les soi-disant « langues » de la région géographique autour de la chaîne montagneuse Manengouba- Koupé n'étaient à vrai dire que des dialectes d'un seul grand ensemble linguistique et que cet ensemble était par ailleurs indéniablement une seule unité culturelle, se sont mis à chercher un mot de racine commune à tous les sous-groupes. Ils ont trouvé ce mot dans l'appellation donnée à la notion de « pays » ou « habitat ». C'est ainsi qu'ils ont constaté que dans chacun des 18 sous-groupes de cet ensemble bakoundou, cette notion était traduite par le mot Mbo ou sa variante. Ce mot ne s'est toutefois pas trop affirmé dans le temps dans la région concernée à cause de deux facteurs : premièrement, le découpage administratif pendant trois époques coloniales qui s'est soldé par la division de la région en six départements différents (Moungo, Meme, Fako, Menoua et Haut- Nkam puis Koupé-Manengouba sous l'Etat postcolonial). Deuxièmement, le fort peuplement de la région par les Camerounais allogènes en provenance des autres groupes culturels et linguistiques. « Mais il reste une vérité culturelle et sociolinguistique que les peuples autochtones de cet ensemble ont été connus dans le passé et ne peuvent être connus dans leur globalité à présent et dans l'avenir que par l'appellation Mbo », dixit Etame Ewane (1987:42).

Dans le cas de la plaine des Mbo au Sud-Ouest du plateau bamiléké (Santchou et Kékem), vers la fin du XVIIIe siècle ou au début du XIXe, alors que les Ndobo (ancêtres des Bamiléké) y étaient déjà installés, des Mbo venant de la forêt du sud ont traversé le Nkam et sont montés sur ce plateau (partie Sud-Ouest). Ils ont réussi à renverser certaines dynasties régnantes et à prendre le pouvoir dans quelques chefferies. La plus grande partie des envahisseurs a été repoussée au sud du Nkam par ces mêmes Ndobo, mais une quantité non négligeable est restée et constitue actuellement d'importantes minorités mbo dans la Menoua et le Haut-Nkam (Dongmo 1981:65). Les traditions des chefferies de Fondonera, de Foréké-Dschang font effectivement référence à la présence des chasseurs d'origine mbo dont seraient issus les lignages des souverains (Tardits 1981:482). Cette plaine s'étend en arrière du seuil dit pont du Nkam, du nom de la rivière qui la draine péniblement en de lents méandres. Elle est à une altitude de 700 m, nettement plus basse que le plateau bamiléké, et comme l'ensemble de l'arrondissement voisin de Kékem, elle appartient plutôt géographiquement au Moungo (vastes plantations de café robusta, colonisation agricole bamiléké) (Champaud 1983:26).

Santchou et la question de minorité et d'autochtonie

La plaine des Mbo tire son nom des premiers occupants des lieux, populations bantoues installées là depuis plus d'un siècle, lesquelles peuvent, à ce titre, être considérées comme les « vrais » autochtones. Cette plaine se situe à 200 km au nord de Douala, sur l'axe Melong-Dschang. Elle est limitée au nord et à l'est par des falaises qui la séparent du plateau bamiléké ; au nord-ouest et à l'ouest par le mont Manengouba, aux alentours de Nkongsamba. Elle s'étale sur trois départements relevant de deux régions : le département du Moungo avec, comme chef-lieu, Nkongsamba, dans la région du Littoral ; les départements du Haut-Nkam et de la Menoua, avec, respectivement Bafang et Dschang comme chefs-lieux, tous deux départements de la région de l'Ouest. Si la superficie totale de la plaine est estimée à 390 km², administrativement, Santchou, chef-lieu de l'arrondissement de même appellation, dépend de la Menoua. Les motifs de la création de cette unité administrative méritent qu'on s'y arrête. Dans le département de la Menoua, les Mbo sont minoritaires par rapport aux Bamiléké. Pendant la période coloniale, ils auraient souhaité sans succès leur rattachement au département voisin du Moungo où ils constituent un groupe numériquement important. Ils s'estimaient alors étouffés en pays bamiléké. Les autorités postcoloniales satisfont à cette revendication dès 1960, en créant le district de Santchou dit aussi « district des Mbo », pour permettre à cette communauté d'exprimer sa personnalité. Ce district a été érigé en arrondissement de Santchou en novembre 1979 (Engola Oyep 1991:35 ; Youana 1990:81-101). Depuis lors, les membres de l'ethnie quittent les chefferies bamiléké où ils sont minoritaires pour venir peupler ce district qu'on leur a donné. C'est pourquoi ils s'implantent essentiellement dans la région de Santchou et ses environs, pour les mêmes raisons que celles qui expliquent leur origine. Ils viennent pour 19 pour cent du Haut-Nkam, pour 75 pour cent de la Menoua, et pour 6 pour cent des pentes du Manengouba (Dongmo 1981:177).

Comme unité administrative, Santchou comprend trois chefferies supérieures de deuxième degré: le groupement Mbo, ou groupement Sanzo (ou Santchou), avec une trentaine de villages, deux groupements bamiléké : Fombap qui comprend une douzaine de « quartiers » parfois dénommés villages et Fondonera, avec plus d'une vingtaine de villages ; à ces trois groupements il faut ajouter l'enclave de Nteingue ; ce village est mixte et autonome, c'est-à-dire habité aussi bien par les Mbo que par les Bamiléké et ne dépendant d'aucun des trois groupements, mais sa territorialité est âprement revendiquée par les Mbo, se disant dépendre de Santchou et les Bamiléké du groupement Foréké-Dschang, une chefferie supérieure de l'arrondissement de Dschang. Sans trancher ce conflit de territorialité dont nous n'avons aucune prétention, ni compétence et autorité, nous faisons figurer cette enclave dans Santchou à cause de son rattachement à la circonscription électorale de cet arrondissement, une jonction somme toute déterminante lors des joutes électorales. Signalons par ailleurs qu'à la création du district des Mbo en 1960, cette unité administrative ne regroupait que Fondonera et Sanzo. Fombap était plutôt rattaché à l'arrondissement bamiléké de Fokoué. Ses populations revendiquent leur rattachement au district des Mbo, soulignant au passage leur cohabitation pacifique avec les Mbo et l'occupation des terres avoisinantes de Sanzo depuis la colonisation. Ce sera chose faite en 1979 lors de l'érection du district des Mbo en arrondissement de Santchou.

Une forte immigration bamiléké, source des conflits fonciers

Lors des troubles années d'indépendance, Santchou eut à enregistrer d'importants mouvements migratoires d'origine bamiléké avant et surtout après la pacification de la plaine. Après la fin des troubles, ces immigrants occupèrent progressivement les emplacements d'où les Mbo avaient fui et vers lesquels ceux-ci amorcent un mouvement de retour. Cette occupation foncière est à l'origine des conflits multiples entre les deux communautés ; dans le village bamiléké de Fombap par exemple, certaines implantations mbo actuelles, telles que Mbongo et Ngandjong, considérées quelquefois comme des quartiers dudit village, revendiquent leur indépendance vis-à-vis du chef supérieur Fombap. Ces revendications sont assorties des demandes de restitution d'un patrimoine foncier, qui est maintenant intégré dans l'espace des immigrants bamiléké. Dans le centre de la plaine, à Santchou, il n'y a pas d'infiltration massive mbo ou bamiléké qui privilégie telle ou telle ethnie. En revanche, on assiste à une pénétration lente, diffuse et constante des Bamiléké sur un territoire reconnu appartenir aux Mbo, même si certains villages en sont éloignés de plusieurs kilomètres.

Pour comprendre les raisons de ce fort courant migratoire, il faut retenir d'abord que la plaine des Mbo est faiblement peuplée (40 habitants au km²), par rapport au plateau bamiléké environnant (125 habitants au km²). Les Bamiléké à l'étroit sur leur site d'origine descendent à la plaine en quête de terres en vue de la culture des vivres et du caféier. Il faut ajouter aussi que la plaine abritant des troupeaux d'éléphants a attiré jadis des trafiquants d'ivoire, tandis que ses nombreux cours d'eau alimentaient une pêche fructueuse qui semble avoir été pratiquée par des non Bamiléké et des autochtones (Engola Oyep 1991:38). La terre n'étant pas un bien rare dans cette région, les immigrés y accèdent assez facilement. Plus récemment, un autre facteur, conjoncturel celui-là, a fonctionné : il s'agit de la sécurité. En effet, à la suite des troubles de l'indépendance, un camp de gardes civiques[2] avait été implanté en 1961 dans le centre urbain de Santchou, et toute la population de la plaine et du plateau avoisinant invitée ou contrainte à s'y regrouper. En particulier, les habitants de Fondonera, de Fombap, de Fontsa-Toula et de la partie sud de Foréké Dschang s'y étaient regroupés et après le retour de la paix, la plupart ne purent regagner leur habitat traditionnel ; bien au contraire, ils s'installèrent dans les quartiers de leur chefferie situés dans la plaine (Dongmo 1981:173). Il faut enfin signaler la colonisation de la plaine, à la suite d'essais de culture de riz pluvial, vu les excellentes conditions climatiques de la zone ; une opération de développement de cette culture avait été lancée et confiée à une mission d'aménagement, la MIDERIM (Mission pour le développement de la riziculture dans la plaine des Mbo) et 220 ha furent cultivés en 1975-76. Dès le début de cette opération de mise en valeur, quelques colons bamiléké descendirent du plateau bamiléké pour s'installer dans la plaine.

Mais les tensions nées des problèmes fonciers ne sont pas seulement interethniques. La structuration sociale mbo faisant reposer l'autorité sur les chefs de lignages, la terre appartient en fait aux familles qui l'ont occupée et exploitée avant toutes les autres. Cette forme d'appropriation de fait est à la base du droit foncier mbo et la spéculation qui s'ensuit est, dans un premier temps, l'œuvre des chefs de familles qui devraient gérer et défendre leur patrimoine. Malheureusement, attirés par l'appât du gain et autres avantages proposés par les immigrants, ces chefs ont souvent aliéné leur patrimoine, sans solliciter l'avis des membres de leur famille. Ainsi, du jour au lendemain, certains membres pouvaient être dépossédés, sans contrepartie, d'un lopin de terre qu'ils croyaient fermement être le leur. Ce processus a été accéléré au cours des années 1970, avec la persistance des Bamiléké, trop serrés sur leurs plateaux, à trouver de nouvelles terres en vue de l'amélioration de leurs conditions d'existence. Le noyau familial mbo devient alors le centre de conflits ouverts ou latents entre les différents membres. Parfois, il s'établit entre le chef et eux des rapports empreints d'une agressivité certaine. Le résultat de cette situation est l'apparition d'une sorte d' « anarchie » dans la distribution ou la redistribution des terres entre les Mbo eux-mêmes d'abord et entre les Mbo et les allogènes ensuite. De plus en plus, les individus (et non plus les familles) deviennent directement propriétaires de parcelles de terrain et ils en disposent assez librement. On assiste ainsi au dernier degré de l'émiettement de l'autorité du chef de lignage dont le pouvoir devient plutôt symbolique (Ndoumbe-Manga 1981:49-50).

Ces propos d'une élite mbo, « Elat Zacharie de Yaoundé », tenus il y a 40 ans, lors du Séminaire de Développement du District des Mbos à Santchou des 22 et 23 décembre 1972, sont suffisamment révélateurs de ces tensions sociales :

> Je remercie M. le chef de District pour sa bonne initiative. Je prie tous les ressortissants de ce District de profiter de cette occasion qui nous est offerte pour réviser les vieilles coutumes et les malhonnêtetés qui nous couvrent. Le développement que l'on veut de nous ne peut se réaliser sans que nous ayons remédié à nos habitudes. La vente abusive des terrains que l'administration reproche à nos frères du village est un grand danger pour eux les vendeurs et les acheteurs, mais ils ne le voient pas. Bien des vendeurs de terrain le font même à l'insu des membres de leurs familles, et n'en parlons plus pour ce qui concerne l'avis du chef de village ou de groupement. A côté de cela se trouve la malhonnêteté de ceux qui, restés au village, exploitent les biens de nous autres qui venons des villes pour leurs fins personnelles. Par exemple, moi qui vous parle, je possède un lot ici au centre urbain, mais il ne s'y trouve même pas une cuisine. Lorsque j'envoie de l'argent et le matériel à mes frères pour me faire le travail, ils les gaspillent carrément ou bien font ce travail à leur profit. De cette manière, on perd complètement le goût d'investir au village. Les vendeurs de terrain promettent à leurs clients un certain nombre d'hectares, sans connaître combien ils en disposent. Leur objectif est d'absorber de l'argent avant que leurs clients s'en aperçoivent.[3]

Une tension permanente règne aussi entre Mbo et Bamiléké sur la territorialité du village Nteingué. Cette enclave est située au sud du groupement Foréké-Dschang, entre le groupement Fombap et celui de Fondonera. Le groupement de Sanzo n'est pas de ce fait voisin de ce village. Les terres y sont fertiles et les Bamiléké y ont émigré pour y devenir majoritaires et propriétaires des terres vendues par les Mbo. Les Mbo se disent de Santchou et les Bamiléké de Foréké-Dschang. Du fait de cette proximité géographique et de cette équation démographique favorable, Foréké-Dschang revendique la territorialité de Nteingue, ce à quoi s'opposent les Mbo soutenus par leurs frères du groupement Sanzo. Quand survient un litige ou une situation demandant l'intercession administrative, le Bamiléké de Nteingué préfère se référer aux autorités de Dschang, tandis que l'homme mbo, tout naturellement, se dirigera vers Santchou. Ce conflit affecte même le secteur éducationnel avec, au niveau primaire, deux écoles, l'une mbo et l'autre bamiléké. Sur le plan administratif, le bureau de vote de Nteingue ressort de la compétence de l'arrondissement de Santchou ; cela n'empêche pas toutefois que les services de gendarmerie de Santchou y soient déclarés *non grata* par les Bamiléké ; même le sous-préfet de Santchou ne peut y entreprendre des tournées administratives. Nteingué apparaît finalement comme un *no man's land* au plan administratif. Ce problème relevant de la compétence du préfet, en 2007, il y a eu une rencontre présidée par le premier adjoint préfectoral de Dschang, où chaque camp a avancé son argumentaire. La décision du préfet reste toujours attendue. Mais à part ces problèmes fonciers, des stéréotypes ethniques sur fond de rivalités hégémoniques empoisonnent davantage les rapports Mbo-Bamiléké à Santchou.

Stéréotypes ethniques sur fond de rivalités hégémoniques

Les Bamiléké sont célébrés et se célèbrent pour leur esprit d'entreprise, leur sens d'organisation et de l'épargne, ce qui leur a valu le qualificatif de « peuple dynamique » (Dongmo 1981 ; Warnier 1993 ; Geschiere et Konings 1993). Ce dynamisme est reconnu unanimement par les Mbo que nous avons interrogés: E. Brigitte, commerçante : « Les Bamiléké nous ont appris beaucoup de choses. Avant, les Mbo pratiquaient seulement la pêche, la chasse, dansaient beaucoup et ne travaillaient pas. Nous avons appris des Bamiléké l'endurance et le goût du travail. Les opérateurs économiques de Santchou sont des Bamiléké ». Ou encore M.A.E. Sylvain : « Les Bamiléké sont des grands travailleurs, des grands commerçants ; les belles maisons en ville leur appartiennent. C'est maintenant que les élites mbo construisent ici. Les terres ont été spoliées par nos parents et le Mbo se trouve parfois obligé d'en acheter chez le Bamiléké. Ils sont dynamiques ». Au contraire, les Mbo traînent un stéréotype ethnique qui empoisonne leurs relations avec les voisins bamiléké ; ces derniers les considèrent comme peu entreprenants, apathiques et paresseux. Cette joute oratoire agencée lors du « Séminaire de développement du district des Mbo de 1972 » cité plus haut, séminaire transformé en procès sur la prétendue indolence des Mbo, mérite d'être citée :

Madame Keutcha Julienne,

Chers frères et sœurs, je tiens d'abord à remercier vivement M. le Chef de District qui a bien voulu convoquer le séminaire d'aujourd'hui pour débattre sur les divers problèmes qui se posent pour le développement de notre district. Je remercie ensuite tous les confrères qui en dépit de leurs occupations, ont tenu à assister personnellement à ce séminaire. Avant de continuer, je vous prie de me présenter ici trois enfants dont un Santchou, un Fondonera et un Fombap. Mes chers frères, ces enfants constituent l'ensemble du District des Mbo. Dites-moi comment vous pouvez distinguer s'ils sont Bamiléké ou Mbo. C'est de cette façon que normalement l'union doit exister entre nous. Nous sommes les Mbo, ce qui veut dire : morale-bonté-obéissance-susceptible. Quant à vous, mes frères et sœurs Mbo, on dit toujours que vous êtes trop paresseux. Cependant, vous possédez de larges plantations à Singam, Ntime Djindjang, etc. C'est seulement que vous ne nettoyez pas les abords des routes.

Les Bamiléké ont toujours dit qu'ils travaillent beaucoup et que c'est eux qui sont les piliers du Cameroun. Ce n'est pas vrai, ils se trompent. Puisque vous dites que les Mbo ne travaillent pas, est-ce que c'est vous qui les nourrissez ? Les oiseaux du ciel sont nourris par le bon Dieu et combien de fois pour les Mbo qui sont des êtres humains. Les Bamiléké ne doivent pas trop se moquer des Mbo, car à force de les voir travailler, les Mbo apprendront aussi à travailler. Si nous voulons développer notre district comme l'a voulu M. le chef de District, il nous faut abandonner de loin l'esprit de discrimination. L'union doit seule être l'outil principal du démarrage de développement.

Chef de District

Une opinion courante parle de la paresse des populations autochtones du district. L'expression est malheureusement trop péjorative pour être choquante, mais il s'agit de ce que j'ai appelé la tendance à se suffire. Vous noterez d'ailleurs que cette constatation ne date pas d'aujourd'hui. Si mes souvenirs de lecture sont bons, le chef de circonscription de Dschang, M. Ripert, parlait déjà de ce comportement dans un rapport adressé en 1923 à la SDN en disant notamment que les Mbo s'apparentent de très près des Doualas dont ils ont la plupart des défauts mais aucune qualité. Dotés d'un sol fécond et partout cultivable, de richesses naturelles immenses, ces indigènes ne savent rien tirer de leur situation privilégiée. Indociles, ayant toujours vécu dans une sorte d'anarchie, ils ne peuvent s'accommoder du moindre effort et de la contrainte la plus légère, cette remarque pertinente ne reste pas moins vraie aujourd'hui.

En tout cas, je n'ai entendu, en convoquant ce séminaire, organiser une sorte de tribunal quelconque où chacun devait se défendre. Il s'agit pour nous, à notre sens, de prendre conscience de nos comportements pour les adapter aux impératifs du temps présent si nous voulons construire notre pays.

Elat Zacharie de Yaoundé

Quant à ceux qui se baladent dans les villages sans aucune source de vie, je prie M. le chef de District d'appliquer les châtiments les plus lourds à leur encontre, car un pays appelé à progresser doit lutter contre l'oisiveté.[4]

Toujours lors de ces assises, le chef de District rappellera les uns et les autres à l'ordre, en observant qu'il n'a pas eu pour idée de tenter un rassemblement quelconque des Mbo, que « cette rencontre concerne tous les ressortissants du district des Mbo et que Mbo est pris dans le sens d'une appellation et non d'une ethnie ». Il reconnaîtra toutefois que « les jeunes Mbo aiment boire, fumer, s'habiller et se promener à longueur de journées », mais qu'ils répugnent à travailler pour gagner de l'argent. « Il y a deux mois que j'ai fait une offre d'emploi pour travailler à l'opération de reboisement à Ntegné, pas un seul garçon ne s'est présenté. J'ai demandé à tous les parents de me signaler sans peur les enfants qui dans les villages se trouveraient en divagation », dira-t-il. Pour le chef de terre, il s'agit d'une situation alarmante, un parasitisme familial qui bat son plein à Santchou. « Il y a des personnes qui hébergent des jeunes gens, lesquels ne leur rendent aucun service, mais qui doivent manger cependant. Il faut que chacun sache que pour vivre il faut travailler et je demanderai à tout le monde d'être dur envers ces parasites », conclura-t-il son propos.[5]

Ce stéréotype n'est pas sans rappeler celui accolé depuis la colonisation allemande aux Bakweri, un groupe ethnique du Sud-Ouest proche culturellement et physiquement des Mbo. Ciprian F. Fisiy et Peter Geschiere s'en font l'écho :

> … les Allemands, les premiers colonisateurs, avaient au début un certain respect pour les Bakweri, qu'ils considéraient comme un peuple de montagnards sauvages, hautement « *unbossmässig* » (littéralement pas prêts à la pénitence). Cette réputation fut encore renforcée en 1891, lorsque Buéa, le village le plus fort de la montagne, réussit à chasser une expédition allemande et à en tuer le commandant. Ce n'est qu'en 1894 que cette partie du territoire bakweri fut vraiment « pacifiée ». Ensuite, il se répandit rapidement un tout autre stéréotype ethnique des Bakweri. Ceux-ci étaient maintenant qualifiés d'apathiques et de paresseux. Ce stigmate d'apathie allait marquer les Bakweri jusqu'aujourd'hui (Fisiy et Geshière 1993a:99-129).

Selon ces deux auteurs, ce stéréotype est lié aux particularités des développements politico-économiques dans cette région pendant la période coloniale. Les Allemands découvrirent rapidement que les sols volcaniques autour du mont Cameroun étaient très fertiles. Ils commencèrent dès les années 1890 à exproprier des terrains pour y créer des plantations à grande échelle. Ce processus s'accéléra après la « pacification » définitive des Bakweri en 1894. Ceux-ci furent repoussés dans des réserves ou plus haut dans la montagne. Le but explicite des Allemands était de forcer les Bakweri à venir travailler sur les plantations. Mais dès le début, ceux-ci montrèrent peu d'enthousiasme pour le travail d'ouvrier. Après 1914, sous le régime britannique, ils continuèrent à se mettre à l'écart des plantations. La conséquence, ils se trouvèrent marginalisés dans leur propre pays puisque les plantations attiraient toujours plus d'ouvriers venus d'ailleurs, au début recrutés par la force, mais aussi et surtout après 1920, des volontaires. « Après 1940, les Bakweri devinrent rapidement minoritaires dans plusieurs villages. Les *strangers* profitaient beaucoup mieux de nouvelles possibilités. Aussi les rapports coloniaux opposaient souvent l'esprit d'initiative de ces étrangers à l'apathie des Bakweri » (Ibid. p.103).

Pour Jean-Louis Dongmo, l'indolence des Mbo a une explication : nous avons vu qu'au siècle dernier, lors de l'occupation de la plaine qui nous intéresse ici, les Mbo ont lancé des incursions victorieuses sur le plateau bamiléké où ils ont même renversé les dynasties régnantes dans quelques chefferies, phénomène qui n'a été possible que grâce à un certain poids démographique et à un certain dynamisme. Il semble qu'une fois installés dans cette plaine, les Mbo aient été affaiblis et décimés par de nombreuses maladies, en particulier par la maladie du sommeil, et que la lutte de résistance contre les colons allemands et les travaux forcés de la période coloniale aient fait beaucoup de morts dans la tribu (Dongmo 1981:173) ». Si cette explication largement assise sur le traumatisme historique peut tenir sur le faible peuplement des Mbo, elle reste suspecte sur leur indolence. Celle-ci est plutôt à rechercher dans cette « tendance à se suffire » observée plus haut par le chef de district. Lors de nos enquêtes, un interlocuteur mbo ne s'est pas entouré de quelques civilités pour nous déclarer que les Bamiléké leur ont inculqué l'esprit d'entreprise, mais qu'en retour, ces derniers ont appris des Mbo la modernité. C'est donc dire qu'outre cet esprit de suffisance, l'indolence des Mbo serait aussi à rechercher dans l'accumulation en capital symbolique et ostentatoire à quoi il convient d'ajouter les mécanismes égalisateurs de jalousie et de sorcellerie, résumés, il y a 40 ans, par cette élite mbo :

> **Dr Elat Simon** : les Mbos ne progressent pas à cause de la jalousie et sorcellerie de toutes sortes. Quand le bon Dieu donne la chance à un enfant de devenir utile dans la vie, les villageois, au lieu d'encourager, font tout pour l'abattre ou pour l'anéantir. L'enfant est le bonheur de tout le monde et non des seuls parents. S'agissant de l'économie, la pauvreté extrême de l'homme Mbo provient des dépenses sans réserve et non par manque d'argent. Les boissons exagérées, les hausses inouïes de dot et l'individualisme dont vous nous parlez sont à coup sûr l'ennemi de l'économie. Donc mes chers parents et sœurs, réfléchissons ensemble sur ces mauvaises et destructives coutumes.[6]

Ces mécanismes de désaccumulation constituent d'ailleurs une constante chez les populations côtières et forestières du Cameroun comme les *Duala*, les Bakweri et les Béti (voir Geschiere et Konings 1993). Ce sont en outre des sociétés lignagères au pouvoir politique diffus, contrairement aux sociétés centralisées bamiléké. Toutefois, chez les Mbo de Santchou, il convient de signaler un procès de centralisation du pouvoir traditionnel.

Une chefferie mbo centralisée et des fortes positions de pouvoir à l'indépendance

Nous avons dit plus haut que la société mbo est segmentaire et « acéphale ». Contre cette tendance segmentaire, les Mbo de Santchou ont réussi à se forger une chefferie supérieure de deuxième degré, le groupement Sanzo, comprenant une trentaine de chefferies de troisième degré, aujourd'hui sous l'autorité d'un puissant chef aux pouvoirs centralisés en la personne de Mila Assouté. Comme le déclare un informateur, « beaucoup des quartiers de Santchou étaient claniques, c'est le père de Mila Assouté qui eut la dextérité de les ériger en villages ». Effectivement, l'histoire de l'implantation des villages mbo dans la plaine nous enseigne que ces villages n'étaient pas encore définitivement formés dans les zones où ils se trouvent aujourd'hui avant le début du XXe siècle. Et quoi qu'il en soit, nous avons affaire à des sociétés à migrations, caractérisées par des segmentations successives, qui ont essaimé toute la plaine. Les raisons de cette dispersion sont multiples : recherche des territoires plus favorables à la chasse et à la culture, conflits entre lignages, accroissement démographique incompatible avec l'exiguïté des terres disponibles, compte tenu du système de production dominé par la chasse et une agriculture intense (Ndoumbe-Manga 1981:48).

La première fixation des populations court de la colonisation ; elle a été suivie d'un autre redéploiement dont les causes sont :

–   les troubles des années 1950 et 1960, avant et après l'indépendance nationale, qui ont entraîné le regroupement de certains villages fuyant le pillage et les abus de toutes sortes, perpétrés par des bandes armées et incontrôlées qui sillonnaient toute la zone ;

–   l'action des pouvoirs publics, pour amener les villages retirés et d'accès difficile à s'installer le long des axes routiers ;

–   la descente importante des populations bamiléké des plateaux environnants.

On le voit bien, ce processus enclenché pendant la colonisation sous l'autorité du géniteur de l'actuel chef supérieur de la plaine des Mbo a été favorisé par l'administration dans ses tâches de pacification lors des troubles des années d'indépendance. Ce regroupement n'explique pas toutefois à lui seul le procès de centralisation du pouvoir traditionnel mbo à Santchou. Comme chez les Bakweri dont parle Peter Geschiere (1993:166), l'autre facteur important qui a contribué au renforcement de l'autorité du chef supérieur mbo puise sa source dans le flux migratoire des allogènes bamiléké ; les frustrations et contestations qui en ont résulté chez les Mbo ont fait émerger auprès de cette communauté un leadership alternatif susceptible de faire pièce à cette invasion. Les Bamiléké ont une organisation sociale bien structurée et articulée autour de la chefferie traditionnelle et ce, bien avant l'époque coloniale. L'essence de leur dynamisme tient certainement à cette organisation sociale qui valorise la promotion individuelle et l'enrichissement. Cette promotion de l'individu, lorsqu'elle est couronnée de succès, est ensuite recapitalisée par la communauté, qui a mis sur pied une institution nobiliaire ouverte à tous les individus sans distinction de classe et de rang (Hurault 1962 ; Tardits 1960 ; Barbier 1977 ; Tabapssi 1999). Il ne s'agit pas d'une chefferie parasitaire exploitant les couches inférieures de la population, comme cela a été observé au nord Cameroun (Akam Motaze 1990). La chefferie bamiléké fait plutôt montre d'une capacité d'accumulation. Il s'agit tout d'abord d'institutions politiques et de structures sociales remarquables par leur cohérence, leur vigueur et leur efficacité, qui encadrent étroitement l'individu et lui imposent une discipline sévère mais sans l'écraser, sans étouffer chez lui la liberté et l'esprit d'initiative. Pour sortir de leur apathie selon Peter Geschiere, les Bakweri et ici les Mbo devraient emboîter le pas aux Bamiléké en se regroupant en chefferies centralisées, aussi vrai que les représentants élus n'étaient pas un gage pour la défense de leurs intérêts, ces « *strangers* » (allogènes bamiléké et bamenda) pouvant être également élus. Seul un chef disposant d'une charge traditionnelle et héréditaire pouvait mieux lutter contre la pression de ces allogènes et étrangers ibo (Nigérians) (Geschiere 1993:166).

Par ailleurs, lors des troubles des années d'indépendance, les Mbo de Santchou avaient choisi le camp de la légalité en soutenant le régime Ahidjo et en s'opposant aux maquis bamiléké ; cette alliance stratégique contribua au renforcement de leur position sur l'échiquier politique local et national. Une femme de pouvoir, la plus puissante de sa génération, Madame Keutcha Julienne, princesse et grande sœur du futur chef Mila Assouté, va ainsi émerger à l'ombre du président Ahmadou Ahidjo pour devenir un apparatchik de l'UC (Union camerounaise) puis l'UNC (parti unique à partir de 1966). Sous la bannière de l'UC d'Ahidjo, alors premier ministre, Keutcha Julienne sera la première femme député du Cameroun indépendant à l'Assemblée nationale élue en avril 1960. Cette charge est très symbolique quand on sait que cette Assemblée élira Ahmadou Ahidjo comme président de la République le 5 mai suivant. Bien plus, pour accorder l'investiture du parti aux candidats à la députation à l'époque, le Comité central de l'UC fondait son choix sur la représentativité qui était à la fois politique et géopolitique ; politique dans le sens du militantisme politique, géopolitique dans le sens des « macro-équilibres géopolitiques et microdosages intra-provinciaux » de l'équilibre régional. Avec la réunification du Cameroun francophone et anglophone intervenue en 1961, Keutcha Julienne sera la seule femme député à l'Assemblée fédérale du Cameroun. Elle ne quitte l'hémicycle qu'en 1973 pour céder son fauteuil à une femme bamiléké, Madame Tagny Jeannette, après la fin de la fédération et l'instauration de la République unie du Cameroun intervenue en mai 1972. Keutcha Julienne faisait par ailleurs partie du cercle fermé et misogyne des membres du Comité central[7] et, plus encore, du Bureau politique de l'UC puis l'UNC, deux structures considérées respectivement à raison par Pierre Flambeau Ngayap comme le « Conseil du gouvernement du Parti » et le « Gouvernement » du Parti. De 1965 à 1985, le Bureau politique a toujours comporté une femme, une seule, et toujours la même : Madame Keutcha Julienne, qui était en plus depuis l'UC secrétaire adjointe aux affaires syndicales, sociales et féminines. Ce cumul est source de pouvoir ; en effet, dans le processus décisionnel à l'intérieur de la hiérarchie du Parti, il y avait un certain nombre de structures de pouvoir qui cohabitaient, sans être concurrentielles. Les rôles étaient minutieusement répartis au sein du personnel dirigeant du Parti, et il suffisait de répéter les apparatchiks qui y détenaient les rôles institutionnels les plus importants, et ceux qui occupaient les plus vastes espaces politiques (notamment par la multiplication de leurs niveaux d'intervention), pour savoir quelle y était la hiérarchie des influences.

Tableau 1 : Longévité de Dame Keutcha au Secrétariat aux affaires syndicales, sociales et féminines

Année de fonction	Organes	Secrétaire	Secrétaires adjoints
1965- 1969	Bureau politique UN	Michel Kame	Mme Keutcha
1969-1975	Bureau politique national UNC	Moussa Yaya	Mme Keutcha M. Ndounokon
1975- 1980	Comité central UNC	Moussa Yaya	Mme Keutcha M. Emah
1980- 1985	Comité central UNC	Moussa Yaya	Mme Keutcha M. Gang Mbile

Source : Enquêtes et compilation de l'auteur.

Il faut enfin rappeler que Dame Keutcha était épouse de ministre, un Bamiléké originaire du Ndé. Mais outre cet apparatchik du régime Ahidjo, les Mbo de Santchou ont bénéficié d'un poste de ministre dans la représentation géopolitique de l'Ouest de 1967 à 1971, occupé par Efon Vincent qui a d'abord été directeur du cabinet du ministre de l'éducation nationale, puis secrétaire général du ministère. Madame. A. E. Elisabeth, ménagère, a donc raison pour dire que la forte position des Mbo à Santchou part de la période du parti unique. « A l'époque, nous avions une élite très puissante en la personne de Mme Keutcha Julienne ». Selon cet interlocuteur, en tant que grand défenseur de la cause mbo, Madame Keutcha avait su structurer sur la longue durée les attitudes et les comportements des acteurs mbo selon les objectifs et ambitions qu'elle s'était fixés, plus particulièrement son petit frère, Mila Assouté. Cet idiome politique continuerait à circonscrire le champ du possible politique à Santchou en attendant qu'il soit pris à défaut par le temps :

> Madame avait su plaider la cause mbo et introduit autant que possible les Mbo dans la sphère de délibération. Les Bamiléké, quant à eux, s'intéressaient beaucoup plus aux activités économiques. Donc, le fait que les Mbo soient arrivés avant les Bamiléké en politique à Santchou leur a conféré un avantage indéniable difficile à supplanter, dira un informateur mbo.

Démocratisation et production accrue du pouvoir politique local des Mbo

Nous avons vu au chapitre précédent (note 6) que dans tout Etat, et pas seulement en Afrique, l'enjeu central de la compétition politique reste « le partage du gâteau national ». Sur cette base, sous le parti unique au Cameroun, à côté des « macro-équilibres géopolitiques » et « microdosages intra-provinciaux ou départementaux » de l'équilibre régional qui ne favorisent que les majoritaires, était prévu, pour certains minoritaires, un replâtrage local où il leur était réservé exclusivement des positions de pouvoir comme maires dans les arènes communales. Les Mbo de Santchou faisaient partie du cercle fermé ; et depuis le retour au multipartisme, ils ont conservé en termes de postes politiques locaux ces acquis hérités du parti unique et marqué d'autres jalons importants en prenant prétexte de la protection constitutionnelle des minorités par la surenchère d'un vocabulaire d'exclusion. Le résultat prévisible de cet accroissement de la position politique locale des Mbo, voire de ces garanties statutaires d'accès aux postes politiques locaux, de maire notamment, est la marginalisation de leurs concurrents bamiléké des groupements Fondonera et Fombap. Pour reprendre cet informateur mbo, M. A. Pascal, fonctionnaire retraité,

> La minorité mbo a toujours été bien traitée à Santchou. Depuis qu'on y a créé la mairie, celle-ci a toujours été dirigée par un Mbo, excepté la parenthèse des sous-préfets administrateurs municipaux. Résultat, ce sont plutôt nos frères bamiléké qui voudraient une magistrature municipale tournante entre les deux communautés ou le partage des postes de maire et de député. Cependant, la loi des minorités nous protège, car, autrement dit, nous ne serions représentés nulle part. C'est cette loi qui a sauvé le député Ndi François. Les Bamiléké voulaient l'évincer puisqu'ils sont dominants au niveau départemental.

Pour notre interlocuteur, il y a aujourd'hui un changement de perception de la chose politique locale chez les Bamiléké : avant, ceux-ci s'intéressaient beaucoup plus aux activités économiques et au plan politique, ils se préoccupaient tout simplement de leur représentativité, sans faire cas des postes et positions de pouvoir. Mais depuis le retour au multipartisme, ils veulent plus et cela renforce la solidarité mbo ; « car, si on venait à nous écarter ici, on ne se retrouverait nulle part », terminera-t-il son propos.

Les acquis et gains politiques des Mbo

Sous le parti unique, les maires et leurs adjoints étaient nommés par l'administration. A l'instar des Tikar de Magba, les Mbo contrôlaient le poste de maire, mais la position des Tikar de Magba était plus enviable puisque, outre le fauteuil de maire, il leur était aussi réservé automatiquement le poste de premier adjoint, comme nous le verrons. Au contraire, d'une période à une autre, les Mbo pouvaient se voir octroyer soit deux postes comme leurs homologues tikar, soit le seul siège de maire, les deux postes d'adjoint étant affectés aux Bamiléké des groupements Fondonera et de Fombap. Ce fut le cas entre 1967 et 1977 (Cf. tableau 2). Seulement, depuis la réforme opérée par la loi n° 92/002 du 14 août 1992 fixant les conditions d'élections des conseillers municipaux, l'exécutif municipal est désormais élu par le conseil municipal. La mairie de Santchou étant composée de 25 conseillers municipaux, les Mbo ont réussi depuis les premières élections municipales pluralistes de 1996 à s'assurer le contrôle de l'exécutif communal de Santchou, en conservant le poste de maire et, mieux encore, en se réservant tout aussi automatiquement un des postes d'adjoint au maire. Aux groupements Fondonera et de Fombap, il est désormais réservé un seul poste, de premier ou de deuxième adjoint.

Tableau 2 : Distribution ethnique des postes de l'exécutif municipal de Santchou

Législature communale	Maire ou Administrateur municipal	Adjoints au Maire	Origine ethnique des Adjoints au Maire
1967-1977	Eboule François	-Taguimdjeu Pierre Marie, A1	- Bamiléké (Fombap)
		-Mebongnetsem Hilaire, A2	- Bamiléké (Fondonera)
1977-1978	Sous-préfet/ Administrateur municipal	- Milat André, A1	- Mbo
		- Sonfack Gaston, A2	- Bamiléké (Fombap)
1978-1985	Sous-préfet/ Administrateur municipal	- Milat André, A1	- Mbo
		- Sonfack Gaston, A2	- Bamiléké (Fombap)
1985-1996	Assoua Pierre	-Taguimdjeu Pierre Marie, A1	- Bamiléké (Fombap)
		- Assoua David, A2	- Mbo
1996- 2002	Ndi François	- Milat Jean Bosco, A1	- Mbo
		- Wouankeu Tadongueu	- Bamiléké (Fondonera)
2002-2007	Etyzock Tymothée	- Guessack, A1	- Bamiléké (Fondonera)
		-Wamba Guillaume, A2	- Bamiléké (Fombap)
2007-2012	Yougang Norbert	-Wamba Guillaume, A1	- Bamiléké (Fombap)
		- Emambot Brigitte, A2	- Mbo

Source : Enquêtes et compilation de l'auteur.

Pour réaliser un tel exploit, les Mbo ont dû s'octroyer une majorité automatique de 13 conseillers sur les 25, contre le gré des Bamiléké de Fondonera et de Fombap, suffisante pour élire l'exécutif communal, avec ou sans consensus, avec ou sans la volonté de ceux-ci.

Tableau 3 : Répartition ethnique des sièges de conseilleurs municipaux de Santchou : législature de 1996-2002

Conseillers municipaux mbo	Conseillers municipaux bamiléké
Ndi François	Wouankeu Tadongueu
Milat Jean Bosco	Wagoum Patrice
Nzang Richard	Sonfack Gaston
Ngouo	Mfembong Jean
Etimbic André	Nguedjou Séraphin
Milat Polycarpe	Akouatse Jerôme
Eboule Eboule Jean-Paul	Chengui Paul
Nzock Valentin	Nke Woung Paul
Efeng François	Njouake
Elat Denis	Nkemkeu
Assoua David	Tiamdjie
Mme Ndinkop Marie	Mme Tsafack née Ndongmo
Assoua Pierre	Jeannette

Source : Enquêtes et compilation de l'auteur.

Pourtant, sous le parti unique, bien que le poste de maire fut leur monopole exclusif, les Mbo n'étaient jamais majoritaires au conseil municipal ; le législatif communal de Santchou était toujours dominé en effet par les Bamiléké. La preuve en est attestée dans les trois tableaux qui suivent.

Tableau 4 : Répartition ethnique des sièges de conseillers municipaux de Santchou entre 1967-1977

Conseillers municipaux mbo	Conseillers municipaux bamiléké et autres
Efole Alexandre	Taguimdjeu Pierre-Marie
Ewoussa Paul	Mebongnetsem Hilaire
Milat André	Sonfack Gaston
Milat Michel	Fopo Gabriel
Makem Maurice	Tchingui Benoît
Assoua Isidore	Zamgne Augustin
Esselem Prosper	Fomeleu Daniel
	Tchingo Georges
	Azontsop Joseph
	Mbpagong François
	Assatou Africa
	Mbagno Jean
	Melewako Etienne

Source : Enquêtes et Procès verbal de la réunion du conseil municipal des Mbo tenue en séance ordinaire le 4 décembre 1970 ; archives de la Mairie de Santchou.

Tableau 5 : Distribution ethnique des sièges de conseillers municipaux de Santchou– législature communale de 1977-1982

Conseillers municipaux mbo	Conseillers municipaux bamiléké et autres
Milat André	Sonfack Gaston
Eboule François	Taguimdjeu Pierre-Marie
Efon Elias	Tembot Jean
Makem Maurice	Tizong Rigobert
Assoua David	Kemteu Jules
Ngoung Françoise	Fopo Gabriel
Mbongue André	Assontia Pierre
	Zontsop Joseph
	Fomeleu Daniel
	Azonkeu Martin
	Assakeu Dénis
	Mme Nkangot Odette
	Mbagnoua Jean

Source : Procès verbal de la réunion du conseil municipal de la commune rurale des Mbo du 17 avril 1990 ; archives de la Mairie de Santchou.

Il faut signaler derechef qu'en 1997, le poste de député n'avait échappé à Mila Assouté, le chef supérieur des Mbo, qu'à cause de sa position quelque peu marginale sur la liste du RDPC, ce parti n'ayant pu remporter que deux sièges sur les cinq en compétition ; la seule satisfaction pour les Mbo est que le candidat de Santchou était un membre de leur communauté, tout comme en 1992, dans les rangs de l'UNDP. Cette préemption mbo sur les postes politiques de l'arrondissement est source de frustrations parmi les Bamiléké de Fondonera et de Fombap, privés de l'égalité de chances dans l'exercice de leurs droits politiques à Santchou. Elle est à l'origine de la délibération sur l'allocation des postes politiques dans ces deux groupements, productrice d'un espace public local ou villageois.

Marginalisation et contestation bamiléké et émergence d'un espace local de délibération

L'espace public est une traduction, en termes de rôles, de la dimension éthique de l'Etat : une zone d'obligations, de droits, d'attentes dont les référents résident

Tableau 6 : Distribution ethnique des sièges de conseillers municipaux de Santchou–législature communale de 1987 à 1996

Conseillers municipaux mbo	Conseillers municipaux bamiléké et autres
Assoua Pierre, administrateur	Taguimdjeu Pierre-Marie
Assoua David	Sonfack Gaston, chef supérieur Fombap
Eboule François	Mme Nkangot Odette
Esselem Prosper	Mme Etyezock née Nkamgot Fride
Elat Denis	Tsolefack Thérèse
Ewang Robert	Azonkeu Martin
Mila André	Mfeumbong Jean
Manga André	Datie Etienne
	Fonze François
	Nguedjou Séraphin
	Zontsop Joseph

Source : Procès verbal de la réunion du conseil municipal de la commune rurale de Santchou du 27 avril 1990.

Outre le poste de maire, les Mbo contrôlent deux autres postes politiques de l'arrondissement, à forte valeur ajoutée, celui de député et celui de président de la section RDPC Menoua Sud, créée en 2007 et couvrant le cadre territorial de l'arrondissement de Santchou. Certes, pendant longtemps et cela depuis l'indépendance, le poste de député est resté l'apanage des Mbo ; mais il y a eu rupture en 1988 où ce poste avait glissé entre les mains d'un Bamiléké de Fombap. Aussi, à la restauration du multipartisme, ce poste, comme bien d'autres, fait-il l'objet de nombreuses convoitises de la part des deux communautés.

Tableau 7 : Distribution ethnique des postes parlementaires à Santchou

Législature	Députés	Apparentements politiques	Origine ethnique
1960- 1973	Mme Keutcha Julienne	UC (parti dominant)	Mbo
1960- 1965	Mme Keutcha Julienne	UC (parti dominant)	Mbo
1965- 1973	Mme Keutcha Julienne	UNC (parti unique)	Mbo
1983-1988	Chief Mila Assouté	UNC puis RDPC (parti unique)	Mbo
1988-1992	Taguimdjeu Pierre-Marie	RDPC (parti unique)	Bamiléké Fombap
1992-1997	Essouegang Gaston	UNDP	Mbo
2002-2007	Ndi François	RDPC	Mbo
2007-2012	Ndi François	RDPC	Mbo

Source : Enquêtes et compilation de l'auteur.

Il faut signaler derechef qu'en 1997, le poste de député n'avait échappé à Mila Assouté, le chef supérieur des Mbo, qu'à cause de sa position quelque peu marginale sur la liste du RDPC, ce parti n'ayant pu remporter que deux sièges sur les cinq en compétition ; la seule satisfaction pour les Mbo est que le candidat de Santchou était un membre de leur communauté, tout comme en 1992, dans les rangs de l'UNDP. Cette préemption mbo sur les postes politiques de l'arrondissement est source de frustrations parmi les Bamiléké de Fondonera et de Fombap, privés de l'égalité de chances dans l'exercice de leurs droits politiques à Santchou. Elle est à l'origine de la délibération sur l'allocation des postes politiques dans ces deux groupements, productrice d'un espace public local ou villageois.

Marginalisation et contestation bamiléké et émergence d'un espace local de délibération

L'espace public est une traduction, en termes de rôles, de la dimension éthique de l'Etat : une zone d'obligations, de droits, d'attentes dont les référents résident dans les normes et symboles d'une communauté abstraite transcendant les clivages et les intérêts. Il est la scène de la citoyenneté. Espace de personnes et de tout le monde, il est exclusif d'une dichotomie individu-citoyen, intérêts privés-intérêts publics, société civile-Etat. Il suppose aussi un troisième terme : une médiation par le canal d'associations volontaires articulant la défense des intérêts privés, les conflits aux normes et symboles de l'espace public. Ce troisième terme correspond à ce que Gramsci, se référant à Hegel, appelait la « trame privée de l'Etat ». Selon Dominique Wolton, il est « un espace symbolique où s'opposent et se répondent les discours, la plupart contradictoires, tenus par les différents acteurs politiques, sociaux, religieux, culturels, intellectuels, composant une société » (Wolton 1997:379). Il s'agit en réalité d'un lieu de médiation entre la société civile et les pouvoirs publics. Pour qu'il puisse donc y avoir un espace public, il doit exister au préalable des espaces de débat dans lesquels les questions deviennent perceptibles pour l'ensemble de la communauté, c'est -à-dire qu'il y ait une publicité sur les problèmes (Bleil 2003). De l'avis de Louis Quéré, il s'agit d'une scène publique, scène d'apparition sur laquelle deviennent visibles au public des acteurs et leurs actions ainsi que des événements et des problèmes sociaux (Quéré 1992:77). En un mot, avec le concept d'espace public, c'est la légitimité des mots qui s'impose contre celle des coups, des avant-gardes et des sujets de l'histoire.

Ceci dit, sous le parti unique était exclu tout dissentiment au Cameroun ; avec l'allocation des postes politiques de Santchou qui se faisaient exclusivement en faveur des Mbo, les Bamiléké de Fondonera et de Fombap avaient fini par intérioriser ce package deal qui frisait l'apathie politique. Aussi se contentaient-ils d'une simple représentativité au sein de l'institution communale pour consacrer leurs efforts sur les activités économiques. Comme le relève si bien Peter Geschiere, on ne devait certainement pas discuter des problèmes locaux dans les réunions du parti. Les responsables locaux de l'UNC étaient choqués par l'idée de détailler les complaintes et les souhaits de la population dans les procès-verbaux devant être soumis aux échelons supérieurs du parti ; ils voulaient éviter tout signe d'opposition ou de « subversion ». Les sujets principaux de ces réunions devaient être la « formation » et l'« information » (Geschiere 1986:84-85). La centralisation bureaucratique et la gestion autoritaire et unitaire des activités politiques manifestent ainsi une aversion totale pour tout espace autonome de vie politique (Diouf 1999:14). Néanmoins, depuis 1990, l'on assiste heureusement, avec le multipartisme et la démocratisation, à l'émergence progressive d'un espace public au Cameroun, dont l'un des jalons importants reste la liberté de parole (voir Abé 2006:42 et sv.). Sous cet angle, les travaux sur le pouvoir local et les élections permettent de discuter de la notion de l'espace public aujourd'hui en Afrique. Lors des élections, les joutes factionnelles et les délibérations suscitées par les rapports de pouvoir contribuent à faire éclore des enjeux plus globaux autour de la participation politique. Un suivi de tels débats sur les règles du jeu électif dévoile un espace public local qui procède des tensions entre des légitimités fondées sur un pouvoir d'agir et des légitimités fondées sur un pouvoir-domination (Dahou 2005).

Dans cette perspective, la recherche d'une prise en compte « adéquate » des clivages socio-ethniques à Santchou est source de problèmes aussi insondables que le tonneau des Danaïdes. Dès lors que l'idiome de prédilection des Mbo reste l'accaparement des postes politiques clés de cette unité administrative, les Bamiléké de Fondonera et de Fombap se trouvent marginalisés dans le jeu politique local. Devant cette marginalisation et exclusion, ceux-ci ne restent pas mains mortes aujourd'hui; ils multiplient et initient des lettres de dénonciation et de protestation pour formuler des demandes de partage de postes politiques locaux. Cette pétition du 29 avril 2007 initiée à la veille du double scrutin législatif et municipal par les militantes et militants RDPC des groupements Fombap et Fondonera de la Section Menoua Sud, et portée à l'attention du Secrétaire Général du Comité Central du Parti RDPC avec pour objet : « perturbation du processus électoral du fait des camarades du Groupement San Nzo et obstacles à la représentativité équitable de toutes les composantes sociologiques de l'arrondissement de Santchou » est révélatrice de cet espace de délibération.

Dans cette lettre, ces militants font valoir les difficultés auxquelles ils se trouvent confrontés dans le processus de désignation des candidats du RDPC aux prochaines consultations électorales dans la section Menoua Sud (correspondant à l'arrondissement de Santchou). Pour ces pétitionnaires, ces difficultés, qui sont de nature à paralyser le processus électoral non seulement au sein de l'arrondissement de Santchou, mais aussi au sein du département de la Menoua, sont imputables aux camarades du groupement Sanzo qui s'opposent à la recherche d'une plate-forme consensuelle de distribution des postes électifs et qui entendent plutôt s'en accaparer entièrement, au mépris des militants des deux autres groupements (Fombap et Fondonera) :

> En effet, les 28 et 29 avril 2007, dans la ville de Santchou, nous avons tenu, dans l'esprit de la démocratie apaisée, des séances de travail (fiches de présence en annexe) au cours desquelles tous les efforts d'harmonisation des points de vue déployés par les militants des groupements Fombap et Fondonera n'ont achoppé que sur le refus qui leur a été opposé par les camarades du groupement San Nzo qui voudraient continuer à monopoliser, comme depuis 46 ans d'indépendance, les principaux postes en jeu, à savoir ceux de député et de maire, auxquels s'ajoute celui de président de la Section.

> Or, lors des élections des membres de la Section Menoua sud le 15 avril dernier, les camarades Fondonera et Fombap avaient déjà cédé le poste de président de la Section à un camarade du groupement San Nzo en prévision de leur propre accès aux postes de député et de maire.

> L'esprit de conciliation, de représentation équitable des composantes de la Section qui prévaut dans les rangs des camarades Fondonera et Fombap a justifié qu'ils s'en tiennent à des intentions raisonnables et acceptables par tous. C'est ainsi que :

> Fondonera, qui n'a jamais occupé ni le poste de maire, ni celui de député, ni même celui de ministre, tant à l'époque du district créé en 1960 que depuis l'érection en 1979 dudit district en arrondissement, sollicite le poste de député à l'Assemblée nationale. En dépit de son score spectaculaire en faveur du RDPC lors des élections présidentielles d'octobre 2004 et qui demeure l'exemple de ralliement massif cité par tous dans la Menoua, Fondonera, dont le poids électoral est par ailleurs majeur, se heurte encore aujourd'hui en 2007 aux velléités de confiscation de tous les postes électifs par les camarades San Nzo. De même Fondonera, qui a vu la proportion de ses conseillers municipaux être mise en retrait, en appelle à une répartition équitable

des postes de conseillers municipaux qui éviterait d'octroyer *ab initio* la majorité absolue de 13/25 conseillers au groupement San Nzo dont le poids démographique réel demeure inférieur.

Fombap, à son tour, qui n'a jamais occupé le poste de maire à Santchou, dont un ressortissant n'a exercé qu'un mandat parlementaire écourté (1988-1992) et qui ne compte qu'un nombre de conseillers municipaux réduit à deux sur l'ensemble des 25 de la commune de Santchou, souhaiterait que son quota de conseillers municipaux soit revu et corrigé pour rattraper le ratio antérieur qui prévoyait : Fondonera, 8 ; San Nzo, 8 ; Fombap, 6 et centre urbain de Santchou, 3 conseillers municipaux.

Pour les signataires de la pétition, le prétexte de protection des minorités, « du reste abusivement mis en avant par les camarades du groupement San Nzo composé majoritairement des populations mbo », est inadmissible comme motifs à la base de la concentration de tous les postes entre les mains des camarades du seul groupement. Il s'ensuit une lésion, une marginalisation des Fombap et des Fondonera dans la direction des affaires de leur circonscription, ce qui crée des sentiments de frustration ou de désenchantement qui, à des moments aussi sensibles que ceux du double scrutin imminent, pourraient être sources de débordement au nom de la dénonciation de l'arbitraire et de l'appel à l'alternance, à l'équité, à la justice sociale et à la vraie démocratie : si, grâce à l'intervention du Ministre d'Etat, Jean Nkuete, personnalité-ressource, le principe du partage des postes a été adopté lors ses élections des membres du bureau de la Section RDPC Menoua Sud qui est revenue au camarade Guy Effon du groupement Sanzo, la part des responsabilités attendue par Fombap et Fondonera tarde à être acceptée par certains Sanzo, diront-ils avant d'ajouter que les efforts d'éclairage et de régulation fournis par une élite Sanzo, le professeur Maurice Nkam, Directeur Général du CHU à Yaoundé, personnalité-ressource, n'ont pas été suivis par des ressortissants de son groupement à cause sans doute des intérêts individuels des participants.

A titre d'illustration, le camarade Guy Effon, auquel a été concédée de manière consensuelle la présidence de la Section RDPC, convoite encore le poste de maire qu'entend conserver Monsieur Etyzock Timothée, tous deux originaires du groupement San Nzo.

Le camarade François Ndi qui, après avoir effectué un passage sans relief à la tête de la mairie (1996-2002) et exercé un mandat parlementaire (2002-2007) contre-productif pour les populations de la circonscription, tient, à tout prix, à briguer un nouveau mandat de député.

Il est à craindre que cette lutte de positionnement individuel des camarades San Nzo, avec le blocage de la plate-forme consensuelle recherchée par tous, ne marque le reniement du grand parti RDPC de la part des camarades San Nzo et leur sympathie à peine voilée vis-à-vis du parti balbutiant de leur chef supérieur, Mila Assouté....

Devant ces querelles ayant bloqué irrémédiablement le processus de la plateforme d'entente au sein la section Menoua Sud, les protestataires bamiléké solliciteront, dans un esprit de justice sociale et de camaraderie au sein du RDPC, que la répartition des postes au sein de l'arrondissement de Santchou s'effectue ainsi qu'il suit, conformément « aux promesses du Ministre d'Etat Jean Kuete et de M. Paul Amadou lors de la rencontre du 15 avril dernier à Santchou en présence des autorités administratives du département de la Menoua » :

- Fondonera : député ;
- Sanzo : maire, mais plus jamais maire, député et président de section à la fois ;
- Fombap : augmentation du nombre de conseillers municipaux, avec la possibilité d'accéder aussi à l'une des trois fonctions susmentionnées...

Cette lettre dont ampliation est faite à différentes autorités jusqu'au directeur du cabinet civil de la présidence de la République se termine par le « souhait, somme toute naturel », que « l'alternance aux différents postes électifs de responsabilité soit la règle, comme partout ailleurs, afin que le respect des minorités dans le cas d'espèce n'aboutisse plutôt à la marginalisation flagrante et persistante de la majorité ». Elle restera vaine puisque, une fois de plus, échappera aux Fondonera, au profit des Mbo, le poste de député tandis que, de leur côté, les Fombap ne verront nullement augmenter leur nombre de conseillers municipaux lors de ce double scrutin législatif et municipal remporté par le RDPC. Déçus et conscients que la majorité automatique de 13 conseillers municipaux garantirait aux Mbo le fauteuil de maire, ceux-ci vont vouloir s'assurer le bénéfice de ce poste lors du vote de l'exécutif municipal, en appelant à l'intercession en leur faveur du président du RDPC, M. Paul Biya, chef de l'Etat et président de la République. C'est la substance de cette lettre signée de huit conseillers municipaux, un chef de village et deux présidents de sous-sections RDPC et une élite, en date du 25 juillet 2007, avec pour objet : « Plaidoyer pour une organisation judicieuse de l'élection du maire de la commune de Santchou » :

Excellence,

Nous avons le respectueux honneur de porter à votre connaissance que l'élection du maire de la commune de Santchou est attendue le mardi 31 juillet 2007 comme étant un moment essentiel de partage du pouvoir entre les trois groupements de l'arrondissement de Santchou, à savoir Fondonera, Fombap et Santchou.

La répartition équitable des trois principaux postes électifs de président de la Section RDPC, député et maire, a été retenue au centre des multiples démarches depuis avril 2007. Cela a impliqué outre les représentants de trois groupements, les autorités administratives (pour le maintien de l'ordre) et les Délégations du Comité central alors chargées en avril et mai 2007 du renouvellement des bureaux des organes de base ou des consultations préliminaires pour les investitures des candidats RDPC au double scrutin de juillet.

Ainsi, la présidence de la Section a été attribuée au groupement Sanzo (Camarade EFON Guy), le poste de député a profité au même groupement Sanzo (Honorable Ndi François).

Le poste de maire, qui reste à pourvoir et qui devrait revenir à l'un des deux groupements essentiellement bamiléké, à savoir Fondonera et Fombap, ferait encore l'objet d'une convoitise des camarades mbo du groupement Sanzo, d'après les informations reçues.

C'est pourquoi recours est fait par la présente à la sagesse de votre Excellence afin que la hiérarchie du parti puisse orienter adroitement la désignation, parmi les 25 conseillers municipaux du RDPC, du candidat devant être élu maire.

Pour les requérants, cette intervention sollicitée du président national du RDPC paraît nécessaire : contre toute attente, la liste des 25 conseillers municipaux RDPC comprend 13 Mbo du groupement Sanzo, soit la majorité absolue et rien que neuf Fondonera, deux Fombap et un du centre urbain. « Cette affectation arbitraire et déraisonnable des quotas tranche avec les listes des partis d'opposition (SDF et RMDC) qui comportaient un nombre égal de candidats Sanzo (10) et Fondonera (10). Puisque « l'erreur ne fait pas le droit », ainsi que le dit l'adage, il est à craindre, diront-ils, que l'élection du maire ne soit exposée aux ravages de la majorité automatique, « arme aveuglante aujourd'hui aux mains des camarades Sanzo qui les inclineraient à fouler aux pieds le consensus qui avait été adopté en avril 2007 en présence du ministre d'Etat, Jean Kuete, et de M. Amadou Paul ». Consensus reposant sur le partage du pouvoir RDPC au sein de l'arrondissement et visant à faire régner la discipline et la camaraderie au sein du parti, en l'occurrence dans la Section Menoua Sud.

Bien plus, l'avènement d'un maire élu parmi les conseillers municipaux originaires des groupements bamiléké de Fondonera et Fombap revêt un triple enjeu, à en croire les requérants ; d'abord, il récompensera la contribution déterminante des populations de deux groupements à la victoire du RDPC aux élections couplées du 22 juillet : dans tous les bureaux de vote Fondonera et Fombap pour les municipales, le RDPC est sorti victorieux avec un score louable, soutiendront-ils. En revanche, dans certains bureaux au sein du groupement Sanzo, les populations mbo ont préféré au RDPC le parti de leur chef supérieur, Mila Assouté (RDMC), qui leur aurait demandé de lui rester loyales en votant pour ce parti d'opposition naissant : cas des bureaux de vote de Ngwatta et foyer Ntakong. Ensuite, l'avènement d'un maire élu parmi les conseillers municipaux originaires des groupements principalement bamiléké (Fondonera ou Fombap) contribuera à redresser un tort de l'histoire politique de la circonscription. Car le groupement Fondonera, dont le poids démographique est prépondérant depuis la création du district en 1960 et l'arrondissement en 1979, n'a jamais exercé les fonctions de maire ni celles de député, ni de hautes fonctions gouvernementales ou administratives. De même, si un Fombap a exercé un mandat parlementaire écourté (1988-1992), la fonction de maire n'est jamais revenue au groupement Fombap. Enfin, l'élection d'un maire Fondonera ou Fombap préservera l'intérêt supérieur du grand parti national, le RDPC, et celui de l'Etat. « Des voix se sont d'ailleurs élevées parmi les populations et élites mbo pour décrier la mauvaise tentation de certains de leurs frères dudit groupement Sanzo à l'accaparement de tous les postes politiques au sein de l'arrondissement . L'écrasement de la majorité par la minorité étant désormais inadmissible et susceptible de créer des débordements à Santchou ». Par ailleurs, l'élection souhaitée garantira la saine application du principe de la participation de tous à la direction des affaires publiques à Santchou et permettra de savoir que les groupements Fondonera et Fombap ne sont pas victimes d'une politique d'exclusion et de discrimination.

Excellence,

Après la victoire récente remportée, à la satisfaction générale, par le grand parti national RDPC, lors du double scrutin, tous les yeux dans l'arrondissement de Santchou, dans le département de la Menoua, dans la province de l'Ouest se dirigent vers la hiérarchie pour voir votre Excellence user de sa sagesse afin que l'élection du maire de Santchou soit une solution judicieuse aux problèmes actuels liés à la confiscation des postes par le groupement Sanzo et à la marginalisation des groupements Fondonera et Fombap, auxquels le poste de maire devrait enfin revenir, pour la première fois.

Le candidat commun aux groupements Fondonera, Fombap et au centre urbain de Santchou pour l'élection au poste de maire de la commune de Santchou est Monsieur Nguetsop Joseph. Quoique sa candidature n'ait pas été retenue pour la députation, le charisme de cet homme a été déterminant pour la victoire éclatante du RDPC dans ces localités, tant pour les municipales auxquelles il a été présenté que pour les législatives où il a pu amener les populations et les siens à rester fidèles au RDPC et à voter massivement, comme le révèlent les résultats obtenus.

La bienveillante attention du Sommet a déjà été attirée sur la nécessité du partage du pouvoir et de la discipline au sein du parti (Section Menoua Sud) ainsi que sur la préservation de l'intérêt supérieur au moyen de la gouvernance démocratique dans la circonscription de Santchou. Cf. Rapport DOUAKA Henri de la commission communale de renouvellement des bureaux des organes- avril 2007 ; rapport Claude Mbafou de la commission communale de consultation- mai 2007 ; différentes allocutions prononcées en juillet 2007 lors de la visite dans la Menoua (Santchou et Dschang) de M. le Secrétaire général du Comité central, dont l'intervention du président de la Section hôte : tous recommandent qu'une commission *ad hoc* soit dépêchée à Santchou pour aplanir ses divergences autour du partage judicieux du pouvoir et reconstituer le sommier politique.

Cette lettre ne recevra pas l'assentiment de son destinataire ; et pour cause, depuis le retour au multipartisme au Cameroun, de plus en plus le RDPC laisse la démocratie se manifester largement au sein du conseil municipal lors de l'élection de l'exécutif communal. La recherche d'un candidat consensuel reste certes l'objectif, mais dans le cas contraire, chaque conseiller fait son choix en toute intime conviction. Même les notabilités coutumières se mêleront à l'intrigue, comme cette lettre des chefs supérieurs de Fondonera et de Fombap du 17 mars 2007 adressée à Monsieur le Ministre d'Etat chargé de l'Administration territoriale et de la décentralisation, avec, pour objet en marge, « Dénonciation de la répartition arbitraire des sièges au conseil municipal de la commune rurale de Santchou ». Il ressort de cette pétition que depuis 1992, date à laquelle notre pays a connu les premières élections multipartites, jusqu'à ce jour, le groupement Sanzo s'est arrogé arbitrairement et par force 13 conseillers municipaux sur les 25, bénéficiant ainsi de la position dominante de son chef supérieur, Mila Assouté, alors membre du Comité central du RDPC :

> La répartition normale des sièges au conseil municipal est fonction de la population de chaque groupement. Or, n'étant pas en possession des chiffres des derniers recensements de la population, nous nous référons à ceux disponibles à la création de notre unité administrative pour comprendre que cette répartition est très arbitraire.
>
> Tenez, à la création du district des Mbo en 1960, le groupement Fondonera avait une population de 2786 habitants, contre 2730 pour Sanzo.
>
> Par décret no 79-469 du 14 novembre 1979, le président de la République a érigé le district des Mbo en arrondissement de Santchou en y rattachant, en plus des groupements Fondonera et Sanzo, le groupement Fombap, avec une population de 1415 habitants. Ainsi, il devient difficile de comprendre comment le groupement Sanzo, dont la population (2730 habitants) ne représentent même pas la moitié de la population totale de l'arrondissement (6931 habitants), peut avoir 13 conseillers municipaux sur 25, alors que Fondonera en a 08/25, Fombap 02/25 et le centre urbain 02/25.
>
> Cette majorité absolue qui ne s'appuie d'ailleurs sur aucune base démographique ne laisse aucune chance aux autres groupements d'accéder à l'exécutif municipal. Ce qui crée des frustrations et peut être à l'origine des troubles sociaux.
>
> En considération de ce qui précède, nous vous saurons gré, Excellence, de bien vouloir faire appliquer les textes en la matière. Compte tenu des prochaines échéances électorales, nous vous prions d'examiner avec le maximum de bienveillance et de célérité notre requête pour un développement harmonieux de notre arrondissement.

Dans un rapport rédigé à l'attention du préfet du département de la Menoua en date du 05 juillet 2002, au lendemain du double scrutin législatif et municipal remporté à Santchou par le RDPC, avec pour objet la « désignation des maires et adjoints », le sous-préfet de Santchou emboîtait déjà le pas aux Bamiléké de Fondonera et de Fombap pour rappeler que durant la législature communale de 1996-2002, le groupement Santchou avait bénéficié du poste de maire et de celui de premier adjoint, le groupement Fondonera, de la place de deuxième adjoint et le groupement Fombap, sans poste ; que, compte tenu des résultats obtenus par les uns et les autres pendant le scrutin de 2002, il y avait tout lieu de penser que la configuration ethno-sociologique de la municipalité de Santchou était appelée à évoluer. Selon l'autorité administrative, le principal argument avancé pour justifier l'attribution des divers postes électifs à Santchou est la fidélité au RDPC, illustrée par les résultats électoraux. A ce jeu les Mbo se taillent toujours la part du lion puisque, de manière générale, ils donnent la majorité de leurs voix au parti au pouvoir. Les deux autres groupements traditionnellement acquis à l'opposition se contentent alors du reste, quand il y en a… Mais comme le fera remarquer le sous-préfet, depuis la victoire d'un Mbo à la députation, des voix s'élèveraient, notamment au niveau des Fondonera pour récuser le fait que la mairie soit également occupée par un Mbo, au motif qu'un seul groupement ne saurait embrigader tous les postes électifs de l'arrondissement. C'est cette recherche hégémonique qui a fait dire à M. E. Jeanne, militante RDPC et allogène de Santchou, que le problème principal de cette unité administrative est la rivalité Bamiléké-Mbo qui y sous-tend toutes les actions : « Quand on crée une structure, la présidence doit revenir à un Mbo et le Bamiléké, l'adjoint. Ce problème tribal prime sur la compétence et mine ainsi le développement ». « Les Mbo accusent les Bamiléké d'envahisseurs ; qu'avant on appelait cette région plaine des Mbo, que leurs ancêtres y sont présents, qu'ils avaient offert leur hospitalité aux Bamiléké et que maintenant, ceux-ci revendiquent des postes politiques ».

Les déterminants du succès politique des Mbo

Sur cette épineuse question de partage des postes politiques à Santchou, à en croire de nombreux membres de la communauté mbo, les Mbo ne seraient pas disposés à y ouvrir un quelconque débat. Motif avancé : le département de la Menoua est composé de six arrondissements ; or les Mbo ne contrôlent qu'un seul, contre cinq pour les Bamiléké. Dès lors, si la magistrature municipale échappe aux Mbo à Santchou, c'est la représentativité de toute la communauté qui serait en question et il serait inconvenant que dans tout le département, celle-ci soit exclue du jeu politique. Cette sollicitude est constante parmi les Mbo ; un natif mbo n'a d'ailleurs pas manqué l'occasion de notre entretien pour manifester son amertume en dénonçant ce qu'il appelle le « projet hégémonique sordide nourri par les Bamiléké » d'accaparer tous les cinq fauteuils de député de la Menoua. « Voilà pourquoi nous sommes en guerre contre eux », ajoutera-t-il, avant de préciser : « chaque fois qu'un groupement tente de s'opposer à nous Mbo, nous le mettons hors jeu parce que la mairie constitue notre cordon ombilical ». Comment expliquer cette assurance outrecuidante ? Qu'est-ce qui fonde l'hégémonie politique locale des Mbo? En vérité, les Mbo puisent leur vitalité dans la conjonction des trois facteurs mobilisés ici pour servir de variables explicatives: une densité démographique favorable, un statut socioéconomique appréciable, suffisants pour séduire les partis politiques, entreprises d'intérêts par excellence, dans leurs quêtes de suffrages, pour leur assurer une assimilation structurelle conséquente, notamment le RDPC, parti privilégié des Mbo.

De l'ossature numérique favorable des Mbo

La taille de la population mbo largement supérieure à celle bamiléké de Fondonera et de Fombap leur assure une densité morale à même de leur assurer les premiers rôles sur l'échiquier politique local. N'oublions jamais qu'un individu moral doit posséder l'esprit de discipline, respecter les normes du groupe, servir la collectivité et appliquer des règles impersonnelles, qui facilitent la stabilité de la communauté. Comme l'a déclaré à l'auteur un informateur mbo, « Nous disposons de 60 à 70 pour cent des terres, d'une population de près de 60 pour cent si on s'en tient au pourcentage d'inscription aux élections ». Revenons cependant sur cette parité démographique favorable des Mbo ; nous avons vu celle-ci remise en cause plus haut par les chefs supérieurs des groupements Fondonera et Fombap dans leur pétition. Elle est même devenue un enjeu politique. Mais où est la vérité ? Qui des Mbo ou des Bamiléké domine effectivement ? Ce que nous pouvons dire de cette intrigue est qu'à l'érection du district des Mbo en arrondissement de Santchou en 1979, le groupement Fombap avait une population de 1415 habitants, les groupements Sanzo et Fondonera, respectivement, 2730 et 2786, chiffres basés sur le recensement général de la population de 1976. En clair, à cette époque, l'équation numérique des Mbo était de loin très inférieure à celle des Bamiléké. Comme le souligne si bien Engola Oyep, « Toutefois, au fil des ans, les Mbo sont devenus minoritaires sur leur terroir par le fait d'une immigration bamiléké amorcée au début des années 1930. Sur une population totale évaluée en 1980 à 18,353 habitants, la répartition était de 43 pour cent de Mbo, 47 pour cent de Bamiléké et 10 pour cent d'autres allochtones » (Engola Oyep 1991:34-38 ; Dongmo 1981 ; Youana 1990:83-84).

Nonobstant cette dissymétrie de départ, il y a eu une évolution de la structure démographique de Santchou en faveur des Mbo. De fait, si les Bamiléké de Fombap et de Fondonera sont convaincus de leur supériorité numérique, il reste qu'aujourd'hui, cette allégation est postulée que démontrée. Car, à s'en tenir aux données électorales, en l'absence de toute donnée ethnique sur le recensement démographique publié en 2010, l'ossature numérique des Mbo serait bien loin supérieure à celle réunie de leurs concurrents bamiléké de Fondonera et de Fombap. C'est d'ailleurs une constance, la taille de la population bamiléké a souvent été manipulée à dessein par les Bamiléké eux-mêmes. Dans certains sites Internet, ceux-ci vont même jusqu'à avancer le chiffre de huit millions, soit près de 40 pour cent de la population du Cameroun.

Tableau 8 : Equation numérique des électorats mbo et bamiléké lors de l'élection présidentielle du 12 octobre 1997 à Santchou

Groupements	Inscrits	Votants
Santchou	7 288	7 174
Fondonera	2 086	2 031
Fombap	881	812
Nteingue[8]	420	288
Centre urbain	1 459	973

Source : Rapport de l'élection présidentielle du 12 octobre 1997 à Santchou du sous-préfet de Santchou, p. 2. Archives de la sous-préfecture de Santchou.

Tableau 9 : Equation numérique des électorats mbo et bamiléké lors des municipales de 2002 à Santchou

Groupements	Inscrits	Votants	BN	SVE	partic	RDPC	RDPC	SDF	%SDF
Santchou	7 684	7 152	28	7124	93,08	6786	95,26	338	4,74
Fombap	1 000	886	10	876	88,60	573	65,41	303	34,59
Fondonera	2 199	1 821	11	1 810	95,06	867	47,90	943	52,10

Source : Lettre n° 46/L/F.34-03/SP du 05 juillet 2002 adressée par le sous-préfet de l'arrondissement de Santchou à Monsieur le Préfet du département de la Menoua au sujet de la désignation du maire et de ses adjoints, p1. Archives de la sous-préfecture de Santchou.

Comment rendre compte cependant de l'accroissement exponentiel de la population mbo en quelques décennies, lequel a inversé l'équilibre sociologique de Santchou au détriment des groupements Fombap et Fondonera, si l'on s'en tient aux chiffres du recensement démographique de 1976 où Fondonera était plus peuplé que le groupement Sanzo ? A l'évidence, nous avons affaire ici à des sociétés à migrations récentes ; comme nous l'avons souligné plus haut, après la création du district des Mbo en 1960, les Mbo quittent les chefferies bamiléké de la Menoua, mais aussi Kékem dans le Haut-Nkam où ils sont minoritaires, et même le Moungo, pour venir peupler cette plaine peu habitée et disposant des terres très fertiles. C'est donc, entre autres, par stratégie électoraliste que les instances d'investiture du RDPC laissent les Mbo faire, en s'arrogeant dorénavant 13 sièges de conseillers municipaux sur les 25 que compte la commune rurale de Santchou, contrairement aux autres partis, notamment le SDF, le plus grand concurrent du RDPC à Santchou : ce nombre est non seulement proportionnel à leur poids démographique, mais en plus, et surtout, il garantit aux Mbo le poste de maire et même d'un des adjoints, avec ou sans consensus, avec ou sans la volonté des Fondonera et des Fombap ; en retour, les Mbo assurent au RDPC une victoire électorale.

Une classe politique mbo qualitative et quantitative

Selon Bertrand de Jouvenel, dans une société naissante ou totalement renouvelée, il ne peut y avoir de puissance publique distincte de la puissance sociale. L'autorité politique ne peut être constituée que par le concours de ceux qui ont spontanément assumé des commandements. Un pouvoir qui ne s'appuierait point sur eux serait sans force, et il n'aura leur appui qu'au prix de leurs concours à ses décisions (de Jouvenel 1972). L'engagement politique semble ainsi obéir à une logique forte : celle de la position sociale qui entraîne un certain sentiment de compétence sociale et politique qui lui-même génère un certain niveau de participation (Mayer et Perrineau 1992:18). Sous cet angle, le renforcement de la position politique locale des Mbo s'explique aussi en partie par l'existence d'une classe politique mbo qualitativement et quantitativement : de nombreux lettrés et cadres administratifs qui n'éprouvent aucun complexe devant leurs concurrents bamiléké de Fondonera et de Fombap, bref des élites dopées par leur densité démographique et leur poids électoral conséquent, promptes à engager pour leur société une action historique. Jean-François Bayart, Peter Geschiere et Francis Nyamnjoh ne nous ont-ils d'ailleurs pas prévenus ?

> Le lien fort que la représentation de l'autochtonie entretient avec le processus plus général de formation de l'État apparaît clairement quand elle est portée par des cadres dotés d'une éducation occidentale supérieure : des fonctionnaires, des enseignants, des journalistes, des intellectuels, et singulièrement des historiens, ou encore des prêtres et des pasteurs. Sur ce plan, la correspondance entre la notion d'autochtonie et le nationalisme est évidente : on y retrouve la même composante petite-bourgeoise » – pour reprendre le mot des socialistes du XIXe siècle – en mal d'ascension sociale dans le giron de l'État. Par ailleurs, l'autochtonie donne souvent matière à politique publique, et elle tend désormais à se constitutionnaliser (Bayart, Geschiere et Nyamnjoh 2001:181-182).

Nous aimerions ici focaliser notre attention sur le parti au pouvoir, le RDPC et ses élites et moins sur les formations de l'opposition ; car non seulement la plupart des minorités ethniques sont largement apparentées audit parti, mais aussi parce que, dans la perspective élitaire, tandis que l'opposition demeure le parent pauvre en matière de recrutement d'élites urbaines, la coalition hégémonique élites-pouvoir RDPC s'est généralisée au Cameroun. Cette politisation des élites urbaines, des principaux hommes d'affaires, des ministres jusqu'aux plus petits fonctionnaires est devenue le couloir principal qu'utilise le parti au pouvoir pour susciter les allégeances politiques locales (Mouiche 2005)[9].

Ces nombreux cadres administratifs sont en plus adoubés par sa Majesté Mila Assouté, dont le leadership clé a été très déterminant dans le grand ralliement des Mbo à la cause du RDPC à Santchou, mais aussi dans la monopolisation des postes politiques locaux par les membres de ladite communauté. Mais

Tableau 10 : Distribution ethnique de la commission communale de campagne du RDPC de Santchou lors des législatives et municipales de 2007

Noms	Origine ethnique	Fonction dans la commission	Statut socioprofessionnel
Pr Nkam Maurice	Mbo	Président	Professeur de médecine, Directeur général du CHU de Yaoundé
Dr Wamba Guillaume	Bamiléké	Vice-président	Médecin, cadre à l'Hôpital de la CNPS de Yaoundé
Ngoubene François	Mbo	Vice-président	Inspecteur du Trésor, percepteur de l'Ambassade du Cameroun à Washington, DC
Etyzock Tymothée	Mbo	Vice-président	Agent de l'Etat en service à la perception de Santchou, ancien maire
Dr Djoukeng Jean	Bamiléké	Vice-président	Diplomate, cadre au Ministère des relations extérieures à Yaoundé
Ndi François	Mbo	Vice-président	Professeur de lycée, ancien maire et député
Londji Alphonse	Bamiléké	Vice-président	Fonctionnaire retraité
Assoua David	Mbo	Vice-président	Instituteur principal, inspecteur d'arrondissement de l'enseignement primaire et maternel de Santchou, ancien député
Nguetsop Joseph	Bamiléké	Membre	Contrôleur des douanes, mis en disponibilité
Awafa Oscar		Membre	
Eweck Raphaël	Mbo	Membre	Administrateur civil principal à la retraite, ancien préfet
Ewane Robert	Mbo	Membre	Fonctionnaire retraité
Nkem Pascal	Mbo	Membre	Etudiant
Anock Pierre-Marie	Mbo	Membre	Inspecteur des postes et télécommunications, cadre à la Camtel à Yaoundé
Akem Pierre	Mbo	Membre	Fonctionnaire, directeur au ministère des Affaires sociales
Mme Nkeing Colette	Mbo	Membre	Fonctionnaire retraité
Ajaoung François	Bamiléké	Membre	Cadre des assurances
Elouck Gaston	Mbo	Membre	Fonctionnaire, sous-directeur au ministère du Développement urbain
Guede Gaston	Bamiléké	Membre	Professeur de lycée, inspecteur régional de Biologie du littoral à Douala
Guefack David	Bamiléké	Membre	Instituteur
Dondji Fongou Timothée	Bamiléké	Membre	Ingénieur des travaux publics, député suppléant
Akagou Victor	Mbo	Chargé de missions	
Mekeu Nestor	Mbo	Chargé des missions	Diplômé de l'Essec de Douala
Ewongo Manga Martin	Mbo	Chargé de missions	Inspecteur du Trésor, receveur des finances à Sangmélima

Source : Le journal *L'Action* n° 594 du 6 juillet 2007.

qui est ce personnage hors pair ? Chef supérieur du groupement Sanzo et frère cadet de Keutcha Julienne, Mila Assouté a été député sous le régime du président Biya de 1983 à 1988 ; en 1990, il sera promu membre du Comité central du RDPC comme jadis sa grande sœur. Pour paraphraser Nantang Ben Jua (1995:44) et Piet Konings (1999:195), le président Biya avait supprimé en 1987, au plus fort du parti unique, la clause qui faisait des chefs traditionnels les membres de droit du RDPC. Avec le retour au multipartisme, l'alibi de la compétition électorale va amener notre président à s'amender pour coopter certains chefs traditionnels au sein des instances dirigeantes de son parti, misant ainsi sur leur soutien. Ce sont ces ressources centrales, locales et historiques que Mila Assouté va capitaliser pour devenir le tribun des Mbo de Santchou, c'est-à-dire un rempart contre l'hégémonie bamiléké à Santchou et un vecteur pour le développement de son groupement.

Homme consensuel, Mila Assouté est comme un intouchable, voire un saint, et personne n'ose le contrarier ou le vilipender. On ne parle de lui qu'avec respect, crainte et circonspection. Et bien qu'il soit aujourd'hui en exil volontaire pour s'être brouillé avec le régime RDPC[10], son ombre continue à hanter l'imaginaire des Mbo de Santchou. M. A. Félix, agent de l'Etat :

> Nous sommes malades parce que notre père n'est pas à côté de nous. Son absence nous cause un grand préjudice ; les Mbo sont encore plus marginalisés dans l'arrondissement. D'un encadrement exemplaire, le chef n'avait jamais accepté qu'on piétine un de ses fils. Nos voisins bamiléké cherchaient à nous écraser, mais le chef était là pour nous défendre. N'eût été la dextérité du député Ndi François, nous serions aujourd'hui sous le joug des Bamiléké.

Pour M. A. Salomon, enseignant et membre du Rassemblement des Modernistes du Cameroun (RDMC), parti créé par Mila Assouté après sa défection du RDPC, « le chef Mila Assouté reste l'unique personnalité qui peut orienter tous les Mbo de Santchou dans le sens qu'il veut ». « Nous regrettons son absence du territoire national. Quand il est près de nous, nous sommes en confiance. Actuellement nous vivons une très grande frustration à cause de l'exil du chef et parce qu'il n'est plus membre du RDPC ». Cette stature exceptionnelle de *chief* Mila Assouté est reconnue même par le sous-préfet de Santchou :

> Ce qui manque actuellement aux Mbo, c'est un leader. Le chef Mila Assouté s'est brouillé avec le régime et est en exil. Il avait des entrées dans les hautes sphères de l'Etat. Ceux qui sont restés au pays aujourd'hui ont peur de prendre sa relève, craignant que le chef ne les accuse de vouloir usurper son pouvoir. Par exemple, il n'y a pas de comité de développement mbo. Je ne compte plus que sur le député Ndi François. Qui peut aujourd'hui dicter les orientations aux populations ? Avant, c'est Mila Assouté qui redistribuait et orientait les postes politiques.

D'évidence, à la restauration du multipartisme, à l'instar des Bamiléké, la communauté mbo manifestait son penchant pour le « changement », c'est-à-dire un vote-sanction contre le RDPC, ex-parti unique au pouvoir (voir Mouiche 2005). Cette fronde contre le RDPC était d'ailleurs favorisée par la présence au sein de l'opposition UNDP de Samuel Eboua, ancien secrétaire général de la présidence de la République sous Ahidjo et Mbo originaire du Moungo, affectueusement appelé « Papa Eboua » par ses congénères mbo, y compris ceux de Santchou. Après l'éviction de Samuel Eboua de l'UNDP par Bello Bouba Maigari, Mila Assouté va finir par drainer les Mbo de Santchou dans le RDPC. Ce rôle du chef dans le retournement des tendances en faveur du RDPC est unanimement reconnu à Santchou : M. A. Denis, militant mbo du SDF : « le retour massif des Mbo dans le RDPC est le résultat de la politique menée par notre chef supérieur Mila Assouté. Il n'avait jamais eu de cesse de nous marteler qu'une minorité en contexte pluraliste ne devrait s'allier qu'avec le pouvoir ; qu'importe le score de Santchou aux élections, en faveur ou non du RDPC, le parti gouvernemental gagnera toujours au plan national ».

M. F. Georges, enseignant et militant du RDMC :

> Au début des années 1990, Santchou était le seul bastion du RDPC à l'Ouest. Le flirt avec l'UNDP n'avait pas mordu. Sa Majesté avait tout fait pour assurer le triomphe du RDPC. Moi, il m'avait débarqué du MDP de Samuel Eboua. Mila Assoute a une forte personnalité. C'est Santchou qui avait remonté la cote du RDPC dans la Menoua, les Bamiléké soutenant l'opposition. Le chef s'était tant investi pour le RDPC parce qu'il était membre du Comité central. Il avait aussi la confiance du chef de l'Etat. Pour me débarquer du MDP, il m'avait dit que « la politique n'est qu'un jeu d'intérêts » ; que le RDPC lui a promis des choses pour son arrondissement, notamment le bitumage du tronçon Melong-Dschang.

Déjà aux municipales de 1996, à Santchou, le SDF, dans le recours qu'il adressa à la Cour suprême, accusait sa Majesté Mila Assouté d'avoir joué sur les rivalités Mbo-Bamiléké et sur sa qualité d'« autochtone » dans son groupement, pour envoyer des milices du RDPC (essentiellement des Mbo) arracher les procès-verbaux qu'il avait pris soin de falsifier, accordant plusieurs centaines de voix à ce parti. Il semble également que les scrutateurs du SDF avaient été chassés des bureaux de vote et que les urnes avaient été bourrées en leur absence. Ces élections avaient marqué une fracture profonde entre les Mbo, partisans du RDPC et les Bamiléké de Fombap et de Fondonera, militants du SDF ; la tension était vive et une explosion pouvait survenir à tout moment (Mouiche 2001:77-78). Il est aussi fort certain, vu l'intensité des revendications bamiléké pour le partage des postes politiques de Santchou, que la position de membre du Comité central du RDPC, instance suprême d'investiture du RDPC, ait assuré aux Mbo le privilège de 13 conseillers, contre 12 pour les Bamiléké. Sans cette majorité automatique au sein du conseil municipal, les Mbo ne seraient pas sûrs de monopoliser pour eux seuls le poste de maire. Ce poste pourrait d'ailleurs leur échapper définitivement, le cas échéant, sauf avis contraire du Comité central qui interviendrait pour donner des orientations allant dans le sens d'un partage des postes, comme le revendiquent à tue-tête les Bamiléké, hypothèse pour le moins improbable.

L'ombre omniprésente de Mila Assouté au sein du RDPC à Santchou est telle qu'après sa défection dudit parti, les protagonistes du parti au pouvoir imaginèrent un trésor de subtilités et de ressources pour dissuader l'électorat mbo lors de la présidentielle de 2004 d'emboîter le pas à son chef ; cette défection fut d'ailleurs saisie opportunément par les Bamiléké de Fombap et de Fondonera comme une occasion de revanche pour régler ses comptes à Mila Assouté. Ce rapport du sous-préfet de Santchou sur la présidentielle de 2004 est illustrateur de cette ambiance quelque peu frénétique, mais aussi du rôle de l'élite dans les alliances et allégeances politiques:

La campagne du RDPC

La Commission communale de ce parti était pour la première fois conduite par le professeur Maurice Nkam en lieu et place du titulaire habituel, le Chef Mila Assouté, démissionnaire. Cette modification et la nouvelle appartenance politique du Chef ont donné à cette campagne un relief inattendu, tant les incertitudes et les interrogations semblaient nombreuses.

S'agissant du professeur Nkam, beaucoup se demandaient avec quelque appréhension si cet universitaire, rompu aux ambiances aseptisées et nettes des salles d'opération, pouvait en un tour de main se plonger dans les méandres retors et bien souvent fangeux de la politique. D'autres s'interrogeaient sur sa capacité à tronquer son costume trois pièces de Directeur Général contre le tee-shirt de directeur de campagne.

Pour pouvoir conduire sa barque assez facilement, le professeur Nkam a battu le banc et l'arrière banc des élites intérieures et surtout extérieures de l'arrondissement. A chacune, il a assigné une mission de proximité dans son village natal.

Mais au-delà de toutes ces considérations somme toute philosophiques, se dressait l'épineuse question : pouvait-il faire le poids contre le chef ? Pouvait-il convaincre les Mbo à voter RDPC alors que leur 'guide suprême' allait de toute évidence prêcher le contraire ?

Dans le camp du professeur Nkam, on s'appuie sur les élites, les conseillers municipaux, les présidents des sous-sections et sur les chefs traditionnels de troisième degré. A ce titre, avant le meeting de lancement, tous ces alliés assistent à une réunion où les enjeux politiques leur sont expliqués. Il s'agit de leur démontrer que suivre le chef serait se faire hara-kiri puisque la mairie et la députation, selon les critères de choix utilisés jusqu'alors, reviendraient aux Bamiléké de Fondonera et de Fombap :

> Cette campagne de sensibilisation se poursuit deux jours après le meeting de lancement. Sous le prétexte d'assister à la cathédrale de Nkongsamba aux vœux perpétuels et à la consécration comme Mère supérieure d'une congrégation de sœurs d'une religieuse mbo, tous les chefs de cette communauté sont transportés à cette cérémonie puis convoyés au domicile du préfet Eweck à Santchou pour fêter dignement cet événement, et par la suite définir une ligne commune pour faire face au chef Mila dont l'arrivée est annoncée pour le lendemain.

> Au cours de ce conclave, le préfet Eweck et le professeur rappellent les enjeux. Ils notent que c'est le chef qui a ramené le groupement dans le RDPC alors que celui-ci, par sympathie naturelle, inclinait pour le MDP de Samuel Eboua. Ils retournent contre le chef l'un de ses arguments de l'époque : une minorité ne peut être qu'avec le pouvoir. Ils citent également un proverbe mbo qui stipule qu'on n'emmène pas ses amis dans la sorcellerie pour les y abandonner. Ils demandent aux participants si un seul d'entre eux a été consulté par le chef avant qu'il ne s'engage dans ses combats. Plusieurs participants rappellent qu'ils ont supplié le chef, parfois même à genoux, pour qu'il renonce à son « modernisme ». D'autres font savoir qu'ils lui ont dit que ses idées étaient bonnes, mais qu'elles ne pouvaient se défendre qu'à l'intérieur du RDPC et que quitter ce parti serait pure folie ; les exemples malheureux de Sengat Kouo, Ekindi et Nzongang lui ont été cités pour le maintenir dans la voie de la raison. Toutes ces actions ont été vaines. Par conséquent, le chef ayant décidé contre tous les avis de poursuivre sa route, il était impensable qu'il reçoive aujourd'hui l'appui de ceux qu'il n'a jamais consultés ou voulu écouter. A l'issue de la réunion, tout le monde n'est pas tout à fait ferme puisqu'il faut le rencontrer et le lui dire face à face.

> Le camp du professeur reçoit un allié de taille de poids, M. Goubene François, cousin du chef et percepteur de l'Ambassade du Cameroun à Washington, qui quitte les USA pour venir expliquer au peuple mbo et en particulier à celui de Nwatta que son salut, c'est le RDPC.

Selon le même rapport, la dernière situation politique connue, telle que révélée par le double scrutin de 2002, maintenait le groupement Santchou comme fief inébranlable du RDPC. Le groupement Fombap, avec plus de 60 pour cent des voix en faveur du RDPC, avait quitté les rangs de l'opposition où seuls demeuraient le Groupement Fondonera, avec 45 pour cent pour le RDPC, et le centre urbain (35%). La logique commandait que le RDPC dirige l'essentiel de son activité vers ces deux zones qui lui restaient farouchement hostiles. Mais le chef Mila, en se mettant hors du RDPC, redéfinissait les zones prioritaires d'action : les Fondonera, qui traditionnellement votent SDF, ont trouvé dans cet état de chose une occasion inespérée de prendre enfin leur revanche sur le chef contre qui ils ont de très nombreux griefs liés à l'histoire intime de l'arrondissement et à sa biculturalité. Le mot d'ordre a donc été de voter massivement le RDPC pour humilier Mila et faire d'une pierre deux coups ; en effet, la distribution des postes politiques dans l'arrondissement de Santchou a toujours tenu compte du pourcentage des voix exprimées en faveur du RDPC. A ce jeu, les Mbo étaient toujours gagnants, ne laissant rien aux autres. Mais leurs divisions du moment et la perte de leur chef de file laissaient présager un vote moins favorable. La place de premier de la classe ayant été libérée, il s'agissait de la ravir et de devenir le groupement phare de l'arrondissement. Les Fombap, à leur tour, se prenaient à rêver du jour proche où leur pourcentage de voix en faveur du RDPC supplanterait celui des Mbo. Au total, battre campagne dans ces deux groupements était devenu presque une sinécure puisqu'il s'agissait de prêcher à des convaincus. Pour la communauté mbo, l'équation était des plus ardues :

–   il fallait amener les gens à opérer le distinguo entre le chef Mila, dépositaire du pouvoir traditionnel, et l'individu Mila, citoyen camerounais et homme politique ayant décidé d'emprunter une sente nouvelle sur son cheminement ;

–   il fallait veiller au maintien de la cohésion du groupement en évitant une implosion ;

–   il fallait conserver les acquis en donnant au RDPC la quasi-totalité des voix et conserver ainsi le leadership parmi les groupements de l'arrondissement.

Pour en venir aux bureaux de vote dont sont originaires les principaux acteurs lors de cette présidentielle, il faut noter :

–   Balé, village natal du professeur Nkam, où il avait d'ailleurs voté, avait donné 100 pour cent de ses suffrages au RDPC ;

–   Mbouzep, village natal du maire Etinzock, où ce dernier avait aussi voté, 98,55 pour cent au RDPC ; c'est également le village de Maître Gui Effon ;

–   Nfontsam, village natal du député Ndi, avait eu un score de 87,87 pour cent pour le RDPC ;

–   Foungouo, village situé à la périphérie de Santchou et où le député avait voté, avait donné 91,45 pour cent au RDPC ;

–   L'école publique de Ngwatta, bureau de vote de M. Goubene, avait donné 100 pour cent de ses suffrages au RDPC.

M. A. Denis, agriculteur et militant mbo du SDF, a été très clair dans son propos :

Lorsque moi, je prêche auprès des miens pour les convaincre et qu'un grand frère de Yaoundé leur parle, ceux-ci changent d'avis. Les élites urbaines sont considérées comme les éclaireurs du village. Ces élites ont aussi détourné l'opinion par l'achat des consciences, en offrant savon, en faisant des promesses fallacieuses, sinon le RDPC n'aurait pas gagné en 2007. L'opposition n'a pas assez de moyens pour convaincre, pour faire des offres pendant la campagne. L'homme camerounais a tellement intériorisé la corruption qu'il est à chaque instant animé par l'esprit de manducation, oubliant bien de préparer son avenir. Le pays tourne ainsi à l'envers.

Exemple : avant et pendant la campagne, le RDPC vous propose de lui laisser mains libres pour frauder. Moi, dans le SDF, j'ai la conscience tranquille parce que je n'ai pas livré aux enchères les pouvoirs de mon parti.

L'assimilation structurelle du RDPC

L'assimilation structurelle s'entend ici de la distribution proportionnelle des groupes ethniques dans les structures des partis politiques. Comme nous l'avons dit au chapitre précédent, contre les équilibres « sociologiques » prescrits par les lois et règlements camerounais, celle-ci dépend davantage des identifications partisanes, cela en termes de suffrages remportés ou escomptés auprès des électorats des communautés ethniques lors des compétitions électorales. Nous avons vu que les Mbo sont à plus de 90 pour cent des partisans du RDPC depuis la libéralisation politique des années 1990. Ce n'est que depuis 2002 et 2004, respectivement, que les Fombap et les Fondonera, jadis acquis à la cause du SDF, votent en majorité pour le RDPC.

Tableau 11 : Résultat des municipales de 2002 par groupement à Santchou

Groupements	Inscrits	Votants	BN	SVE	% Participation	RDPC	% RDPC	SDF	% SDF
Santchou	7684	7152	28	7124	93,08	6786	95,26	338	4,74
Fombap	1000	886	10	876	88,60	573	65,41	303	34,59
Fondonera	2199	1821	11	1810	95,06	867	47,90	943	52,10

Source : Rapport n° 46/L/F.34-03/SP du sous-préfet de l'arrondissement de Santchou à Monsieur le préfet du département de la Menoua du 05 juillet 2002 sur la désignation des Maires et Adjoints. Archives de la sous-préfecture de Santchou.

Dans un contexte de rivalités hégémoniques avivées par la convoitise des postes politiques, les Mbo s'identifient tellement au RDPC et considèrent les Bamiléké comme l'ethnie de l'opposition, et disqualifiés par conséquent dans le partage des rentes politiques RDPC à Santchou, qu'un changement de majorité à Fondonera et à Fombap devient suspect à leurs yeux et suscite des interrogations, ainsi qu'il ressort de ce rapport du sous-préfet de Santchou sur la présidentielle de 2004 :

Ce dernier résultat confronté à celui du centre urbain a entraîné une polémique locale. Les Mbo et plusieurs observateurs n'ont pas compris comment le centre urbain, où les Fondonera sont en nombre, a pu voter pour le SDF alors que Fondonera village votait pour le RDPC. L'analyse faite par ces personnes laisse entendre qu'un double mot a été lancé : voter RDPC dans leur groupement pour bien se positionner dans la lutte pour les postes électifs au niveau local, et voter SDF en ville où il serait difficile de déterminer d'où venaient les voix, compte tenu du cosmopolitisme de tout le centre urbain. Par ailleurs, ce vote donnait à Nzemfock Maurice, président local du SDF et originaire de Fondonera, quelque crédibilité apte à le maintenir à ce poste, en lieu et place d'un Mbo. Pour se défendre, les Fondonera estiment que le centre urbain est plein de ressortissants de la province du Nord-Ouest et du département des Bamboutos, ainsi que des professeurs contestataires, dont les voix sont allées principalement au SDF. Sans vouloir donner raison ou tort à quiconque, il y a simplement lieu de souligner que le bureau de vote n° 4 (ancien PTT) dont la liste électorale était à 80 pour cent constituée des Fondonera a voté le SDF à 57,36 pour cent ».[11]

En compensation de leurs voix qui, à elles seules, suffisent à assurer une victoire au RDPC à Santchou, le parti gouvernemental offre aux Mbo, lors des investitures, une position privilégiée qui leur permette de monopoliser les plus hauts postes politiques locaux (maire, député et président de section RDPC). Dans le camp du SDF à dominante bamiléké, l'on est conscient que l'équation numérique dudit groupe ne saurait conduire à une victoire électorale; aussi y opte-t-on pour une stratégie de séduction de deux communautés par un partage des postes. M. A. Denis, agriculteur et militant mbo du SDF :

Au départ, le SDF était considéré par les Mbo comme un parti des Bamiléké. Mais nous avons résolu ce problème en répartissant les pouvoirs ; ainsi, si à la députation un Bamiléké est candidat, à la mairie, ce sera un Mbo, contrairement au RDPC où les Mbo se sont accaparés de tout.

Nous avons eu un problème Mbo-Bamiléké au sein du SDF monté par les hiérarques du RDPC. Lors des élections, le président actuel avait triomphé ; le vice-président, un Mbo, avait contesté les résultats au motif qu'à chaque fois le renouvellement des organes se fait en faveur des Bamiléké à la présidence ; que cette fois, il occupera ce poste même par la force. Il y eut des échauffourées et l'affaire fut même portée devant la justice ; celle-ci trancha au fond pour bousculade en condamnant le Mbo au paiement d'une amende. Cette affaire concernait deux Mbo : le vice-président et un autre Mbo qui soutenait le président.

Même dans le RDMC, parti créé par Mila Assouté, curieusement, il y a aussi par stratégie électoraliste ce souci de partage de postes politiques, comme le souligne M. Georges Fonkong, président de l'Antenne RDMC de Santchou :

Au départ, la politique se réduisait à Santchou à un duel entre RDPC et SDF ; maintenant il faut compter avec le RDMC qui enregistre aux élections un score plus honorable que le SDF en milieu mbo.

La loi de la minorité veut que ce soit les Mbo qui se partagent les postes de député et de maire à Santchou, dans la mesure où il est impossible qu'un Mbo brigue un poste à Dschang. Dans notre plate-forme cependant, nous avions convenu d'un partage avec, à la mairie, un Mbo et, à la députation, un Bamiléké. Nous n'avons cependant pas eu de possibilités financières pour payer les frais du cautionnement exigés pour investir un député. Si la loi avait ainsi contribué à la marginalisation des Bamiléké de Fombap et de Fondonera, nous ne saurions en porter la responsabilité.

C'est cet esprit de distribution des postes politiques locaux entre communautés ethniques, voire de conciliation, qui accompagne aujourd'hui le jeu électoral de Magba, même si, comme nous allons le voir, dans ce terroir, le multipartisme et la démocratisation ont plutôt concouru à l'affaiblissement politique de la minorité tikar.

Notes

1. Le BANEKA comme langue standard MBO, voir Etame Ewane 1987.

2. Les gardes civiques sont les unités de milices bamiléké d'autodéfense recrutées parmi la population locale en 1960 par le gouvernement Ahidjo pour lutter contre les maquisards et assurer certaines tâches de pacification.

3. Source : Procès-verbal du Séminaire de Développement du District des Mbos tenu à Santchou les 22 et 23 décembre 1972 tenant lieu d'Assemblée générale constitutive du Comité de développement du District des Mbos, Archives de la commune de Santchou, p. 10.

4. Source : Procès-verbal du Séminaire de Développement du District des Mbos tenu à Santchou les 22 et 23 décembre 1972 tenant lieu d'Assemblée générale constitutive du Comité de développement du District des Mbos, Archives de la commune de Santchou, pp. 7-10.

5. Source : Procès-verbal du Séminaire de Développement du District des Mbos tenu à Santchou les 22 et 23 décembre 1972 tenant lieu d'Assemblée générale constitutive du Comité de développement du District des Mbos, Archives de la commune de Santchou, p. 10.

6. Procès-verbal du Séminaire de Développement du District des Mbos tenu à Santchou les 22 et 23 décembre 1972 ; *op. cit.* pp. 7-10.

7. C'est en effet le Comité central qui est statutairement chargé de la direction de l'UNC (art. 23 des statuts de l'UNC). Il a notamment pour rôle :

d'assurer l'exécution des décisions du Congrès et du Conseil national de l'UNC ; de créer de nouveaux organes de base du parti selon les besoins ; d'accorder l'investiture du parti aux différentes fonctions politiques de l'Etat ; de suivre l'activité des élus du parti et des militants membres de diverses assemblées politiques ou économiques telles que le Conseil économique et social ; d'organiser les différentes manifestations du parti ; de gérer les biens et les finances de l'UNC et de ses organisations annexes ; de procéder à la mise en place des bureaux directeurs des organes de base du parti ; de nommer les rédacteurs en chef de la presse du parti ; de déterminer les relations avec les organisations politiques nationales ou étrangères.

L'une des prérogatives les plus importantes du Comité central, parce qu'elle a des incidences immédiates et nationales, est sa compétence exclusive à accorder les investitures du parti à l'occasion des élections à caractère politique. Le Comité central exerce son contrôle sur l'activité des députés élus du parti, notamment par l'intermédiaire du groupe parlementaire de l'UNC à l'Assemblée nationale. On le voit, en tant qu'instance plénière, il est le véritable organe délibérant du parti, qui assure l'essentiel de la direction, de la marche et de la vie du parti. C'est d'ailleurs le Comité central qui est responsable devant les instances hiérarchiques : le Conseil national et le Congrès. Ses membres rendent compte de leurs activités directement au président national.

8. Nteingue est une enclave habitée aussi bien par les Mbo que les Bamiléké. Le centre urbain est plus cosmopolite ; mais dans les deux localités, la balance démographique est en faveur des Bamiléké.

9. Voir également Fred Eboko, « Les élites politiques au Cameroun. Le renouvellement sans renouveau ? », in Jean-Pascal Daloz, *op. cit.*, pp. 99-133.

10. Selon des informations concordantes, c'est après son échec aux législatives de 1997 que Mila Assouté a commencé à prendre ses distances vis-à-vis du RDPC. L'on se souvient que lors de ces élections, Santchou avait voté à 72 pour cent en faveur du RDPC ; malgré ce raz-de-marée constitué à plus de 95 pour cent des suffrages mbo, le chef ne fut pas élu à cause de sa position sur la liste RDPC qui n'avait remporté que deux sièges contre trois pour le SDF. Par dépit, le chef va commencer à critiquer le RDPC. Il a d'abord écrit le « Livre blanc » avec certains cadres du parti, où il faisait des propositions alternatives en vue de la modernisation du RDPC, ce parti étant devenu la chasse gardée de quelques oligarques et hiérarques. Il voulait aussi une Section RDPC à Santchou ; cette sollicitation a été satisfaite malheureusement quand il avait déjà fait défection, avec la Section Menoua Sud. Mila Assouté voulait surtout une circonscription électorale spéciale pour permettre à la minorité mbo de mieux se positionner sur l'échiquier politique local ; un tel découpage aurait d'ailleurs assuré son élection en 1997 comme député ; d'où son fort ressentiment après tant de sacrifices personnels et durs labeurs vains.

11. Source : Rapport n° 46/L/F.34-03/SP du sous-préfet de l'arrondissement de Santchou à Monsieur le préfet du département de la Menoua à Dschang du 22 octobre 2004 sur la présidentielle de 2004. Archives de la sous-préfecture de Santchou.

Chapitre 4

Magba et l'affaiblissement politique des Tikar

Cette étude de cas sur les Tikar offre des données comparables à la précédente. Comme les Mbo de Santchou, ce sont les Tikar qui détenaient les leviers de commande de la vie politique locale sous le parti unique à Magba. De ce fait, ce sont eux qui accaparaient à leur profit l'essentiel des postes politiques locaux (maire, député, présidence du parti, etc.). Les Bamoun et les allogènes anglophones et bamiléké, de leur côté, brillaient par l'apathie politique, à l'instar des Bamiléké de Fondonera et de Fombap à Santchou. Toutes choses étant égales d'ailleurs, le multipartisme et la démocratisation ont donné prétexte à ces groupes ethniques pour s'inviter dans les luttes pour les postes politiques, avec comme objectif de briser ce monopole établi ou renverser purement et simplement ceux qui dirigeaient les affaires locales. Comme le dira Lipe Yacouba,

> Face à cette réalité politique, devant l'adhésion des autres tribus aux partis d'opposi-
> tion, on constate que les Tikar sont en train de perdre le privilège et surtout le
> monopole qu'ils ont détenus dans la gestion des affaires (Lipe 1998:111 et 117).

Cet auteur, qui abuse en passant du concept de tribu, avait publié son opuscule sur Magba en 1998, deux ans juste après que l'UDC, un parti à dominante bamoun, eût remporté les municipales de 1996 dans cette commune à la majorité relative, élections ayant entraîné l'accession, pour la première fois, d'un Bamoun à la tête de cette municipalité depuis l'indépendance. L'auteur ignore encore la suite des événements avec la routinisation des élections au Cameroun ; car, bien que celle-ci consacrera le renversement des tendances en faveur du RDPC qui remportera, respectivement, aux municipales de 2002 et de 2007, la majorité absolue des voix à Magba, ce score ne profitera pas aux Tikar acquis dans leur quasi-totalité à la cause du parti gouvernemental, dans la lutte qui les oppose aux autres communautés ethniques pour le contrôle de l'exécutif communal. C'est toujours un Bamoun qui trône à la tête de cette commune et le poste de deuxième adjoint reste entre les mains des allogènes ; aux Tikar, le poste de premier adjoint. Avec cette ethnicisation des rapports de domination politique, l'on peut avancer l'hypothèse de la perte de l'influence politique des Tikar. Comment les trois variables que sont la densité démographique, le statut socio-économique et l'assimilation structurelle des groupes ethniques jouent-elles contre cette communauté ? Telle est la trame de ce chapitre qui comprend trois articulations : le contexte ethnographique et sociopolitique de l'étude, les acquis et pertes de l'influence politique des Tikar, enfin, les variables prédictibles de leur affaiblissement politique.

Le contexte ethnographique et politique

Les institutions sociales, les expressions culturelles, les idéologies et l'ethnicité ne tombent pas du ciel. Elles sont toujours le résultat d'un long processus d'interaction sociale, des événements quotidiens, des grands bouleversements, des guerres, des aléas climatiques, etc. Pour comprendre le présent, on doit étudier le passé. L'agrégation de peuples distincts dans une même entité « ethnique » comme la partition de certains groupes en peuples distincts sont les deux faces de la même stratégie de contrôle et de domination des populations depuis la période coloniale jusqu'à nos jours. Autant on peut observer des rassemblements factices de nombreux peuples dans les mêmes « champs de concentration » sémantiques et territoriaux, autant des exemples illustrant la stratégie de dépècement des groupes ne sont pas moins nombreux (Mbonda 2001:6). D'où l'opérationnalité du contexte ethnographique de cette étude de cas qui nous renseignera sur les origines et le procès d'implantation des Tikar. Au niveau sociopolitique, le département du Noun dont fait partie l'arrondissement de Magba est un royaume, c'est-à-dire une structure centralisée à une échelle plus large et dominée par une autorité unique, le sultan-roi des Bamoun. Cette structuration centralisatrice fait que l'impératif du maintien de l'intégrité territoriale, voire la souveraineté dudit royaume, a toujours constitué le credo politique des souverains bamoun. Il en a résulté une tutelle pesante de la royauté bamoun sur les populations non bamoun, au nombre desquelles les Tikar.

Origines et procès d'implantation des Tikar

On appelle communément plaine tikar, du nom des populations qui l'occupent, une dépression située dans la partie occidentale de la République du Cameroun. Elle s'adosse, à l'Ouest et au Nord respectivement, au massif du Mbam et aux premiers contreforts, assez abrupts, du plateau de l'Adamaoua ; à l'Est et au Sud, elle est l'aboutissement d'une vaste trouée drainée par les principaux systèmes fluviaux du centre du Cameroun, cours du Djerem, de la Sanaga et de la Bénoué. Du point de vue ethnique, les limites actuelles de l'extension des Tikar coïncident avec celles des peuples suivants, pour autant que les constants déplacements permettent encore d'identifier des territoires spécifiques : à l'Ouest, les Bamoun, au Nord-Ouest, les Mambila, au Nord, les Foulbé, au Sud et au Sud-Est, les Babouté, dont le principal centre, Yoko, est tout proche du pays Tikar. Les

Tikar débordent, au Nord du pays bamoun, sur le Cameroun anglophone, où l'arrondissement de Nwa est leur centre principal.[1] On rencontre même quelques groupes, au-delà de la frontière, au Nigeria. Mais le territoire où leurs traditions et leur langue paraissent le mieux conservées est représenté, entre Foumban et Yoko, par la bande qui jalonne, du Nord au Sud, les grandes chefferies de Bankim, de Ngambé et de Nditam (voir Hagege 1969:11). Ils sont répartis, du point de vue administratif, dans quatre régions et quatre départements :

– Adamaoua : arrondissement de Bankim dans le département du Mayo Banyo ;

– Ouest, arrondissements de Magba et de Malantouen dans le Noun ;

– Centre : arrondissement de Yoko, avec Nditam dans le département du Mbam
    et Inoubou ;

– dans le Nord-Ouest, l'arrondissement de Mwa dans le Donga Mantung.

Le plus grand centre tikar est Bankim (ou Kimi). Dans l'étude de ce peuple, il apparaît comme certain, indéniable que ceux-ci sont des Mboum venus de Nganha, importante chefferie mboum située à 65 km de Ngaoundéré. La bonne entente semble avoir régné entre toutes ces populations jusqu'au jour où un chef de Fouasson, jaloux de l'affection que les habitants avaient pour l'un de ses frères, dit à celui-ci au cours d'une violente querelle : « tikar », en mboum « va-t-en d'ici ». Ce dernier, furieux, quitta la région, suivi par la plus grande partie de la population qui le nomma chef. Tous décidèrent le jour de leur départ de prendre le nom de Tikar pour que reste inoubliée l'injure faite à celui qu'ils venaient de se donner comme chef (Mohammadou 1971:93). Donc, probablement issus des Mboum, les Tikar devraient normalement parler une langue soudanaise. Or leur idiome appartient aux langues semi-bantoues. On peut en déduire qu'ils empruntèrent la langue locale parlée par les populations qu'ils submergèrent. Leurs traditions, recueillies par M. Charrin, alors chef de la subdivision de Yoko, se souviennent en effet d'une époque lointaine où les envahisseurs tikar abandonnèrent leur langue originelle (rapport inédit, Archives de la Subdivision de Yoko d'octobre 1932), et adoptèrent le parler local tumu (Dugast 1949:130). Les fugitifs ayant assuré leur domination sur la population du Mbam, les royaumes de la vallée furent connus par le terme appliqué initialement à la fraction d'origine mboum et le sobriquet prit valeur d'ethnonyme. Il est utilisé par les Peul des lamidats de l'Adamaoua qui le diffusent. Du pays « tikar » au Sud, on tire des colas et des esclaves. Les indications d'Hagège ont clarifié les faits : tumu désigne à la fois la langue et le peuple soumis aux Mboum, mais le terme tikar, initialement celui des migrants, a été généralisé pour désigner la population. Ce fait pourrait bien signifier que les migrants n'étaient pas très nombreux en face des occupants et corroborer l'idée que la pénétration fut lente.

    L'arrivée de ce groupe d'origine mboum, les Tikar, aurait perturbé les populations de la vallée du Mbam puisque ces émigrants n'étendirent pas leur pouvoir sur la population régionale sans susciter des départs de populations. Ces faits sont à situer aux XVIe et XVIIe siècles. Des traditions recueillies dans les villages « ndobo » situés le long de la Mapé et incorporés dans le royaume bamoun (Mamoimo, Manda, Makoua, Matta) font référence à ces querelles qui éclatèrent entre les « Tikar » et les chefs locaux, entraînant le départ de ces derniers. D'autres conflits se produisirent au sein même de la lignée des souverains constituée dans la descendance des migrants « tikar » qui sont à l'origine des mouvements qui entraînèrent la fondation des royaumes des Banso et des Bamoun. On ne peut évidemment, par ces seules données, prétendre rendre compte de mouvements qui, par leurs effets, paraissent avoir été fort amples (Tardits 1981:479-481). Ce qui est toutefois constant est que les Tikar vivaient très divisés, se faisant entre eux une guerre continuelle. Aussi leurs villages importants étaient-ils entourés de fossés et remparts dont les ruines subsistent encore. Au XVIIIe siècle, croit-on, ils commencèrent à descendre vers le Sud et l'Ouest, sous la poussée de Tchamba. Par la suite, vint l'invasion des Foulbé (au milieu du XIXe siècle). Celle-ci, au lieu d'inciter les Tikar à une nouvelle migration, comme le firent leurs voisins babouté qui bousculèrent les autres populations, restèrent sur place, et il s'établit entre leurs divers groupements des alliances (Dugast 1949:129-130).

Il convient en outre de préciser que se dire d'origine « tikar » peut simplement signifier qu'on est originaire du pays aujourd'hui nommé tikar, mais peut aussi indiquer une parenté avec le lignage royal d'origine mboum désigné au départ par le sobriquet « tikar ». Pour la présente étude, le terme tikar est pris dans le premier sens. C'est d'ailleurs la littérature de langue anglaise qui nourrit la controverse en entretenant l'amalgame entre l'ethnie tikar proprement dite, qui a pris cet ethnonyme, et les communautés ethniques apparentées, disséminées dans la zone de langue anglaise (*The Tikar tribes*) : Ndop, Mbem-Nsungli, Bum, Bafut, Kom, Fungom et Nso. (Kaberry 1952 ; Price 1979:89-98 ; Chilver et Kaberry 1971 ; McCulloch 1954:11-52). Cet amalgame est tout simplement une aberration ; l'ethnonyme tikar individualise un groupe qui se considère comme tel, parle une même langue bien que réparti dans quatre régions du Cameroun. Si l'on devrait d'ailleurs souscrire à une telle généralisation, elle resterait superflue de ne pas intégrer, côté francophone, les Bamoun, autre groupe d'origine tikar constitué à la même période migratoire et sous la poussée des mêmes événements que les Nso. Le terme Ndop, quant à lui, n'est à proprement parler pas un ethnonyme, mais une localité regroupant plusieurs communautés d'origine tikar aux parlers distincts.

Avec ces Tikar et apparentés, nous entrons dans un nouveau cercle culturel, celui des semi-bantous ou des « bantoïdes ». A l'intérieur de ce cercle, une même civilisation conserve partout ses traits essentiels, avec des nuances multiples

imposées par la physionomie des groupes : organisation politique très hiérarchi-
sée couronnée par un chef puissant, assisté d'un conseil de notables; regroupement des habitants en multiples sociétés. Les variations les plus significatives
sont apportées par l'étendue spatiale de ces unités. Le dynamisme politique,
militaire ou démographique différent, a conduit soit à la constitution d'ensembles importants, c'est le cas des royaumes bamoun, nso ou bali, soit à un morcel-
lement en chefferies de tailles très diverses dont certaines étaient en position
dominante par rapport à leurs voisines, alors que les autres ne pouvaient que se
défendre, avec un succès inégal, contre les prétentions des premières. C'était le
cas général du pays bamiléké et de la plupart des peuples de l'actuelle région du
Nord-Ouest (Champaud 1983:35-36).

Les Tikar de Magba : une minorité dans un royaume (bamoun)

Les Tikar du royaume bamoun sont-ils les « premiers occupants » dudit terroir ?
Quelles sont leurs relations avec les conquérants bamoun ? Disons tout de suite
que les Tikar sont établis depuis fort longtemps dans leur site actuel compris au
Nord et au Sud-Est du fleuve Mvi. Pour expliquer cette répartition ethnique, il
convient d'en donner un aperçu historique. Ce que nous pouvons prétendre
connaître de ce pays nous amène à distinguer deux phases principales : une
première, antérieure à l'invasion bamoun, une deuxième, qui a succédé à l'invasion
de ceux-ci. Avant l'invasion bamoun, la région que nous étudions était déjà occupée
par les Tikar. Selon Dugast, ce fait confirme les traditions recueillies par les
Allemands à propos des Tikar : Bamoun et Tikar ont toujours prétendu être de
même origine et de même sang, quoique vivant dans des domaines séparés.
Tous les villages, au nombre de 22, disséminés entre le Mvi et la Mapé, étaient
tikar, ainsi que quatre autres, dans la vallée du Mbam, entre le Mvi et le Nchi.
A l'arrivée des Bamoun : la plupart des Tikar demeurèrent sur place, sauf deux
villages, Pakara et Papu, qui traversèrent le Mbam (Dugast 1949:124-126 ;
Littlewood 1954:55). En clair, l'installation des Tikar en pays bamoun est bien
antérieure à la constitution de ce royaume, principalement dans l'actuel
arrondissement de Magba, avec une petite fraction dans deux villages de
l'arrondissement de Malantouen : Mara et Mambicham. L'arrondissement de
Magba, qui nous concerne, couvre une partie du groupement Manka et tout le
territoire du groupement Tikar, tous les deux étant des chefferies supérieures
de deuxième degré.

Tableau 1 : Les chefferies de troisième degré de l'arrondissement de Magba

Chefferies bamoun (Groupement Manka)	Chefferies bamoun (Groupement Magba)	Chefferies tikar[2] (Groupement Magba)
Mbakop	Magba 1	Magba 2
Machoutvi	Ngounso	Manda
Forouenguen		Manté le grand
Koula		Manté le petit
		Makoupa le grand
		Mamossafon
		Maloungoure
		Mamokimo
		Mamboko
		Matta
		Massarom
		Maboungam

Source : Enquêtes et compilation de l'auteur.

Une fois que l'on a fait la part de fixation des Tikar en pays bamoun, il y a lieu de se s'interroger sur les rapports mutuels et les relations de pouvoir entre Bamoun et Tikar.

Contrairement à l'étude de cas précédente tirée de l'aire bamiléké dominée par les chefferies, où il est apparu clairement que les Mbo de Santchou sont circonscrits dans un territoire propre et structurés en un groupement soumis à une autorité mbo et non bamiléké, le département du Noun, dont fait partie l'arrondissement de Magba, est un royaume, c'est-à-dire une structure fortement centralisée, dominée par une autorité unique, le sultan-roi des Bamoun, qui exerce sur son peuple un pouvoir que certains qualifient de « quasi divin ». Jusqu'à la colonisation, les relations Bamoun-Tikar étaient empreintes de cordialité, de respect mutuel, d'entraide et d'assistance mutuelle, nourries qu'elles étaient par un parfum de famille. Lors de l'invasion peul par exemple, et plus particulièrement du siège de Ngambe par le *lamido* (chef peul) de Tibati, dans un camp militaire appelé Sanserni, qui dura sept ans, les Bamoun furent les alliés fidèles et permanents des Tikar dans leur résistance héroïque (voir Dugast 1949:129-130). Le fait colonial, avec ses nouvelles valeurs et ressources : chefferies supérieures de groupements, unités administratives, mairies, administrations publiques, etc., ce que Jean-Pierre Warnier appelle « les ressources de l'extraversion comme voie d'accès privilégiée du pouvoir » (Warnier 1993:210), va à jamais assombrir ces relations, en suscitant entre ces communautés une concurrence pour le contrôle desdites ressources, voire des nouvelles allégeances politiques. Ce conflit s'est davantage exacerbé aujourd'hui avec le retour au multipartisme. Aussi, dans tous leurs discours, les Tikar affichent-ils une rhétorique de frustrations et de victimisation, la lutte hégémonique se jouant à l'avantage des Bamoun.

S'agissant des récriminations à l'égard des Bamoun, les chefs traditionnels tikar, dans leurs « doléances adressées au gouverneur de la province de l'Ouest en tournée de prise de contact et de relance des activités économiques, sociales et culturelles à Magba le 20 mars 2007 », en ont dressé la liste :

Situation historique

Magba, groupement tikar, fut dirigé de 1945 à 1958 par un chef supérieur tikar nommé NGNAGOUOAP (de Manté). Après sa mort en 1958, le sultan Bamoun, en sa qualité du seul chef supérieur du premier degré dans l'ancien département bamoun, installe son frère El Hadj Pokassa comme chef supérieur du groupement tikar, qui deviendra par la suite président de la Section communale de Magba. Ce dernier fait 17 ans de règne et meurt en 1975. C'est alors que les chefs tikar se réunissent et choisissent parmi eux un autre chef supérieur de deuxième degré d'ethnie tikar, en riposte au fait que sur les 18 chefferies de deuxième degré de l'ancien département banoun, 17 chefs étaient bamoun.

-    Une consultation en vue de la désignation du chef supérieur du groupement Magba tikar a eu lieu le 8 juin au foyer culturel de Magba.

-    Cette consultation s'est déroulée sous la présence du préfet du Noun de l'époque, Monsieur NDzomo Constantin, et avait rassemblé sa Majesté le sultan des Bamoun, les responsables politiques et ceux de force de maintien de l'ordre et une majorité des populations.

-    Et au terme de cette consultation, Monsieur Mfonda Ntoh Adamou a été plébiscité nouveau chef supérieur de Magba tikar.

Ce choix d'un chef supérieur tikar, à en croire les signataires de la même lettre, suscita un vaste mécontentement chez les Bamoun qui ne voulaient pas l'entendre de cette oreille. « C'est là le début d'une haine qui s'installe entre les Tikar et les Bamoun ». Ces derniers, majoritaires dans le département, occupent de surcroît la quasi-totalité des postes de responsabilité. Nous en voulons pour preuve qu'aucun agent communal d'ethnie tikar n'exerce dans aucune commune de Foumban ou ailleurs, fût-il planton. Sur le plan socio-politique, avec l'instauration du multipartisme, ces manœuvres vont renaître. C'est ainsi que l'UDC, à dominante bamoun, s'est illustrée à Magba par des actes d'atrocités contre les Tikar. « Nous en voulons pour preuve l'application des villes-mortes de 1991 qui ne visaient que les commerçants tikar et épargnaient les autres ». Depuis de longues dates, l'homme bamoun s'est toujours comporté comme le seul habitant du département. « Cette attitude a pour origine l'ancienne appellation du département Bamoun qui jusqu'aujourd'hui fait croire à certains qu'ils sont la seule entité ethnique reconnue dans le département du Noun ».

Monsieur le Gouverneur, nous vous prions de soutenir nos vœux ardents qui suivent :

1.   La désignation d'un sénateur Tikar parmi les trois qui seront nommés dans la province de l'ouest.

2.   Qu'on érige l'arrondissement de Magba en département de la Mapé.

3.   La désignation du 8 juin 1984 n'ayant pas été homologuée jusqu'à ce jour, nous demandons l'organisation de nouvelles consultations pour mettre fin définitivement à cette vacance qui n'a que trop duré.

Dans le département du Noun, la minorité Tikar de Magba reste attachée à la politique du renouveau que prône son Excellence Paul Biya, Président de la République et Président national du RDPC.

A cette liste de récriminations il convient d'ajouter la forte immigration récente des pêcheurs nordistes autour du barrage de la Mapé qui, aujourd'hui, a perturbé les équations démographiques et les équilibres sociologiques de la localité, au détriment des Tikar devenus encore plus minoritaires dans leur terroir.

De la tutelle pesante de la royauté bamoun

Au XVIe siècle vraisemblablement, se produit un événement majeur: à la suite d'une dispute de trône, le prince tikar Nchare Yen quitte Bankim avec une armée de partisans, conquiert ou rallie des populations trouvées sur place et fonde un petit royaume qui a pour capitale l'actuelle ville de Foumban, s'étendant tout autour du chef-lieu dans un rayon variant de 20 à 30 km et occupant une surface approximative de 400 km2. Pendant environ deux cents ans, neuf souverains se succèdent à la tête du pays dont la situation territoriale ne change pas. Dans la première moitié du XIXe siècle, les Bamoun, sous le règne de Mbouombouo, repoussent les Peul venus de l'Adamaoua ; contre les Bamiléké, ils guerroient et portent leurs frontières au Noun et au Mbam, absorbant un effectif de population plus élevé que le leur. Le royaume s'étendit ainsi, atteignant la taille qu'il conservera dans toute la suite de son histoire. Les Bamoun réussirent donc à constituer un royaume, mais ce passage se fit dans la violence. Or une grande partie de la population n'accepta pas cette domination brutale et préféra émigrer, ce qui provoqua un vide démographique encore visible aujourd'hui. Les chefs conquis le furent dans une telle situation d'inégalité qu'ils perdirent la plupart de leurs fonctions et ne purent maintenir un minimum d'autonomie. Ils furent ravalés au rang de simples notables (Tardits 1973:39, 1992:674 ; Dubié 1957:338 ; Champaud 1972:327).

Ce système manifeste ainsi une grande originalité par rapport à ses homologues bamiléké et bamenda dominés par les chefferies (Warnier 1993:202-203). En fait, les chefs conquérants bamoun ont su acquérir et utiliser un pouvoir mystique et, à la faveur de ce pouvoir, ils ont pu appliquer une habile politique d'unification. Le respect dû au chef sacré était nécessaire pour faire admettre la politique audacieuse exigée par la fusion en un seul peuple de nombreuses fractions subjuguées par Nchare Yen et ses successeurs. Le problème était double : il fallait assimiler les peuples conquis, mais en même temps organiser une vie politique suffisamment active et centralisée pour éviter que des morcellements ou des sécessions ne remettent en question à chaque génération les résultats acquis. Mais il ne suffisait pas de conquérir une vaste région et d'en faire un tout cohérent. Il fallait encore lui donner une organisation intérieure assez solide pour résister aux tendances décentralisatrices. La recherche d'un pouvoir absolu et centralisé semble avoir été une préoccupation des rois (Binet 1957:400-409).

Devant leur politique d'unification, les souverains bamoun n'ont pas cru combattre ou assimiler les Tikar, pour des raisons liées à leurs origines communes sûrement. S'il y eut eu antagonisme entre les deux groupes, les Tikar auraient soit émigré, soit se seraient soumis, abandonnant leur parler originel comme tous les autres communautés, et ne constitueraient pas aujourd'hui une minorité ethnique du département du Noun. Mais malgré ce contrat historique de bonne intelligence entre la royauté bamoun et les Tikar, ces derniers restent sous la juridiction des souverains bamoun, gage de l'intégrité et de la souveraineté du royaume. La paix coloniale qui va fixer et délimiter les frontières des groupes ethniques va avaliser ces arrangements politico-institutionnels. Cet édifice sera toutefois ébranlé et bouleversé par les Français sous le règne du sultan Njoya quand en 1923, ceux-ci détrônent le roi et érigent le royaume bamoun en douze chefferies supérieures de groupement. A leurs têtes, sont mis un Tikar à Magba dans le groupement Magba, et 11 Bamoun, conseillers du royaume, frères du roi, grands serviteurs, appelés chefs de « région », de véritables agents de l'administration. A la mort de Njoya en 1933, une question se posa : la royauté devait-elle être maintenue ? Les Bamoun furent discrètement consultés et répondirent par l'affirmative. L'administration se rangea à l'idée qu'un « roi » qui ne représenterait plus qu'une autorité morale pourrait faciliter sa politique. Néanmoins, par l'exemplarité de ses démarches, son successeur Njimoluh Seidou accédera aux hiérarchies instituées dans l'Etat moderne. Nous avons montré clairement comment, sous Njimoluh, une coalition hégémonique liera la royauté bamoun au pouvoir central, attestée par la concentration et la convergence de l'essentiel des ressources politiques, économiques, sociales et culturelles du royaume bamoun en faveur du palais de Foumban (Mouiche 2005:chap. 6).

Ce monopole de la scène politique locale par la royauté bamoun plonge ses racines dans la période coloniale ; elle va s'aggraver sous les régimes des présidents Ahidjo et Biya dans une sainte alliance conservatrice. Et au regard de ce patrimoine relationnel, le sultan Seidou faisait figure de cacique sur l'échiquier politique local bamoun, c'est-à-dire un leader qui contrôle la quasi-totalité des ressources politiques, économiques et sociales d'une zone géographique donnée et qui est implicitement reconnu comme tel par les leaders extérieurs à sa zone. Ainsi attend-on de lui qu'il mobilise les populations pour les cérémonies officielles, qu'il maintienne l'ordre dans sa localité, qu'il évite des scandales et les agitations pouvant inquiéter le pouvoir central, qu'il véhicule la propagande du régime et canalise le vote des populations (Fogui 1990). André Ayissi Eyebe concluait à une sorte d'« Etat dans l'Etat » dans son rapport de stage de l'ENAM (1980:11) ; réalité par laquelle il caractérisait l'existence de celui qu'on appelait le « roi des Bamoun », dans la mesure où son ombre planait sur tout le département du Noun et il pesait d'un poids déterminant dans la conduite de ce département. C'est aussi dans ce même registre que Roger-Gabriel Nlep (1986:242) estime que « pendant longtemps, le département Bamoun, devenu en 1981 département du Noun, a caractérisé un exemple assez significatif du rejet du commandement extérieur ». Car, poursuit-il, « malgré la nomination d'un préfet à la tête dudit département, celui-ci est demeuré sous le commandement direct du sultan et le préfet n'a souvent été qu'un interlocuteur entre le roi des Bamoun et la haute hiérarchie administrative ».

Le royaume bamoun étant un « Etat dans l'Etat », l'impératif de l'intégrité territoriale dudit royaume n'étant pas négociable, dans la perspective des relations interethniques, quelle sera la politique du sultan Seidou vis-à-vis des Tikar dont la singularité linguistique et culturelle pourrait déboucher sur des tendances dysfonctionnelles, centrifuges et subversives de l'ordre traditionnel bamoun, si celle-ci n'est pas contenue ? Le Cameroun étant un Etat souverain et indépendant, avec comme credo l'unité et l'intégration nationales, comment le sultan Seidou va-t-il assurer cette intégrité territoriale du royaume sans susciter des ressentiments parmi les Tikar et s'aliéner le pouvoir central ? Fin tacticien, notre monarque va user de plusieurs stratagèmes machiavéliques pour mettre aux pas les Tikar : premièrement, il envoie son frère Adamou Pokassa, cumulativement avec ses fonctions d'adjoint au roi, résider comme véritable proconsul bamoun à Magba ; sous la diligence du roi, ce dernier organise une colonisation agricole bamoun, bamiléké mais aussi bamenda, dans la région. Selon Jacques Champaud, « celle-ci visait à grossir la population dont Pokassa avait reçu la charge et à développer son canton (Champaud 1983:134-135) ». Magba a continué ainsi à recevoir des colons. L'arrondissement a vu en effet sa population passer de 7390 en 1967 à 15 554 en 1976, soit une croissance moyenne annuelle de plus de 8,6 pour cent, très supérieure aux 3,2 pour cent qu'a connus durant cette période l'ensemble de l'arrondissement de Foumban (Champaud 1983:145).

Pour établir sa suzeraineté sur les Tikar, Pokassa crée dans cette ville une chefferie bamoun, Magba 1, dont il prend la tête. Cette création est tout un symbole, Magba 1 étant assis sur le ressort territorial de la chefferie tikar Magba (depuis lors Magba 2). Par ce statut de chef de village, Adamou Pokassa renforce sa position en accédant au fauteuil de maire de la commune-chefferie de Magba nouvellement créée. Nous sommes en 1955.[3] Le deuxième jalon a trait à la récupération par la royauté bamoun de la direction du groupement Magba créé en 1923, lors de la crise entre le sultan Njoya et l'administration française, mais dirigé par un chef tikar. La position de chef de village assure à Adamou Pokassa l'éligibilité aux fonctions de chef dudit groupement, à l'instar des chefs tikar. C'est donc sans surprise qu'à la mort de Fonté, le chef du village Manté et chef supérieur du groupement Magbar, ce pas est franchi en 1958 avec l'élection de Pokassa Adamou comme chef supérieur, en remplacement de Fonté. A en croire nos informateurs tikar lors d'un *focus group*,

> Fonté avait en fait été démis de ses fonctions pour exactions contre ses sujets tikar. Il faut se souvenir qu'il y a une grande affinité entre Bamoun et Tikar. Le sultanat, pour parvenir à ses fins inavouées, avait poussé le chef Manté à la faute, en le faisant malmener ses sujets qu'il passait à tabac, y compris certains chefs. A la suite de ces exactions, le sultan suggéra d'envoyer son frère Pokassa aux Tikar comme chef de groupement.

Depuis lors, tous les chefs supérieurs du royaume sont des Bamoun. Et comme le relevait André Ayissi Eyebe, les chefs supérieurs gardent les liens de vassalité envers le sultan ; ils sont à titre personnel recensés au palais, ils paient leurs impôts à la commune urbaine de Foumban dont le sultan est maire. Et l'on ne saurait négliger le fait que la plupart de ces chefs tirent de l'exploitation de leurs terres, de leur élevage... des revenus substantiels. Il y aurait dans la modification du *statu quo* un manque à gagner certain pour le budget communal du sultan-maire de Foumban (Eyebe Ayissi 1980:11).

Décédé en 1992, le sultan Seidou a comme successeur sa Majesté Ibrahim Mbombo Njoya, un roi toujours omnipotent à cause de ses ressources locales et centrales (ancien ministre proche du président Biya, apparatchik et membre du Bureau politique du RDPC, etc.) (Mouiche 2005:chap. 6). Surtout, la ligne politique d'Ibrahim Mbombo Njoya reste celle de ses ancêtres, c'est-à-dire la préservation de l'intégrité territoriale du royaume bamoun. C'est donc logiquement qu'en fin stratège il s'est investi depuis son accession au trône pour persuader Vessah Tiani Olivier, fils et successeur de feu Pokassa Adamou, homme d'affaires résidant dans le littoral, d'amorcer un retour à Magba, pour en susciter à terme un crédit social convertible en cas d'élections, en dividendes politiques. En 2002, cette stratégie bien huilée a porté des fruits en assurant l'élection de Vessah Tiani Olivier comme maire de Magba, sous la bannière du RDPC. Cet exploit a été réédité en 2007. Reste un autre caillou dans la chaussure du sultan des Bamoun: la chefferie supérieure Magba, toujours vacante depuis la mort de Pokassa Adamou en 1975.

Des luttes entre Tikar et Bamoun pour le contrôle de la chefferie supérieure Magba

Selon André Eyébe Ayissi, l'appui du sultan (Seidou) à un candidat au poste de chef de groupement s'est jusqu'ici avéré déterminant pour la succession de celui-ci à un chef défunt. Or « il s'est trouvé des cas où le successeur pressenti ou retenu par le sultan au sein de la famille du chef défunt (ou même plus largement au sein de la famille royale) n'a pas réuni l'assentiment et le soutien des populations concernées ; et il n'a pas été intronisé ». « L'insistance du sultan dans ce contexte aurait pu entraîner des manifestations susceptibles de porter des troubles graves à l'ordre public ». C'est le cas du groupement Magba-Tikar, « où les populations en majorité tikar se sont opposées à la désignation du fils du défunt comme successeur de son père dans les fonctions de chef de deuxième degré. Ils réclament pour cette succession le choix d'une personne prise parmi les leurs et qui exercent le commandement traditionnel de longue date. La vacance de ce poste s'y poursuit encore depuis 1975 » (Eyebe Ayissi 1980:11).

Ce que l'on sait des entretiens que nous avons menés à Magba, c'est qu'en 1924, lorsque l'administration coloniale française dépose le roi Njoya et balkanise le royaume bamoun en 12 chefferies supérieures, on en créée une tikar, le groupement Magba (avec 12 villages dont 2 bamoun), confié à un chef tikar, le chef Fonté de la chefferie Manté. De sources concordantes, ce dernier s'était révélé décevant aux yeux de ses frères tikar ; c'était un potentat cupide et avide de pouvoir qui ne rechignait pas à administrer des bastonnades à ses sujets, y compris des chefs de village. En plus, à l'époque existaient des rivalités et luttes hégémoniques entre les chefs tikar qui ne voyaient pas d'un bon œil qu'un de leurs pairs eût été promu au rang de chef supérieur. Aussi, quand Fonté meurt en 1954, les Tikar sollicitent-ils l'arbitrage du sultan bamoun Njimoluh Seidou en exprimant le vœu que le nouveau chef supérieur ne soit pas un ressortissant de leur communauté, mais un Bamoun. Ce qui fut fait avec la nomination de Nji Pokassa Adamou en 1958, cumulativement avec ses fonctions d'adjoint au sultan. A son tour, Nji Pokassa meurt en 1975. Or les contextes ont changé : les Tikar s'estiment de plus en plus voués aux gémonies par les Bamoun ; mieux, ils font valoir que la nomination d'un chef supérieur bamoun n'avait été pour eux qu'un pis-aller, en attendant de trouver un consensus au sein de leur communauté, qu'il faut revenir au *statu quo ante*. Mais pour le roi des Bamoun, il fallait à jamais sauvegarder l'unité du royaume qui passait par la nomination d'un chef supérieur bamoun.

Entre 1975-1984, les chefs tikar ont pris conscience de la mesure des enjeux et de l'erreur commise en 1958. Ils se réunissent à Mamboko et décident de reprendre les choses en main. Reste une équation à résoudre : à qui remettre les rênes du groupement ? Au successeur de Fonté comme dans le passé ? L'on ne s'accorde pas sur son nom parce qu'il est malade. L'on propose le chef de Mamboko mais ce dernier décline l'offre au motif qu'il est déjà très âgé. Le chef-lieu de l'unité administrative et du groupement étant Magba, les partici-pants orientent leur choix sur le chef de Magba 2 ; une fois de plus, Fongba se rétracte au motif qu'il ne peut trahir son amitié avec le sultan Seidou. Reste une tête brûlée en la personne de Fonda, le chef de Manda. Ce dernier prend son courage et accepte d'assumer, si on lui accorde la confiance, cette charge de chef de groupement. Dès ce moment, il ouvre une fronde contre le sultan Seidou. 1981, un décret présidentiel vient en ajouter à cette défiance envers le sultan, en consacrant formellement la chefferie supérieure Magba comme grou-pement Magba-Tikar. Voyant ainsi le tournant des événements en sa défaveur, le sultan Seidou a voulu introniser quelqu'un qui lui était docile. Aussi, accordera-t-il sa préférence au chef Fongba. Fonda s'y oppose et déclare sa candidature. Constatant que son poulain Fongba n'était pas à même de l'emporter, le sultan va susciter une troisième candidature tikar, celle du chef de Mamboungam, à l'effet de fragiliser le chef de Manda.

Le vote a lieu le 4 juin 1984, sous la diligence du préfet du Noun. Au départ, le collège électoral est formé de 14 votants : 12 chefs tikar et deux chefs bamoun ; mais au moment du vote, le sultan va enjoindre aux deux chefs bamoun de se retirer pour laisser les Tikar choisir leurs chefs parce que, dit-il, il s'agit « d'une affaire Tikar-Tikar ». A l'issue de la consultation, Fonda sort victorieux par six voix contre cinq pour Fongba et un pour le chef de Mambougam. Si le sultan n'avait pas commis l'erreur d'exclure du jeu électoral les deux chefs bamoun, il leur aurait donné des consignes de vote, et ceux-ci auraient fait infléchir l'issue du scrutin en faveur de Fongba, son poulain. Les lendemains de cette élection n'ont cependant pas été promoteurs pour les Tikar, nonobstant la victoire d'un membre de leur communauté, parce que l'acte du ministre de l'administration territoriale qui devait entériner ce choix et consacrer juridiquement la nomination de Fonda comme chef supérieur du groupement Tikar n'a jamais été prononcé : un blocage certainement ourdi par le palais de Foumban. Aussi la vacance continue-t-elle jusqu'aujourd'hui. Cette élection avait d'ailleurs brouillé les rapports entre le préfet et le roi des Bamoun. L'administration se trouvait ainsi coincée entre deux forces aux positions diamétralement opposées : le marteau du sultan et l'enclume des Tikar. En plus, le vaincu de cette consultation, le chef Fongba, jusqu'à sa mort, contestait le leadership du chef Fonda au motif que ce dernier réside en zone rurale et ne saurait prétendre assumer les responsabilités de chef supérieur à Magba, ville située dans le ressort territorial des chefferies Magba 1 et 2. A un moment, le sultan avait voulu que le ministère de l'administration territoriale annule ces élections en poussant Fongba à initier une lettre de protestation ; cela fut vain, puisqu' une annulation n'aurait été possible qu'au cas où il y aurait eu irrégularité. « Le silence observé par le ministère sur la suite à donner à cette consultation nous frustre en permanence. Il faudrait tout simplement procéder à de nouvelles consultations. Toutefois, il y a un accord de principe parmi nous que ce poste devra revenir à un chef tikar », ressassent à l'envi les Tikar. Ce qui est envisagé à présent est la division du groupement Magba en deux, un Tikar et un Bamoun.

Une forte immigration de pêche récente perturbatrice des équilibres sociologiques

Le lac de retenue de la Mapé, conçu en 1982, a été mis en eau à partir de juillet 1987. Ce barrage a été construit sur le cours inférieur de la Mapé, où la côte de l'eau, à l'étiage, était 690 m. Le niveau maximal du lac de retenue est de 715 m. En fait, il ne sera atteint que quelques semaines par an (Hurault 1989:27-41).

Cette retenue est l'un des vastes barrages qui alimentent le barrage hydraulique d'Edéa en temps de besoin, en faisant remonter, en saison sèche, le niveau de la basse Sanaga, où se trouvent les installations hydro-électriques. Elle couvre près de 550 km² et s'étend sur trois régions du Cameroun : l'Adamaoua, qui comporte la plus grande partie de la réserve, mais entièrement localisée dans l'arrondissement de Bankim ; l'Ouest, plus précisément l'arrondissement de Magba, dans le département du Noun, avec une superficie de la réserve moins importante que la première, mais qui a comme atout de posséder l'un des plus grands marchés de poissons de la région (Matta-barrage) ; enfin, la région du Nord-Ouest, avec une infime partie du barrage alimentée uniquement en saison des pluies.

Le barrage a actuellement une capacité de 3,3 millions de m³ d'eau, avec l'inondation des terres et villages des autochtones, déguerpissement, puis indemnisation. Son existence a attiré des communautés d'origines diverses venues soit pour pratiquer l'agriculture, l'élevage, mais surtout les pêcheurs venant des autres plans d'eau du Cameroun : Lagdo, Bakaou, Bamendjin. Par ordre, on a assisté à une arrivée massive, en 1987, des Mousgoum, puis des Arabes Choa, populations originaires de l'Extrême-Nord du Cameroun ; des Maliens en 1988, des Nigérians provenant de Bamendjin et Tibati en 1989. D'autres communautés se sont installées par la suite, ce qui donne près d'une vingtaine d'ethnies à la Mapé aujourd'hui. Des campements de pêche naissent en désordre et il n'y a pas de véritables chefs locaux plus près des bords, l'inondation ayant repoussé les villages des autochtones à près de 10 km de la retenue. Ces communautés se côtoient sans vraiment se connaître, transférant parfois à la Mapé les vieux litiges ethniques provenant du voisinage de leurs villages d'origine. Les campements de pêche (128 dénombrés) s'organisent autour des groupes ethniques avec des normes relevant du référent identitaire (ethnie d'origine, village d'origine), sans intégration des normes administratives.

Cette mosaïque, la pluralité et la diversité des intérêts, des représentations divergentes de la gestion des espaces et les multiples incompréhensions qu'elles suscitent, ébranlent la cohésion sociale. Elles créent ensuite des tensions et conflits permanents entre ethnies autochtones et les allogènes, d'une part, et, d'autre part, entre membres des communautés ethniques nordistes ayant de vieux antécédents (Arabes, Mousgoum et Kotoko), entre éleveurs et agriculteurs, entre pêcheurs de types de pêche différents (les Nigérians pratiquent une pêche qui est contestée par tous les autres, etc.). Plusieurs de ces situations conflictuelles ont débouché sur des accidents et des affrontements interethniques entraînant parfois des morts d'hommes. Les réglementations coutumières et étatiques d'accès et de partage des ressources, de contrôle des espaces halieutiques, des terres cultivables et de pâturage ne sont pas respectées.

Face à cette situation, il devenait pressant et préoccupant de trouver des voies et moyens pour une gestion durable des conflits de la Mapé, à en croire patrice Bigombe Logo. Saisi par l'Unité de Coordination Nationale (UCN) du Cameroun, le Programme pour des Moyens d'Existence Durables dans la Pêche (PMEDP) a effectué une mission conjointe en juin 2000, avec pour but de déterminer les actions à mener avec les communautés de pêche de cette retenue. A l'issue de la mission, il s'est dégagé que l'UCN et la Direction des pêches se doivent d'orienter leurs interventions au niveau de la Mapé vers l'élaboration d'un plan d'aménagement afin d'aider les parties prenantes à s'organiser et à mettre en place un processus de co-gestion du plan d'eau.

Les études et missions effectuées sur le site en novembre 2000 (enquête-cadre et étude socio-économique), en mars 2001 (diagnostic participatif et atelier de formation pour l'analyse des moyens d'existence durables) et en octobre 2001, ont fourni des éléments pour identifier et cadrer les interventions autour de la retenue, avec les acquis portant essentiellement sur :

-    l'existence de plus de 4 000 pêcheurs répartis dans 128 campements autour de la retenue, tous commandés par un *Djaorah* (notable chez les Nordistes) quasi indépendant des chefs locaux;

-    l'existence de plus d'une vingtaine d'ethnies (Mousgoum, Arabe Choa, Kotoko, Bamoun, Tikar, Bayou, etc.);

-    l'existence d'une vingtaine de chefferies traditionnelles se réclamant toutes propriétaires du plan d'eau bien que n'ayant aucun contrôle sur lui ;

-    l'utilisation d'une multitude d'engins de pêche associés à des pratiques parfois illicites ;

-    stratégie de moyens d'existence basée sur la surexploitation des ressources ;

-    l'existence de 63 pour cent de pêcheurs/agriculteurs et de 28 pour cent de pêcheurs/éleveurs.

C'est donc une situation marquée par le pluralisme, c'est-à-dire un ensemble de situations où plusieurs groupes sociaux coexistent et sont rendus interdépendants par l'existence d'un système institutionnel et juridique commun: pluralisme des acteurs, pluralisme des registres juridiques communautaires, pluralisme de représentations et de titres sur les espaces halieutiques et les terres environnantes, pluralisme d'intérêts et de logiques d'action. Tout ceci pose aux Tikar de nouveaux défis, au nombre desquels le poids électoral et les droits politiques de ces nouveaux allogènes, dans l'exercice de leurs capacités citoyennes, tant ceux-ci sont susceptibles de favoriser ou de protéger leurs intérêts économiques. La question est simple : peut-on concilier citoyenneté et allochtonie dans l'espace public villageois ? Ce qui est sûr, les indices de l'émergence des citoyens allogènes (Bamiléké, Anglophones et pêcheurs venus de la partie septentrionale du pays) et l'aménagement d'un espace pour la politique locale sont décelables dans les luttes pour les postes politiques à Magba.

Les acquis et pertes de l'influence politique tikar

En partant de notre déterminant principal de la participation politique des minorités ethniques qui reste le contrôle de l'exécutif communal, il convient de rappeler que c'est en 1977 qu'a été créée la commune rurale de Magba. Avant cette date, Magba faisait partie intégrante de l'ex-commune rurale de Foumban (anciennement commune de moyen exercice jusqu'à l'harmonisation communale de 1974). Dans cette mairie rurale de Foumban, Magba était représenté par Nji Pokassa Adamou alors chef supérieur du groupement Magba et adjoint au sultan-roi des Bamoun. Ce dernier a, par ailleurs, été maire de la « commune-chefferie » de Magba de 1955 à la disparition de ladite collectivité territoriale, à la veille de l'indépendance en 1959. La mort de Nji Pokassa Adamou, en 1975 et la création de la mairie de Magba en 1977 vont sonner le glas de l'hégémonie bamoun et ouvrir la voie à l'émergence politique des Tikar. Aussi, jusqu'à récemment, Tikar et Bamoun se partageaient-ils de manière exclusive mais inégale les trois charges de l'exécutif communal de cette ville : aux Tikar, deux postes : celui de maire et de premier adjoint ; aux Bamoun, le fauteuil de deuxième adjoint. La seule exception vient de la période de 1977 à 1985 où ce sont les autorités administratives (sous-préfets ou chefs de districts) qui étaient des magistrats municipaux.

Tableau 2 : Distribution ethnique des postes de l'exécutif municipal
de Magba sous le parti unique

Législature communale	Maire ou administrateur municipal	Adjoints au maire	Origine ethnique des adjoints au maire
1977-1985	Sous-préfets/administrateurs municipaux	- Yaka Simon, A1	- Tikar
		- Njipugueu Tawat Mama, A2	- Bamoun
1985-1987	Yaka Simon	- Fonte Nkouo Benjamin, A1	- Tikar
		- Njipugueu Tawat Mama, A2	- Bamoun
1987-1988	Yaka Simon	- Mbouen Pierre, A1	- Tikar
		- Njikam Amidou, A2	- Bamoun
1988-1991	Bouekimi Christophe	- Mbouen Pierre, A1	- Tikar
		- Njikam Amidou, A2	- Bamoun
1991-1995	Bouekimi Christophe	- Mbouen Appolinaire, A1	- Tikar
		-Njikam Amidou, A2	- Bamoun
1995-1996	Mboueng Appolinaire	- Fonte Nkouo Benjamin, A1	- Tikar
		- Njikam Amidou, A2	- Bamoun

Source : Archives de la Mairie de Magba et compilation de l'auteur.

Seulement, nous a prévenus Blalock (1967), la présence relativement importante des minoritaires au sein des structures décisionnelles peut être perçue comme une menace pour les majoritaires. Cela entraîne du coup un accroissement du conflit. L'apparition de ce type de relation fondé sur la menace potentielle que provoque la présence de minoritaires au sein des sphères décisionnelles entraînerait une fermeture de la part des majoritaires et un affaiblissement du pouvoir des minoritaires. Dans le cas de Magba, depuis le retour au multipartisme au Cameroun, et quelle que soit la majorité qui gère la mairie (l'UDC entre 1996-2002 et depuis 2002, le parti au pouvoir, le RDPC), le poste de maire a glissé bruyamment entre les mains des Bamoun, le groupe dominant, contrôlant déjà les huit autres mairies du Noun. Les Bamoun ayant abandonné le poste secondaire de deuxième adjoint dont ils avaient le monopole, l'on se serait attendu qu'en retour, les Tikar s'en adjugent en compensation celui de premier adjoint. C'est ignorer l'irruption sur la scène politique locale d'un troisième larron constitué des groupes ethniques cette fois-ci allogènes : les Bamiléké, les Anglophones et les Nordistes. Ces derniers, forts de leur incontournable poids démographique et donc politique, sont passés maîtres pour le contrôle du poste de deuxième adjoint. Reste aujourd'hui aux Tikar leur éternel poste de premier adjoint. Certes, ainsi que nous l'avons vu dans le cas des Mbo de Santchou, être autochtone permet d'avoir accès à un réseau de relations relativement durable et de disposer d'une légitimité. La densité de ce réseau et la grandeur de cette légitimité sont fonction du degré d'autochtonie et des autres capitaux détenus par un agent ou un groupe. Cependant, il ne suffit pas de valoriser son ancrage dans une localité pour que toutes les portes s'ouvrent, les circonstances peuvent pondérer l'effet de l'appartenance et bénéficier au plus grand possesseur de capitaux (sociaux, économiques ou symboliques) même s'il n'est pas identifié comme autochtone (Hilgers 2001).

Tableau 3 : Répartition ethnique des postes de l'exécutif municipal de Magba depuis 1996

Législature municipale	Maires et apparen-tement politiques	Adjoints au maire	Origine ethnique des adjoints au maire
1996-2002	Limfop Illiassou **UDC**	- Limi Adamou, A1 - Fotso Ernest, A2	- Tikar - Bamiléké
2002-2007	Vessah Tiani Olivier **RDPC**	- Nkoumnjie Lazare, A1 - Ngoni Hassan, A2	- Tikar - Arabe Choa
2007-2012	Vessah Tiani Olivier **RDPC**	- Mbouenyie Benjamin, A1 - Mme Ngalim Adama, A2	- Tikar - Banso (Anglophone)

Source: Enquêtes et compilation de l'auteur.

Même au sein du conseil municipal, les Tikar ont perdu l'initiative en laissant des plumes. Sous le parti unique, ils constituaient la moitié des conseillers, sur la base d'une clé de répartition qui était la suivante : 10 Tikar, 8 Bamoun et 2 Bamiléké (Voir tableaux 4 et 5 ci-dessous). Depuis le retour au multipartisme, ils sont devenus minoritaires au sein d'un conseil qui compte maintenant 25 membres (cf. Tableau 6). Les Tikar semblent même fortement représentés, avec neuf membres dans ce conseil de 2007 à 2012 parce que totalement contrôlé par le RDPC ; car, ainsi que nous le verrons dans la troisième section de ce chapitre, dans l'assimilation structurelle des groupes ethniques de l'arrondissement de Magba par les partis politiques, seule la liste RDPC affiche une posture assez équilibrée. Dans les rangs des entreprises politiques de l'opposition, ils sont généralement réduits à une potion congrue. Cette attitude de l'opposition procède, il est vrai, de leur méfiance à l'égard des Tikar qui ont opté pour une stratégie de jeu non variable dans le marché politique local, en se constituant en un monolithe quasi acquis au RDPC, à l'image des Mbo de Santchou. Ils seraient donc davantage sous-représentés logiquement si l'opposition venait à remporter les municipales à Magba.

Pourtant, toutes les sociétés multiethniques du monde doivent s'efforcer d'assurer la représentation et la participation de tous les groupes de population. Cela est particulièrement difficile dans les pays où un groupe a traditionnellement dominé ou bien dans lesquels d'autres ont été exclus des affaires publiques en raison de leur ethnie ou de leur religion. Il n'est pas indispensable que les minorités soient représentées par leur propre parti politique tant qu'elles jouissent de droits égaux, que leurs intérêts et leurs besoins soient pris en considération et qu'elles puissent s'intégrer dans les grands partis politiques. En fait, un système politique dans lequel des partis ou des hommes politiques sont explicitement affiliés à des groupes ethniques, religieux ou culturels a généralement pour effet de diviser la société et d'exacerber les clivages sociaux en marginalisant ou en excluant certaines communautés au profit d'autres. Malheureusement, telle est la politique du parti unique dont ont hérité beaucoup de pays africains. Si la plupart des pays en voie de démocratisation ont adopté des lois qui encouragent la formation de partis politiques à larges assises, l'affiliation politique et la manière de voter sont encore dans bien des cas influencées par l'appartenance à un groupe ou à un autre.

Tableau 4 : Distribution ethnique du conseil municipal de Magba de 1977 à 1982

Tikar	Bamoun	Bamiléké
Ngbe Moussa Isidore	Tawat Njipugeu Mama	Emtcheu André
Mbouen Pierre	Fochivé Nicodème	Simon Louis
Gnegue Daniel Mohaman	Nkouombe Njipekekue Alima	
Mbouanwang Philippe	Yamfah Zakari	
Mfain Thomas	Mbebon Amadou	
Nywe Benjamin	El Hadj Pempeme Ousmanou	
Njissale Edouard	Nfenjou André	
Mfonda Ntoh Adamou	Nsangou Vait Adamou	
Thowe Louis Marcel		
Yaka Simon		

Source : Délibération n° 04/D/CR/Mab du 3 décembre 1979 portant création d'un syndicat des communes dans le département Bamoun à Foumban. Archives communales de Magba.

Tableau 5 : Distribution ethnique du conseil municipal de Magba de 1987 à 1996

Tikar	Bamoun	Bamiléké
Bouekimi Christophe	Tawat Njipugeu Mama	Mvengong Pascal
Mbouen Pierre	Nfenjou André	Same Joseph
Mfonda Ntoh Adamou	Njandoum Issiaka	
Thowe Louis Marcel	Nkouombe Njipekekue Alima	
Mfogba Mama	Njianga Aliyou	
Lami Joseph	El Hadj Pempeme Ousmanou	
Ngnimi André	Njikam Amidou	
Mfonté Nkouo Benjamin	Nfonzié Inoussa	
Mbouanwang Philippe		
Mboueng Appolinaire		

Source : Extrait du registre des délibérations du Conseil municipal, séance du 13 février 1989. Archives communales de Magba.

Tableau 6 : Distribution ethnique du conseil municipal (RDPC) de Magba de 2007 à 2012

Tikar	Bamoun	Autres (Bamiléké, Nordistes et Anglophones)
Ngamon III Soulé	Vessah Tiani Olivier Issa	Mouafo Tsayo Paul
Mbouenyie Benjamin	Nkouya Christine	Mme Ngalim Adama
Mbouen Dieudonné	Ngoungouo Mama	Djibril Mahamat
Kounjie Lazare	Lipe Yacouba	Gadou Abakar
Lame Joseph	Mfouakwet Seidou	Takam David
Ngbayi Simon	Mboum Mariatou	Abakachi Abakalla

Nondjie Oumarou	Mbouombouo Inoussa	Nwenfongnu Payos
Tamejou François	Moundou Issiaka	Emtcheu Béatrice
Wankom Bernard		

Source : Enquêtes et compilation de l'auteur.

Les Tikar ont toutefois le monopole du siège de député de la localité depuis 1988, date à laquelle Magba a commencé à bénéficier d'une représentation parlementaire à la suite de l'augmentation du nombre de sièges de la circonscription électorale du Noun. Avant cette date, tous les députés du Noun étaient Bamoun. Les Tikar contrôlent également la présidence de la Section RDPC Noun Nord créée après l'éclatement en 2002, de la grande Section du Noun, en six sections ; aux Bamoun, la présidence de structure locale de l'UDC et aux Bamiléké, celle du SDF, dans un contexte de crispation identitaire qui fait chevaucher appartenance ethnique et apparentement politique.

Tableau 7 : Liste des députés de Magba

Législature	Députés	Apparentements politiques
1998-1992	Njissale Edouard	RDPC (parti unique)
1992-1997	Nboueng Appolinaire	RDPC (boycott UDC)
1997-2002	Yaka Simon	UDC
2002-2007	Limi Seidou	UDC
2007-2012	Nsah Moussa	RDPC (découpage spécial)

Source : Enquêtes et compilation de l'auteur.

Les déterminants de l'affaiblissement politique des Tikar

Comme l'on sait, c'est bien au moment où s'opèrent l'apparente libéralisation du vote et la constitution de nouvelles alliances politiques, que les discours valorisant un ancrage autochtone gagnent en importance. Chacun de ces aspects directement liés au processus de décentralisation (élections municipales, transformation des pouvoirs locaux) renvoie à sa manière à l'histoire du peuplement et du développement de localités. Les campagnes électorales et l'organisation des suffrages s'appuient sur des groupes qui, par leur densité, leur nombre, leur capital symbolique, social et économique ont une incidence sur la localité. Le vote engendre parfois la reconfiguration des rapports de force (Hilgers 2011). Dès lors, comment les déterminismes démographique, socioéconomique et politique jouent-ils à la défaveur des Tikar de Magba, contrairement aux Mbo de Santchou ? L'affaiblissement politique des Tikar à Magba s'explique par leur équation démographique défavorable et, dans la perspective élitaire, un déficit qualitatif et quantitatif de leadership. Ces deux lourds handicaps fragilisent leur assimilation par les partis politiques, l'UDC, le RDPC et le SDF notamment, dans leurs stratégies électoralistes. Ces propos d'un informateur tikar, militant du RDPC, sonnent comme un aveu d'impuissance quand on sait que la quasi-totalité de l'électorat tikar est acquis à ce parti :

> La démocratie est venue nous affaiblir. Car, aujourd'hui, quand on parle de démo-
> cratie, on sous-entend que quelqu'un qui habite quelque part conquiert des postes
> politiques… Nous avons une faible capacité économique. Nous n'arrivons en outre
> pas à nous entendre sur notre représentativité lors de la confection des listes de
> candidatures et même lors du vote de l'exécutif communal ; pourtant, c'est nous-
> mêmes qui confectionnons les listes. Dans la liste RDPC en 1996, nous avions 12
> Tikar ; 11 en 2002 et 9 en 2007… Ceux qui exigent d'être pris en compte sont les
> Yamba, Mousgoum, Arabes et Kotoko. De toutes les façons, par souci de gagner les
> élections, nous ne pouvons pas faire la part belle à nous Tikar.

La faiblesse des ressources mobilisables chez la plupart des groupes ethniques minoritaires crée un sentiment d'infériorité qui peut freiner leur participation, assure Mancur Olsen (1970). Les gens plus pauvres sont nettement plus susceptibles de préférer l'approche consensuelle de la prise de décision caractérisée par une « discussion jusqu'à ce qu'il y ait accord » sur un point de vue collectif et unanime. L'unité sociale et le consensus politique sont manifestement des instruments de valeur dans des sociétés où les différences politiques peuvent facilement se traduire en conflit et en violence. On peut d'ailleurs arguer que, en tant procédure politique, le consensus n'est pas moins démocratique qu'une compétition ouverte. Il est cependant difficile de faire valoir que l'absence de différences, de pluralisme et d'opinion minoritaire est cohérente avec la démocratie. On peut donc dire que les Africains plus pauvres semblent moins désireux que les Africains nantis de se risquer à la valeur démocratique essentielle qu'est la tolérance politique (Bratton 2006:47). Dès lors, la mobilisation doit être abordée en fonction de l'environnement sociopolitique dans lequel s'inscrivent les groupes et les individus (Tilly 1978). Car, si on ne peut nier que la présence ou l'absence de ressources socioéconomiques chez certains groupes et leur éventuelle mobilisation soit un facteur déterminant de l'action politique des minoritaires, il reste que cette action n'est possible que si les majoritaires acceptent ou sont contraints de délaisser quelque peu leurs prérogatives et d'accorder aux minoritaires un accès aux lieux du pouvoir (Arcand 2003:23-25).

Une équation démographique défavorable

Pour évaluer le poids démographique des Tikar et, partant, celui des autres communautés ethniques de l'arrondissement de Magba, nous recourons, comme dans la première étude de cas sur les Mbo, à des déductions sur les données électorales, faute de données démographiques disponibles et fiables sur la répartition ethnique des populations. Mais contrairement à Santchou où la polarisation ethnique est très forte dans les zones de peuplement, cette tâche est rendue malaisée ici par la mosaïque ethnique et la concentration de plusieurs communautés ethniques dans certaines zones. Comme le déclarait un chef tikar, Mfonda Ntow Adamou, chef du village Manda aujourd'hui décédé, dans son allocution à l'occasion de la tournée de prise de contact de M. le sous-préfet de l'arrondissement de Magba à Manda du 19 au 20 septembre 2006, « Manda est une localité originalement tikar, mais sa population cohabite pacifiquement avec les Bansos, les Yambas, les Mambilas, les Foulbés, les Bororos, les Mousgoums, les Djoukoum et les Kotokos, sans oublier les Maliens ». Cet exemple d'une chefferie tikar est représentatif de plusieurs zones de peuplement. La commune de Magba concentre ainsi plusieurs communautés en son sein : les Tikar, les Bamoun, Bamiléké, Banso, Mambila, Kotoko, Yamba, Arabes choa, Mbororo, Foulbé, Kouandja, Wimboum, Mousgoum, etc., mais aussi des Etrangers comme les Nigériens, les Nigérians et les Sénégalais.

Devant cette marqueterie, le multipartisme et la démocratisation ont consacré à Magba une dichotomie faisant chevaucher appartenance ethnique et apparentement politique, même si, avec la routinisation des élections, l'on assiste à une volatilité des tendances électorales des partis de l'opposition (UDC et SDF principalement) en faveur du RDPC. Sur cette base, quatre grands pôles politico-ethniques ont émergé : les Bamoun apparentés en majorité à l'UDC, les Anglophones et les Bamiléké dans le SDF[4], les Tikar dans leur quasi-totalité derrière le RDPC ainsi que les pêcheurs nordistes. En fondant nos analyses sur cette dichotomie abusive mais proche de la réalité sur les identifications partisanes, et en cristallisant de manière quasi exclusive ces mêmes populations sur des aires géographiques déterminées comme monoethniques assorties de quelques pondérations, nous arrivons à la parité démographique suivante à Magba : 40 pour cent des Tikar, 30 pour cent des Bamoun, 10 pour cent de Nordistes, 19 pour cent d'Anglo-Bamiléké et 1 pour cent pour le reste ; soit, pour un total de 9203 inscrits, 2131 Bamoun, 2462 Tikar, 1193 Nordistes et 3117 pour les zones cosmopolites, à dominante Bamoun, Bamiléké, Anglophone et Tikar.[5]

La population de Magba est ainsi très hétérogène et majoritairement non tikar, contrairement à celle de Santchou où l'ossature numérique des Mbo dépasse de loin celle des Bamiléké. Nous le savons, au départ, celle-ci était constituée des Tikar, mais aussi des colons bamoun, bamiléké et anglophones installés par Nji Pokassa Adamou. Avec cet aréopage, les Tikar semblaient en égalité démographique avec ces groupes ethniques réunis. Aussi partageaient-ils à égalité le même nombre de conseillers municipaux avec l'ensemble desdits groupes sous le parti unique, soit 10 Tikar, 8 Bamoun et 2 allogènes, Bamiléké ou Anglophones. Avec le barrage de la Mapé qui a drainé des milliers de pêcheurs venus essentiellement des trois régions septentrionales du Cameroun, les Arabes Choa, Kotoko, Mousgoum, Gbaya, Mambila, etc., l'équilibre démographique de cette localité s'est perturbé. Dans cette perspective, les Tikar qui bénéficiaient prioritairement des fortes positions de pouvoir sous le parti unique sont devenus minoritaires et ne peuvent pas à eux seuls assurer le succès électoral d'un parti politique, comme leurs homologues mbo de Santchou. Le constat de Lipe Yacouba a toute sa pertinence malgré l'usage abusif par cet auteur du concept de « tribu » en lieu et place de celui d'« ethnie » :

> Face à cette situation, les responsables politiques ont, d'une manière malhonnête, pris la tribu comme une arme de combat. C'est ainsi qu'une erreur commise par une personnalité quelconque était attribuée à sa tribu aux fins de sabotage. Le maintien ou l'accès au pouvoir était devenu la préoccupation des groupes tribaux. Les politiciens tikar ont mené une campagne auprès des populations de leur tribu pour les exhorter à maintenir leur pouvoir que les autres tribus veulent arracher (Bamoun, Yamba et Bamiléké), d'une part ; alors que, d'autre part, les Bamoun, Yamba et Bamiléké se sont mobilisés dans les partis d'opposition dans l'objectif de conquérir ce pouvoir longtemps détenu par les Tikar, en expliquant aux leurs que ces Tikar y sont accrochés depuis des années et il faut déjà que les autres prennent part au « partage du gâteau local ».

> Il résulte de ce qui précède que le multipartisme a transformé la politique en guerre à Magba et en « champ de tir » où s'affrontent des frères jadis unis et solidaires qui, aujourd'hui, se sont laissés entraîner par l'individualisme, la haine, la discrimination, bref l'égocentrisme dont le principe est le rejet de l'autre.

> Les élections étant actuellement la seule voie d'expression du peuple, les Tikar minoritaires par rapport à la coalition tribale voient le pouvoir « échapper de leurs mains » au profit des autres. Voici les propos d'une élite tikar :

> Les populations tikar se trouvent lésées par le système actuel qui semble privilégier la majorité. Nous pensons que les formations politiques devraient prendre en compte le principe du 'respect des minorités autochtones' sur lequel la nouvelle Constitution a mis un accent particulier. Car à l'allure où vont les choses, le temps viendra où aucun fils tikar n'assumera une fonction dans la localité ; il est vrai que nous sommes minoritaires, mais on ne doit pas nous fouler au pied. Nous sommes tous des fils de cette localité et nul ne peut vivre sans l'autre (Lipe 1998:113-117).

Pour tout dire, il manque aux Tikar de Magba une densité démographique favorable susceptible de se convertir en densité morale pour favoriser, comme chez les Mbo de Santchou, le bénéfice des postes politiques locaux. L'un des effets visibles de ce défaut de densité morale est le manque de solidarité et de discipline de votes parmi les conseillers municipaux tikar. Par exemple, lors du vote du maire en 2002, intervenant à la suite des élections municipales remportées par le RDPC à la majorité absolue, deux candidats étaient en lice : un Bamoun, Vessah Tiani Olivier, et un Tikar, Lame Joseph ; à l'issue dudit vote, le premier l'avait emporté par 17 voix contre 8 pour le second, alors que ce conseil municipal comprenait 11 Tikar. Il est donc clair qu'il y avait eu au moins un report de trois voix tikar au profit du candidat bamoun, un report improbable, voire impossible, parmi les Mbo de Santchou, très soudés pour défendre leur cause. En 2007, Vessah Tiani Olivier a été réélu par acclamation.

Un déficit qualitatif et quantitatif de leadership

Toute société a besoin d'une classe politique pour s'adjuger soit des trophées politiques, soit une position avantageuse dans l'allocation des postes politiques. Les membres qui composent la strate politique vivent généralement une sous-culture politique qui ne leur est que partiellement commune avec la grande majorité des citoyens. Tout comme les artistes et les intellectuels sont les principaux dépositaires des talents artistiques, des dons littéraires, des connaissances scientifiques d'une société, les membres de la strate politique sont les principaux dépositaires des talents, connaissances et dons politiques. Si, une nuit, les intellectuels devaient disparaître, une société se verrait réduite à la misère artistique, littéraire et scientifique. De même, si la strate politique était détruite, les institutions politiques établies cesseraient pour un temps de fonctionner. Dans un cas comme dans l'autre, la rapidité avec laquelle pourrait se réparer la perte dépendrait de l'air de diffusion qu'auraient pu couvrir au préalable les connaissances élémentaires et les vues fondamentales de l'élite. Cependant, dans une société ouverte où l'instruction générale et l'enseignement critique des citoyens sont largement dispensés, nombreux seraient sans doute les citoyens qui, jusqu'alors demeurés dans la strate apolitique, pourraient tenir le rôle joué par les membres de la strate politique (Dahl 1971:100).

Le développement d'une société repose donc avant tout sur son éducation et sa formation; une citoyenneté informée et active est une population alphabétisée. Rien de cela chez les Tikar et, plus largement, parmi la population de Magba. Outre leur densité démographique défavorable, les Tikar portent un autre lourd handicap structurel : la sous-scolarisation, l'analphabétisme et, en conséquence, l'absence d'élites. Comme le souligne avec raison Lipe Yacouba, Magba est resté depuis des années parmi les localités du royaume bamoun les plus ignorées : cette situation est causée par l'absence de véritables élites sur le triple plan économique, politique, intellectuel, car du parti unique au multipartisme, aucun fils de cette région n'a jamais fait partie d'une haute instance politique (bureau politique, bureau exécutif national, comité central, conseil exécutif, etc.) ni développé à l'extérieur une potentialité économique pouvant permettre à l'opinion nationale ou internationale de penser à son village. Mieux, jusqu'à nos jours, il n'existe aucun haut cadre de l'administration originaire de Magba occupant un poste de responsabilité important dans la fonction publique camerounaise. Or, selon cet auteur, « l'expérience a montré que ce sont les cadres qui constituent les phares et les ambassadeurs d'une localité à l'extérieur » ; lorsqu'ils existent, l'opinion a toujours tendance à se renseigner sur leur origine, ce qui rend visibles leurs localités non sans attirer parfois quelques curieux touristes. Quant à l'éducation, soutient le même auteur, d'ailleurs natif de Magba,

... il nous a été rapporté qu'il existait une seule école à cycle court à Magba. Les parents étaient hostiles à l'école qu'ils appelaient 'l'école du Blanc', car au regard du rendement que fournissaient les enfants dans les travaux champêtres et les distances qui séparaient les villages de l'école, ceux-ci la considéraient comme un objet de rebut. Pour les parents, le vrai trésor restait le sol. L'agriculture était la seule activité 'bénie' et une scolarisation des enfants aurait concouru à la diminution d'une partie de la main-d'œuvre familiale. Cette hostilité vis-à-vis de l'école persiste, les enfants sont aujourd'hui de grands pêcheurs comme l'agriculture n'est plus rentable. L'école reste toujours un mystère et actuellement, dès qu'un enfant obtient le CEPE (Certificat d'études primaires), ses parents ne pensent plus à la suite. Magba reste dès lors la région la moins scolarisée du département du Noun aujourd'hui (Lipe 1998:2, 64 et 66).[6]

Les listes de campagne du parti au pouvoir constituent la vitrine des élites des communautés ethniques, comme souligné aux deux chapitres précédents. A cause de ce déficit de leadership tikar et, plus largement, des originaires de Magba, tous les chefs de délégation RDPC de Magba désignés par le Comité central, que ce soit pour les élections ou la commémoration d'un événement (anniversaire du parti, renouvellement des organes de base, etc.), ont toujours été des Bamoun, de surcroît non originaires de Magba :

Nous nous sommes plaints maintes fois à la hiérarchie du parti. C'est ainsi que le 6 novembre 2007, jour de la commémoration du 25e anniversaire de l'accession du président Paul Biya à la magistrature suprême, on nous a envoyé un Tikar comme chef de délégation, en l'occurrence, l'honorable Nsa Moussa; mais le 24 mars 2008, on est revenu à la case de départ en nommant cette fois Vessah Tiani comme président de la commission...., se plaint un informateur tikar.

La preuve en est attestée par ces listes de campagne RDPC pour le double scrutin municipal de 2007.

Tableau 8 : Commission départementale du Noun Nord pour la campagne RDPC de 2007

Noms	Origine ethnique	Fonction	Profession (et niveau d'études)
Moun Arouna	Bamoun non	Président de Magba	Inspecteur principal des impôts et directeur au ministère
Mbouen Dieudonné	Tikar	Vice-président	Comptable-matières, niveau BEPC
Yangam Emmanuel	Tikar	Vice-président	Cadre administratif et sous-directeur au ministère
Nsah Moussa	Tikar	Vice-président	Percepteur des finances, titulaire d'un BEPC

Nsandamoun Ibrahim	Bamoun	Membre	Petit commerce
Mme Kouya Christine	Bamoun	Membre	Ménagère
Tamendjou François	Bamiléké	Membre	
Youtout Ngoudam Chantal	Bamoun	Membre	Ménagère
Lipe Yacouba	Bamoun	Chargé de missions	Cadre administratif et diplômé de l'enseignement supérieur

Source : Le journal, *L'Action*, n° 594 du 6 juillet 2007.

Ces deux listes sont constituées en majorité de cadets sociaux dont de nombreux braves paysans, petits commerçants, agriculteurs, ménagères et pêcheurs alors qu'ailleurs, elles servent d'alibi pour exhiber la crème de ce dont les communautés disposent en matière d'élites urbaines : fonctionnaires, hauts cadres administratifs, étudiants, entrepreneurs économiques, etc. Nous avons souligné la hiérarchie de position entre Commissions communales de campagne RDPC et Commissions départementales au chapitre 2. Ce qui tient lieu de Commission départementale à Magba était en 2007 dirigé par un haut fonctionnaire bamoun, originaire de l'arrondissement de Bangourain. Jamais un ressortissant de Magba, fût-il bamoun ou tikar, n'a eu ce privilège de goûter ce précieux sésame. Quant à la Commission communale dirigée par Vessah Tiani Olivier, non seulement ce dernier, qui est d'ailleurs maire de Magba, est un membre de la royauté bamoun, mais son ancrage comme natif de Magba reste problématique : il n'a jamais vécu à Magba ; et bien que maire de cette ville, il réside dans le Littoral où il tient ses affaires et ne débarque que sporadiquement à Magba. Le dernier paradoxe, M. Vessah Tiani Olivier n'a jamais passé une nuit à Magba, préférant sa résidence familiale de Foumban.

En fait, il manque aux Tikar de Magba un grand leader, notable ou chef supérieur de la trempe de Mila Assouté, qui jouerait pour le compte de sa communauté un rôle tribunitien ; de grands hommes : hauts fonctionnaires ou entrepreneurs économiques pour mobiliser les populations et surtout canaliser l'allocation du poste de maire de Magba en leur faveur dans le cadre de la protection constitutionnelle des minorités. A cause de ce déséquilibre structurel, l'intensité de la mobilisation pour la revendication du poste de maire et, plus largement, des postes politiques reste moins forte chez les Tikar, comparée à celle que l'on connaît à Santchou, ce qui est une constante du vote ethnique, à en croire Raymond E. Wolfinger. Selon cet auteur, la mobilisation ethnique est très forte quand un groupe ethnique a réussi à produire des représentants dans la haute sphère de la délibération et quand ses membres ambitionnent d'occuper de hautes fonctions politiques (Wolfinger 1965). Pour Charles Tilly, la protestation et l'action collective ne proviennent pas des couches les plus frustrées et démunies de la société. L'initiative de la participation revient au contraire à ceux

Tableau 9 : Commission de campagne RDPC pour la commune
de Magba de 2007

Noms	Origine ethnique	Fonction	Profession
Vessah Tiani Olivier	Bamoun	Président	Ingénieur et hommes d'affaires
Kounjie Lazare Tikar		Vice-président	Instituteur
Youtout Ngoudam	Bamoun	Vice-présidente	Petit commerce
Nsangou Chouaibou	Bamoun	Vice-président	Cadre des affaires sociales
Moufa Sato Paul		Membre	
Djibril Mahamat	Nordiste	Membre	Pêcheur
Ngououngouo Mama	Bamoun	Membre	Planteur
Nganti Seidou		Membre	Planteur
Nsandamoun Ibrahim	Bamoun	Membre	Petit commerce
Mongbet Ousseini	Bamoun	Membre	Cadre des P et T
Mbihy Robert	Membre	Agent communal	
Monkoum Zenabou	Bamoun	Membre	Ménagère
Takam David	Bamiléké	Membre	Professeur des lycées
Lipe Yacouba	Bamoun	Chargé de missions	Cadre administratif
Lame Joseph	Tikar	Chargé de missions	Instituteur retraité
Fouapon Alassa	Bamoun	Chargé de missions	Professeur de lycées

Source : Le journal, *L'Action,* n° 594 du 6 juillet 2007.

qui disposent déjà de ressources solides et qui sont rompus aux pratiques qui ont cours dans les institutions formelles de la société. Cela permet d'apprécier que l'action politique soit avant tout une affaire de planification, d'organisation et de mobilisation plutôt que de spontanéité et d'émotivité (Tilly 1978). L'action collective se crée lorsque les objectifs d'une organisation rencontrent les préférences pour le changement d'un ensemble d'individus, transformant leur sympathie en participation. En faisant correspondre ses objectifs avec les intérêts du secteur qu'elle cherche à mobiliser, une organisation doit pouvoir convertir les sympathisants en militants. Le facteur organisationnel et l'intervention des « profes- sionnels » sont déterminants dans l'émergence et la formation des mouvements sociaux des groupes très défavorisés ou possédant de très faibles ressources. C'est parce que les « professionnels » ont su mobiliser les ressources externes, notamment les médias, que le mouvement des femmes battues aux Etats-Unis a pu se créer et obtenir une reconnaissance politique du problème (Tierney 1982). De même, dans le cas des pauvres, la capacité organisationnelle est déterminante, même si la structure organisationnelle peut devenir un obstacle à la radicalisation du mouvement (Delgado 1986).

Cette crise de leadership est aggravée par la tutelle pesante de la royauté bamoun dont le credo de l'impératif de l'intégrité territoriale du royaume nécessite une surveillance permanente des Tikar par la fixation à Magba d'un establishment politique à dominante bamoun. Il se susurre qu'en 2002, le sultan Ibrahim Mbombo Njoya s'était investi à l'ombre pour obtenir l'élection de Vessah Tiani Olivier, à la tête de l'exécutif municipal de Magba. Aussi, dit-on, l'argent avait-il circulé pour acheter la conscience des conseillers municipaux appelés à voter. A accepter cette éventualité, comment expliquer cependant que ces dons ne puissent pas être opérationnels dans les mêmes circonstances à Santchou pour corrompre les Mbo ?

Selon d'autres informations concordantes, lors des primaires RDPC en vue de l'investiture des candidats dudit parti aux municipales de 2007, le président de la Section RDPC Noun Nord, M. Mbouen Dieudonné, de souche tikar, avait voulu constituer sa propre liste de candidatures pour se positionner comme futur maire de Magba. Pour l'en dissuader, le maire sortant, Vessah Tiani Olivier, avait « usé de sa force de frappe » pour rallier à sa cause tous les protagonistes du processus électoral. Pour y parvenir, les primaires des législatives furent organisées et celles des municipales reportées à une semaine, le temps de trouver des compromis. « Le jour desdites primaires, quatre membres du gouvernement acquis à la cause de Vessah Tiani Olivier, au nombre desquels le Bamoun Daniel Njankouo Lamere, arrivent et imposent un consensus autour d'une liste avec, en tête, le maire sortant », nous dit un témoin ayant pris part à ces assises. Même le préfet du Noun s'était mêlé à ce jeu, semble-t-il, en débarquant à Magba avec des « idées arrêtées » d'une liste unique. Mais, à s'en tenir aux propos de ce Tikar membre du SDF, le problème serait autre et non l'allocation ethnique des postes politiques à Magba :

> Au niveau de la mairie, le problème n'est pas tikar ; cette mairie appartient à toutes les populations ; qu'importe que le maire soit un Bamoun. Le problème, c'est que le maire actuel n'a pas grandi ici, n'a jamais vécu ici et ne dort jamais ici. Ce serait mieux de codifier une loi contraignante à l'Assemblée nationale qui exige que les maires restent en permanence dans leurs territoires de commandement.

> Le premier maire UDC (1996-2002), un Bamoun, ne posait aucun problème. Il a grandi ici, connaît les problèmes de la localité et a à son actif plusieurs réalisations (construction du marché, du foyer municipal et de nombreux puits d'eau dans les villages). L'actuel maire ne fait rien. Son premier mandat est fait de petits projets isolés dans certains villages bamoun. Avec la démocratie, on ne perd rien, on a toujours eu un député tikar à l'Assemblée nationale.

> La mairie, c'est une gestion du parti. Dans le SDF, on ne connaît pas ce problème Tikar-Bamoun. C'est un problème inutile, nourri par l'analphabétisme. Les deux communautés sont liées par l'histoire, par les ancêtres. Le Bamoun est originellement tikar. Ce que nous déplorons par contre, c'est la gestion calamiteuse de la

mairie. Il y a des Bamiléké maires à Douala ; si vous avez un Tikar qui n'est pas prompt pour le développement alors qu'il y a un Bamoun, où est le problème ?

Pour nous résumer, le coût du déficit éducationnel et d'absence d'élites à Magba a comme conséquence l'absence d'activistes politiques parmi les Tikar, tant il est vrai, selon Robert Dahl, que l'un des traits caractéristiques de l'activiste politique est sa confiance relativement élevée en l'importance de ce qu'il fait par opposition au citoyen inactif plus porté à douter de sa propre efficacité. En effet, un citoyen qui a tendance à sentir que des gens de son espèce n'ont pas leur mot à dire en matière d'action gouvernementale locale ou que la politique et le gouvernement sont des choses qui dépassent ses facultés de compréhension, ou que les officiels des affaires locales font peu de ce qu'il peut penser, ce citoyen a bien moins de chances de participer aux décisions intéressant la politique locale que tel autre qui pense exactement le contraire. En bref, plus un individu participe activement aux affaires locales, plus il est vraisemblable qu'il ait la confiance de sa propre efficacité. La participation et la confiance politique ont de toute évidence un effet de potentialisation réciproque. Un citoyen animé d'un sentiment élevé d'efficacité politique a plus de chances de participer aux affaires politiques qu'un citoyen pessimiste sur ses possibilités d'influencer les officiels (Dahl 1991:310 et sv.).

Identifications partisanes et assimilation structurelle des groupes ethniques

Depuis la restauration du multipartisme au Cameroun, Magba a vu émerger quatre grands pôles politico-ethniques : les Bamoun apparentés en majorité à l'UDC, les Anglophones et les Bamiléké dans le SDF, les Tikar et les pêcheurs nordistes apparentés au RDPC. De fait, contrairement aux autres mairies du Noun où l'UDC rafle généralement la mise à la majorité absolue, le parti de Ndam Njoya n'avait eu son salut à Magba en 1996 que grâce à la brutalité du mode de scrutin, scrutin mixte à l'issue duquel la liste qui arrive en tête rafle d'abord la moitié des sièges, l'autre moitié étant partagée entre les partis en fonction des suffrages exprimés en leur faveur. Ainsi, le RDPC, avec 1994 suffrages et 31,97 pour cent, raflait 4 sièges, le SDF, avec 1823 suffrages et 29,23 pour cent, 3 sièges, tandis que l'UDC, qui obtenait 2420 suffrages et 38,80 pour cent, prenait à elle seule 18 sièges. En 2002, il y a eu renversement des tendances avec la majorité absolue pour le RDPC, soit : 4190 voix représentant 57,84 pour cent, 2009 voix et 27,73 pour cent pour l'UDC et 1045 suffrages et 2 pour cent pour le SDF. Cet exploit RDPC a été réédité en 2007. Malgré ces identifications partisanes, aucun conglomérat politico-ethnique ne peut à lui seul assurer la victoire d'un parti à Magba, compte tenu de leurs poids électoraux respectifs. Dès lors, comment le RDPC, l'UDC et le SDF procèdent-ils à la distribution des minorités ethniques dans leurs structures et investitures politiques à Magba, notamment l'allocation du poste de député et de maire de ladite localité ?

La solution ici est au partage et non à l'accaparement par un groupe ethnique comme à Santchou, tant il est établi que l'assimilation structurelle des groupes ethniques par les partis politiques obéit non pas aux équilibres « sociologiques » prescrits par nos lois et règlements mais à leurs stratégies électoralistes, elles-mêmes liées aux identifications partisanes. Ainsi, au niveau de la députation, les Tikar gardent l'initiative quasi exclusive ; en retour, ils acceptent le partage au niveau de l'exécutif communal selon la clé de répartition suivante depuis 1996 : un maire bamoun, un premier adjoint tikar et un deuxième adjoint allogène.

Tableau 10 : Origine ethnique des candidats à la députation
en 2007 à Magba

Partis politiques	Candidats titulaires	Origine ethnique	Candidats suppléants	Origine ethnique
RDPC	Nsah Moussa	Tikar	Youtoup Ngoudam Chantal	Bamoun
UDC	Njifakouo Yaka Simon	Tikar	Mfenjou André	Bamoun
SDF	Mgbatou Innocent	Tikar	Tchoutezo Lontsie	Bamiléké
UNDP	Ousmane Greng	Nordiste	Illiassou Danlady	Nordiste

Source : Enquêtes et compilation de l'auteur.

Jamais une autre communauté ethnique a discuté véritablement le fauteuil de député aux Tikar, notamment au sein de l'UDC et du RDPC, les deux partis susceptibles de remporter une victoire électorale à Magba, même si en 2007, suite au découpage spécial qui fait désormais de Magba une circonscription électorale uninominale dans le Noun, l'UNDP y a investi une candidature nordiste ; mais en vérité, ce ne fut qu'un baroud d'honneur pour justifier la prétention nationale de ce parti qui recrute surtout au septentrion et parmi les originaires de cette région. Néanmoins, à s'en tenir aux propos de nos informateurs tikar, le maire actuel, Vessa Tiani Olivier, trouverait de plus en plus inconvenant le monopole exclusif tikar dans le bénéfice du fauteuil de député. Ce dernier « regretterait d'ailleurs d'être maire et ambitionnerait de devenir député, ce poste étant plus dispensateur d'avantages et de dignité ». S'agissant de l'exécutif communal, c'est dès l'investiture aux élections municipales que les Tikar se trouvent défavorisés, aussi vrai qu'ils n'y sont jamais majoritaires pour prétendre par discipline de vote y installer un maire de leur communauté comme les Mbo de Santchou.

Tableau 11 : Répartition ethnique des candidats UDC aux municipales
de 2007 à Magba

Candidats tikar	Candidats bamoun	Autres
Ngah Louis	Kouchetgnigni Ousseni	Pouomegne Léonard
Mfaim Mveng Herbert	El Hadj Pouentoupmoun A.	Nchetcharo Dorokar
	Yongho Adamou	Issa Cheik Ali
	Nsangou Ibrahim	Abdu Karimu
	Mboutyandi Idriss	
	Limfop Iliassou	
	Fifen Arouna	
	Kouotou	
	Nfongouren Josue	
	Mfenjou André	
	Ranendoupouo Odette	
	Mondiya Mama	
	Njiaghet Mama	
	Ndam Amidou	
	Massabe Yacouba	
	Njoya Idrissou	
	Wakere Soule	
	Patouossa Mamouda	
	Yap Yerima Abdou	

Source : Enquêtes et compilation de l'auteur.

Comme on le voit, dans le tableau 11, la liste de l'UDC aux municipales de 2007 comprenait respectivement deux Tikar, 19 Bamoun, un Mbororo, un Bamiléké et deux Nordistes ; pourtant, les Bamoun ne représentent que près de 30 pour cent de cette population contre 40 pour cent des Tikar. Dans la liste du parti du SDF (tableau 12) sont surreprésentés les allogènes bamiléké et anglophones (20% de la population), tandis que d'autres communautés (Bamoun, Tikar et Nordistes) sont plutôt marginalisées. En revanche, dans le tableau 6 ci-dessus, la liste du RDPC semble assez équilibrée eu égard aux composantes sociologiques de Magba, avec neuf Tikar, huit Bamoun et huit allogènes. Nous avons déjà assisté au même son de cloche à Santchou, avec un conseil municipal RDPC de 25 membres, soit 13 Mbo et 12 Bamiléké, au contraire de la liste des candidatures du SDF qui fait la part belle aux Bamiléké. A ce niveau, une question nous vient à l'esprit : pourquoi cette exclusion des Tikar par l'UDC à Magba? Pourquoi le SDF privilégie-t-il les allogènes bamiléké et anglophones dans cette circonscription ? Qu'est-ce qui explique la posture équilibrée des listes de candidatures RDPC, à Magba, mais aussi à Santchou et dans bien d'autres circonscriptions électorales au Cameroun ?

Tableau 12 : Répartition ethnique des candidats SDF aux municipales
de 2007 à Magba

Candidats Tikar	Candidats Bamoun	Autres
Mgbe Robert	Mjikam Nzetnzet Alphonse	Ngwani Chrisantus Tanto
Nyedjie Njissale Sylver		Tchouezo Lontsie
Nguetah Adamou		Ngonkue John Nabe
Mgbatou Innocent		Magoua Apollinaire
		Tchimi Isidore
		Kari Kembeh Jonathan
		Foppa Lontchi Frederic
		Watsa Maurice Léopold
		Mgadjin Mbla Ignace Roger
		Tanjoh Lamnyam Isaac
		Tejiozem Clémentine
		Movoh David
		Kengne Marcelline
		Nwengou Jacob
		Kouakan Prosper
		Chankwi hakmen Andrew
		Giya Alfred Kilongbuin
		Mfere Nginsoh Napoleon
		Mfomi Gabuin
		Nkamjoh Isaac Gemnda

Source : Enquêtes et compilation de l'auteur.

Il faut reconnaître qu'à Magba tout comme à Santchou, la crispation identitaire est très forte dans les allégeances et apparentements politiques, notamment parmi les minorités que ces partis d'opposition n'ont pas de choix : les électorats mbo et tikar sont acquis dans leur quasi-totalité à la cause du parti au pouvoir, le RDPC, le seul à même, semble-t-il, de protéger leurs intérêts et d'assurer leur véritable intégration. L'opposition étant au Cameroun le parent pauvre en matière de recrutement des élites, urbaines et du terroir, très souvent les quelques cadets sociaux, membres des minorités affiliés aux partis d'opposition, subissent de la part de leurs élites, suppôts du RDPC, un chantage conservateur qui les dissuade d'obtenir ou de solliciter l'investiture desdits partis. Il est ainsi significatif de souligner qu'à la veille des municipales de 2007, un des deux candidats tikar UDC à Magba fut contraint par les siens de démissionner de l'UDC et de renoncer à sa candidature. Comme le déclare ce locuteur tikar,

> De manière générale, l'UDC est à 99 pour cent bamoun. J'étais le seul candidat tikar dans la liste de candidatures de ce parti aux élections municipales. Au départ, nous étions deux, mais un autre Tikar avait démissionné à la veille du scrutin, par suite de nombreuses pressions. Etant de souche tikar et apparenté à l'UDC, je suis rejeté à 90 pour cent par les miens. Comme je suis commerçant, l'on a appelé à une mise en quarantaine de ma boutique et personne n'ose venir acheter chez moi.

Pour certains des nôtres, quand l'UDC avait remporté les élections en 1996, ses militants bamoun s'étaient moqués des Tikar, oubliant que des Tikar étaient militants de l'UDC en ce temps-là. La victoire de l'UDC avait été alors perçue comme la victoire d'une tribu sur l'autre, des Bamoun sur les Tikar... C'est à cause ce précédent où certains Bamoun font de l'UDC une affaire personnelle et d'exclusion des autres que beaucoup de Tikar y ont fait défection. D'ailleurs, du fait de mon apparentement UDC, je suis considéré comme un renégat par mes frères tikar.

En clair, comme les membres des minorités répugnent à adhérer aux partis de l'opposition, voire à solliciter leurs investitures lors des consultations politiques, celle-ci éprouve des difficultés pour les faire figurer dans ses listes de candidatures. En plus, les stratégies électoralistes vont de pair avec les identifications partisanes : pour remporter une élection ou engranger de nombreux suffrages parmi une communauté ethnique, il faut davantage primer et doper ce groupe en lui accordant une investiture proportionnelle à son investissement et soutien politiques. Finalement, c'est au niveau des partis politiques (RDPC, UDC et SDF) que s'effectue véritablement la délibération pour l'allocation des postes politiques à Magba ; l'on sait qu'à Santchou, celle-ci s'effectue d'abord et avant tout au niveau de la communauté ethnique mbo pour n'être endossée que dans un deuxième temps par le RDPC. Par cet arbitrage qui ne lèse véritablement aucun des quatre grands pôles ethniques (Tikar, Bamoun, Anglophones-Bamiléké et Nordistes), les partis politiques jouent véritablement une fonction intégrative à Magba, contrairement à Santchou où le rôle exponentiel du lobby mbo est source d'un conflit politico-ethnique de plus en plus insurmontable entre Bamiléké de Fondonera et de Fombap et Mbo. Ainsi que le souligne Michael Bratton, les effets différentiels de la pauvreté sur la citoyenneté démocratique sont immédiatement évidents en ce qui concerne les valeurs politiques : si les personnes plus pauvres sont politiquement moins tolérantes que les personnes mieux nanties, elles sont néanmoins plus susceptibles d'être en faveur de l'égalité politique. De fait, les Africains désavantagés sont plus engagés que leurs compatriotes mieux nantis envers la valeur démocratique. Les personnes pauvres sont celles à qui profite la règle politique de la majorité arithmétique pure. Ce sont elles qui croient dans le principe du suffrage adulte universel, une des pierres angulaires de la théorie démocratique moderne. Ce sont principalement les personnes les plus fortunées qui expriment des doutes sur le bien-fondé de la règle de la majorité. Les riches se méfient des passions d'un électorat de masse, peut-ête parce qu'ils craignent que ce dernier se retourne contre leur propriété et leurs privilèges. La minorité non pauvre tend donc à s'aligner sur le sentiment antidémocratique que « seuls ceux qui sont suffisamment éduqués devraient être autorisés à choisir nos dirigeants » (Bratton 2006:47-48).

Notes

1. La plaine des Tikar, dépeuplée au XIXe siècle par les razzias et les prélèvements d'esclaves exercés par le lamidat peul de Banyo, a été affectée, comme l'ensemble de la région de l'Adamaoua, par une crise démographique aiguë, principalement due à la dénatalité résultant de l'introduction massive de maladies vénériennes ; les Tikar semblent avoir été les plus touchés. La population a décru rapidement ; le minimum se situe vers 1950. D'après le recensement de 1953, il ne restait plus, à cette époque, que 5685 personnes, soit une densité de 3 au km2. Depuis cette époque, la population s'accroît régulièrement, sous l'effet d'une forte natalité, mais aussi de courants migratoires provenant principalement des pays kaka et bamoun. Toutefois, la plaine tikar demeure sous-peuplée (Hurault 1989:27).

2. 32 autres chefferies tikar sont rattachées directement à la sous-préfecture et non au groupement tikar : Pomi barrage, Ngoussem 1, Ngoussem 2, Nyan, Pomi, Yan, Douonkouo, Djoum 2, Tem, Foumbalo, Louemou, Maason, Wade, Motoubiou, Moukele, Long Street, Feeta, Kiegouo, Mouemoue, Fessen, Fenjemkwet, Matta barrage, Matachit, Nyansui, Makoupa chantier, Djoum 1, Massisah, Kourap, Mabougam, Ginpara, Gouotou, Ngitatouo.

3. La réforme communale de 1955 voit naître au Cameroun trois types de communes : la commune de plein exercice, la commune de moyen exercice et la commune mixte rurale. Dans le cas qui nous concerne, les régions qui vont voir naître les communes mixtes rurales sont pour la plupart des régions à chefferies. La particularité desdites communes résidait dans la composition du conseil municipal et dans la nomination du maire ; il est créé deux groupes au sein du conseil : le groupe A comprend les conseillers élus au scrutin uninominal majoritaire à un tour ; il forme la représentation de la population proprement dite. Le groupe B représente la chefferie traditionnelle : elle se compose des chefs élus par leurs pairs. Quant au maire, il est nommé parmi les personnalités de la commune et choisi en dehors des cadres administratifs. Le haut commissaire tient compte de la personnalité du maire et une place est faite à l'autorité traditionnelle. Ainsi, l'arrêté qui institue ces communes stipule parfois que le maire sera le chef du groupement de telle ou telle chefferie (Nchouwat-Njoya 1971:233-234). Dans le pays bamoun, il avait été créé sept « communes-chefferies » : Njimom, Kourom, Kounga, Manguébou-Mantoum, Koupara, Magba et Mambain.

4. La connivence entre le SDF et l'électorat anglophones et bamiléké avait conduit au début des années 1990 au terme « *Anglo-Bami* » désignant « l'ethnie de l'opposition », Anglophones et Bamiléké.

5. Source : Résultat de la présidentielle du 11 octobre 2004 dans l'arrondissement de Magba par sous-section, Archives de la Section RDPC Noun Nord, Magba. La polarisation ethnique était très forte lors de cette consultation, notamment pour cette étude, compte tenu des candidats en compétition : le président Paul Biya pour le RDPC, Ni John Fru Ndi, le leader du SDF, et Adamou Ndam Njoya, Bamoun et leader de l'UDC.

6. Le taux de scolarisation de Magba est d'environ 40 pour cent. Voir commune de Magba et GTZ, 2007:22.

Chapitre 5

L'éveil politique des Mbororo
et la marginalisation persistante des Pouakam

Dans les deux premières études de cas, nous avons observé que dans la perspective de l'intégration politique et nationale, les Mbo de Santchou et les Tikar de Magba bénéficiaient d'une position confortable dans l'allocation des postes politiques de leurs localités respectives. La trajectoire sociopolitique des Mbororo et des Pouakam que nous étudions à présent est plutôt singulière, s'inscrivant à contre-courant de cette maturation politique. Nous avons affaire à des groupes très minoritaires au plan démographique, mais aussi fortement marginalisés, même si les Pouakam ne constituent pas un groupe marginal (peuple autochtone), à l'instar des Mbororo. Sans la libéralisation politique des années 1990 qui leur a ouvert désormais quelques fenêtres de possibilités dans l'exercice des droits politiques, en favorisant l'investiture de quelques-uns de leurs membres dans les compétitions électorales, leur citoyenneté resterait toujours problématique aujourd'hui. Encore, leur niveau de participation politique le plus élevé reste communal. L'investiture à une élection n'étant par ailleurs pas synonyme de succès électoral, jusqu'aujourd'hui les Pouakam courent toujours derrière un introuvable mandat de conseiller municipal tandis que les Mbororo, de leur côté, sucent déjà depuis 1996 ces prémices de la démocratisation à l'Ouest. Nonobstant cet élargissement des conseils municipaux de l'Ouest aux Mbororo, ceux-ci n'ont pas encore réussi à transformer cette mutation en véritable victoire politique. Dès lors, ils restent confinés dans lesdits organes législatifs et ne rivalisent nullement pour les questions de partage des postes au sein des exécutifs communaux. Nous sommes encore très loin d'âpres luttes qui opposent Mbo et Bamiléké à Santchou et, dans une certaine mesure, Tikar, Bamoun et allogènes Anglophones et Nordistes à Magba. Ce sont ces deux évolutions en pas de Sisyphe, voire en sens contraires observables, chez les Pouakam et les Mbororo qui induisent une double articulation dans ce chapitre.

L'éveil politique du « peuple autochtone » mbororo

Sous le parti unique (1966-1990/91), les Mbororo avaient toujours entretenu une distance vis-à-vis de l'Etat camerounais : leur contact avec l'administration s'était toujours réduit au payement de la taxe sur le bétail. A part ce geste fiscal, l'Etat camerounais n'avait pas besoin des Mbororo. A leur tour, ces derniers n'avaient pas non plus besoin de l'Etat (Davis 1995:220). Mais depuis le retour au multipartisme en 1990, l'alibi de la compétition électorale et la quête des suffrages électoraux ont mis ceux-ci au devant de la scène politique, contrairement à la période du parti unique où difficilement ils prenaient même part au vote. Dans un contexte de mutations avec entres autres, les effets d'un nouveau cadre juridico-institutionnel (la Constitution de 1996), les conséquences de la compétition entre partis politiques depuis 1990 (même dans un système qui est loin d'être une démocratie) et la mobilisation en dehors des partis politiques dans une association de promotion des intérêts ethniques depuis 1992 (le MBOSCUDA), il s'est produit un certain « éveil » politique des Mbororo. Quelle est l'intensité de cette participation politique ? Quels en sont les critères déterminants ? Un détour historique s'impose pour mieux cerner la situation particulièrement précaire des Mbororo dans le système politique et social du Cameroun post-colonial.

La société mbororo : une société de brousse, un monde de boeufs

Les Mbororo sont des Peul connus pour leur attachement à l'activité pastorale (voir Burnham 1996:chap. 5). Ils constituent cette fraction peule ayant des spécificités anthropométriques, vestimentaires, linguistiques, économiques, religieuses et de civilisation. Le mot « Mbororo » est donc un nom générique ou encore comme l'écrit René Dognin (Dognin in Tardits 1981:139-158), une « épithète culturelle » recouvrant des « réalités sociologiques » et des modes de vie variés. Cette « épithète » est collée à ces Foulbé jadis considérés comme essentiellement nomades, soit à cause de leur mobilité spatiale, soit à cause de leur « amour de la brousse et des vaches » (Issa et Labatut 1974:18-19). L'examen de certains documents ne nous permet pas d'établir avec certitude l'origine de ceux que, Engelbert Mveng (1973:201) a appelé « frères de race » les Foulbé. Il existe plusieurs versions relatives à la chronologie de leurs origines. Pour Cheikh Anta Diop (1963:210-212), les Mbororo seraient partis de la région de la vallée du Nil en Egypte avant d'émigrer vers le Sahel. Plus proche de nous, Aaron Su Neba (1987:57 ; voir Abouamé 1991:6-7) relève qu'ils seraient originaires de la région sénégalo-mauritanienne alors que Robert Cornevin (1960) remonte leur origine à la zone comprise entre la Nubie (contrée d'Afrique correspondant à la partie septentrionale de l'actuel Soudan) et l'Ethiopie. Au risque de plonger dans cette ambiguïté, force nous est de constater avec

Engelbert Nveng (1976:121) que « l'origine des Foulbé (ou Peuls) est comme l'origine des autres races africaines assez obscure… le peuple foulbé est un authentique peuple africain, rien de plus » (Bruijn and van Dijk in Bruijn and van Dijk 1997:14). Selon la légende largement entretenue cette fois-ci, les Mbororo seraient nés d'une liaison intime entre une femme et un génie habitant dans l'eau (voir Moses in Offoha and Sadiku 1996:26).

Les Mbororo représentent entre 10 et 13 pour cent de la population camerounaise. On les retrouve sur l'ensemble du territoire national et principalement dans les régions du Nord-Ouest, de l'Ouest, du Nord, de l'Adamaoua et de l'Est où ils vivent en plus grand nombre.[1] C'est à partir de la fin du XVIIIe siècle qu'ils commencent à arriver au Cameroun « par petits groupes » (Nveng 1976:121-122) en provenance du plateau Joss et de ses environs au Nigeria. C'est dans le nord du Cameroun et plus particulièrement autour de Garoua que les premières vagues s'installèrent. Entre la fin du XIXe et le début du XXe siècles, leur arrivée sera plus accentuée, à la suite de l'invasion du plateau Joss par les épidémies de péripneumonie (dévastatrices du bétail) et, plus tard, à la suite de la guerre du Biafra. Ayant acquis la propension à beaucoup migrer, le nord Cameroun ne sera pas pour les Mbororo un asile définitif. Ils émigreront alors petit à petit vers l'Adamaoua vers 1840-1850. Au cours de la première moitié du XXe siècle, une autre vague arriva et s'installa sur les hauts plateaux de l'Ouest. Les populations locales, les rapports administratifs et même des études spécialisées continuent à désigner les Mbororo comme des nomades, alors que la plupart d'entre eux ne le sont plus. Sont-ils pour autant parfaitement sédentarisés ? Qu'est-ce qui rapproche, mais aussi éloigne fondamentalement le Mbororo du Bamoun ou du Bamiléké à l'Ouest ?

L'un des traits caractéristiques qui fait la spécificité de la société Mbororo, c'est la place qu'elle s'est conférée au cours de l'histoire et occupe jusqu'à ce jour malgré les effets de la modernisation. Le cadre privilégié des Mbororo est, écrivent Amadou Issa et Robert Labatut (1974:26), « la vaste brousse et un campement toujours installé dans un site agréable aux flancs d'une colline rocheuse, au pied d'une falaise bleutée dans une plaine découverte d'où la vue s'étend jusqu'à de lointaines montagnes, près d'un ruisseau ». Ils ont « l'amour de la brousse et des vaches ». Comme ils le disent eux-mêmes, « … parcourir la brousse à la recherche des pâturages toujours meilleurs, c'est notre vie à nous, Mbororo » (Bocquene 1986:101-102). « Nous sommes des Mbororo, c'est-à-dire des broussards ». « Nous ne nous plaignons pas. Nous acceptons cette condition et nous l'aimons », « … pour un Mbororo, encore la vache est un moyen de vivre, la vache est sa vie », écrit H. Bocquene (1986:102-118).

Hallasy Sidibe, Mamadou Diallo et Coumbel Barry, dans de leurs études sur les « Foulbé Wodeebe ou Peuls rouges » (des Mbororo du Mali), nous offrent des données intéressantes transposables dans notre analyse sur les Mbororo du Cameroun. Pour ces auteurs, l'élevage transhumant est la principale activité des

Mboraro. Il s'agit d'un élevage extensif, pratiqué selon les principes du nomadisme, de la transhumance et de la sédentarité. Le mobile principal de ces différents modes d'élevage est de garantir aux éleveurs une meilleure flexibilité dans
l'exploitation des ressources hydrauliques et fourragères sujettes à une très
forte variabilité. Il s'agit donc, en général, de populations sans village fixe, en
perpétuel déplacement, en fonction des saisons et des besoins des troupeaux. Il
consiste en de grands déplacements de tout le troupeau, en compagnie de la
famille sur des vastes étendues à des dates et dans des directions souvent impré-
visibles. La finalité de cet élevage réside dans son rôle économique doublé de
considérations sociales et idéologiques : le bétail représente un signe extérieur de
richesse et entraîne considération et respect. C'est aussi un moyen d'investissement certain, car, en cas de difficultés, on vendra une bête, sans compter les
produits laitiers, la laine et les peaux. Cependant, la motivation principale demeure la possession de nombreux troupeaux. L'une des faiblesses majeures de
ce système d'élevage est son caractère sentimental, qui consiste surtout à posséder un très grand nombre d'animaux, plutôt que de produire de façon optimale.
C'est, dit-on, à l'importance du troupeau que l'homme et son importance sociale
sont évalués (Sidibe, Diallo et Barry in Bruijn et van Dijk 1997:223-241).

Nomades, les Mbororo ne connaissent pas le travail de la terre et n'avaient
que « mépris pour les manieurs de la houe » (Issa et Labatut 1974:26). Aussi J.
Boulet (1984:105) a-t-il pu écrire que ces Foulbés sont « sans tradition agricole
solide ». Mais avec leur fixation, le bétail et l'élevage ne pouvaient pas à eux tout
seuls compenser le manque à gagner vivrier et pouvoir permettre la satisfaction
de tous les besoins. L'agriculture s'est imposée aux populations pour des raisons
de subsistance et d'autoconsommation. Cette agriculture, pratiquée sur des petites superficies autour des « sare » ou concessions, se réduit aux cultures vivrières (plantain, maïs, haricot, patate, macabo, arachides…), à quelques arbres frui-
tiers (manguiers, avocatiers, pruniers) et, par endroit, à la caféiculture. Cette
agriculture est généralement une contribution féminine à l'économie sociale
et familiale.

Le code culturel des Mbororo et des Foulbé en général réside dans le *pulaaku,*
entendu comme trait de l'identité, de l'essence de la civilisation peule dans sa
pluralité. Il s'agit d'un ensemble des normes que la société peule préconise pour
le comportement social des Peuls et qui représente une partie importante de
leur identité en tant que groupe distinct des autres. Ces normes déterminent
également leur comportement politique. Selon ces normes, un vrai *Pullo* ne doit
pas manifester ses besoins physiques et matériels, ni montrer ses émotions et
sentiments. Les éléments constitutifs des normes du *pulaaku* peuvent être résumés en trois modes de comportements : la politesse (*needi*), la sobriété
(*karyantaaku*), la honte (*yaagaade*). Il ne s'agit pas seulement d'avoir honte, de
taire des actes répréhensibles, de tenir des propos discourtois, mais également
de respecter certaines normes. Le Peul doit être discret, il doit cacher ses émotions, sa joie et ses peines (Davis 1995:218-219; Burnham 1996). Les autres

groupes ethniques ne comprennent souvent pas cette attitude et accusent les Peuls de duplicité. Le Peul sait maîtriser sa parole, il fera preuve de *pulaaku* en n'intervenant que si on le lui demande. Il peut aimer quelque chose et ne pas l'extérioriser. Envers les étrangers, les Mbororo sont très sobres : c'est le *yaagaade* (honte) et le *rentaare* (retenue) qui les empêchent de s'ouvrir, de peur de dire les choses condamnables par le groupe, ou de dire des choses ridicules. Le *needi* est une donnée fondamentale du code de comportement en milieu rural peul. Comme dans beaucoup de sociétés, la politesse, le respect envers les aînés et les parents sont de rigueur, etc. De plus, la société mbororo n'a pas connu au cours de l'histoire une organisation sociale et politique assez solide par rapport à d'autres groupes sociaux peuls sédentaires, parce que trop dynamique et en perpétuelle mutation. Cette situation les amenait généralement à bâtir leur société sur la base de petites unités claniques dirigées par des *ardo* (chefs), c'est-à-dire des conducteurs d'hommes. Ceci dit, au Cameroun, les rapports entre les administrations modernes et les éleveurs nomades s'inscrivent presque toujours dans le cadre d'une politique de sédentarisation. Or la plupart des sédentarisations voulues ont échoué dans le passé. Parmi les exceptions figure le cas des Mbororo installés à l'Ouest du Cameroun.

Les Mbororo de l'Ouest : une population dominée et marginalisée

Très souvent en Afrique noire, les paysans s'adonnent exclusivement, suivant les ethnies, soit à l'agriculture, avec, éventuellement, l'élevage du petit bétail, soit à l'élevage du bovin, ce qui se traduit dans le paysage, lorsque deux ethnies de traditions économiques différentes se partagent la même région, par la juxtaposition de deux types différents d'aménagements de l'espace. La région que nous étudions se trouve dans cette situation. Arrivés les premiers, les Bamiléké et les Bamoun, mais aussi les Tikar, Banen, Diboum, Bakoua, et les Mbo, etc., essentiellement agriculteurs et ne connaissant que le petit bétail, ont pris possession de tout l'Ouest et y ont réalisé l'aménagement agricole, laissant le reste pour leur expansion ultérieure. Au début du XXe siècle, les Mbororo se sont emparés de ce reste pour élever des bœufs. L'un des problèmes rencontrés par ce type d'élevage est celui de la concurrence pour la terre avec les agriculteurs qui mettent progressivement en culture les sommets des versants autrefois réservés à l'élevage.

Les Mbororo de l'Ouest du Cameroun se répartissent en « pseudo-lignages », *lenyol*, dont la formation remonte au XIXe siècle, au nord du Nigeria. La cohésion des membres de chaque *lenyol* est très inégale. Ici, la division est simple ; on est soit Akou, soit Djafoun, selon qu'on a du bétail blanc et qu'on est relativement nomade ou qu'on élève du bétail brun et qu'on est sédentaire.[2] Entre Djafoun et Akou, quelques tiraillements séculaires persistent. Les Djafoun trouvent que les Akou sont radins, sales, difficiles de caractère, bref, manquent de

« *pulaakou* ». Ils disent même que le bétail akou est porteur de beaucoup de maladies, etc. Cette conception un peu trop subjective des choses rend parfois très difficiles les mariages entre les deux fractions (Abouamé 1991:24). Les Djafoun hivernent un peu au Bamoun, mais surtout au Bamenda, presque toujours au-dessus de 1 500 mètres. Les Akou coexistent avec les premiers en pays bamoun, mais occupent surtout le nord du Bamenda, stationnant vers 1000 mètres et même moins. Les deux groupes ne s'interpénètrent pas au Bamenda. La cohésion de chacun est momentanée et superficielle. Un essai ancien d'unification politique des Mbororo a rapidement échoué. Leur individualisme familial affaiblit les éleveurs face aux revendications des natifs agriculteurs.

Les Djafoun furent les premiers à conduire leurs troupeaux à l'Ouest du Cameroun. Ils séjournèrent quelques années au Bamoun puis s'installèrent au Bamenda en 1917. A partir de ces années, les arrivées se succédèrent, en provenance de l'Adamaoua et du Mambila. Elles se tarirent au cours des années cinquante. Les Djafoun furent alors relayés par les Akou dont les premiers contingents importants entrent en 1956. Depuis lors, le courant migratoire est continu. Il s'est gonflé lors des années qui ont suivi la grande sécheresse au Sahel. Il serait encore plus important si l'administration, notamment le service des douanes, ne s'opposait pas à de nombreuses entrées. Les Akou arrivent directement du nord du Nigeria (Bauchi, Jos) ou après un séjour dans le bassin nigérian de la Bénoué. A leur entrée au Bamenda, les premiers Mbororo étaient encore des nomades, *eggo-eggoobe* : ceux qui vont et viennent, ou *wunchoobe* : ceux qui se promènent. Leur séjour au Bamenda ne se traduisit pas aussitôt par une fixation. Seul le premier chef (*ardo*) s'installa à demeure en 1920 et resta au même endroit jusqu'à son décès en 1960. Les autres nomadisaient, changeant de site d'hivernage presque chaque année et se déplaçant en saison sèche. Les va-et-vient entre Adamaoua-Mambila et Bamenda étaient incessants. L'invasion de la région par les criquets en 1931 provoqua des déplacements massifs vers le Bamoun et des retours vers l'Adamaoua. L'instabilité des Djafoun ne se réduisit qu'à partir des années quarante, soit deux décennies après leur arrivée dans des pâturages pourtant exceptionnels (Boutrais 1984:231).

Région de hauts plateaux humides à la végétation dominée par les prairies, l'Ouest est très favorable à l'activité pastorale, mais les cultivateurs y détiennent une suprématie incontestable, suprématie numérique et politique. Les éleveurs ne représentent qu'une minorité de la population. Leurs centaines de milliers de bovins font pourtant de cette région la troisième du Cameroun pour l'élevage bovin. L'abandon du nomadisme ici se produit par ancrage de la population à son site d'hivernage et par l'adoption d'un élevage transhumant, l'éleveur déléguant de plus en plus son troupeau à des tiers. Comment en est-on arrivé à cette stabilisation? Parmi les caractéristiques géographiques qui la rendent possible, l'altitude semble jouer le rôle le plus important, la fixation au site d'hivernage ayant lieu fréquemment au-dessus de 1500 mètres, seuil altitudinal qui modifie les conditions d'élevage. La sédentarisation fut aussi le résultat d'une politique résolue de l'administration liée à une amélioration des pâturages (Boutrais 1984:225).

Une autochtonie problématique : des « étrangers » en défaut de territorialité

Malgré leur reconnaissance officielle comme « peuple autochtone » au Cameroun, une question qu'on peut formuler de manière simple s'ouvre à l'esprit à ce niveau : les Mbororo sont-ils considérés à l'Ouest par les agriculteurs bamiléké, bamoun, mbo, tikar, etc., comme des autochtones ? Y jouissent-ils de la plénitude de la citoyenné ? Si les données naturelles de la région de l'Ouest s'avèrent très propices à l'élevage, ce n'est pas le cas du contexte humain. Il est en effet marqué par une suprématie incontestable des cultivateurs sur les éleveurs : suprématie d'abord numérique mais aussi politique au sens large du terme. Une grande partie des plateaux de l'Ouest, le bamiléké, est pratiquement interdite aux éleveurs par des densités rurales de 200 à 300 habitants au km^2 et davantage. Résultat, les pâturages à bovins ne couvrent que moins de 10 pour cent de la superficie du pays bamiléké, conséquemment à la saturation foncière et l'accroissement des surfaces cultivées qui y ont pratiquement empêché l'extension de l'élevage. Il ne subsiste plus guère de troupeaux que sur le massif de Bana, les Monts Bamboutos et la région de Galim ; encore, les pâturages des Monts Bamboutos étant les plus vastes et les plus riches du pays bamiléké, les autorités coloniales en ont réservé l'utilisation exclusive aux éleveurs européens (Champaud 1983:321 ; Dongmo 1971:170-172 ; Fark-Grüninger 1995:111). Pour le reste, les densités démographiques du pays bamoun s'abaissent de 40 à 20 habitants au km^2, même si celles-ci reflètent un taux d'occupation de l'espace qui ne convient guère à l'élevage extensif. Mais comme les cultures ne sont pas également réparties, des vides restent disponibles pour les éleveurs. C'est en raison de ces atouts que c'est principalement dans ce terroir du Bamoun que se trouvent établies de nombreuses colonies mbororo de l'Ouest. Mais, outre qu'ils sont arrivés à l'Ouest et plus largement dans tout le sud Cameroun après la colonisation, il faut dire en effet, que l'opposition entre les Mbororo et les agriculteurs « autochtones » est pratiquement totale: elle est d'ordre vestimentaire, linguistique, économique et de civilisation. Les agriculteurs participent à la culture « bantoue », entendue au sens large, tandis que les Mbororo se rattachent au monde peul dispersé à travers l'Afrique occidentale sèche. Les difficultés des Mbororo ne tiennent donc pas seulement à leur situation minoritaire, mais aussi à une installation récente, entraînant une réaction de rejet de la part des agriculteurs autochtones. Ils sont perçus comme des étrangers et des migrants par les groupes locaux des *Grassfields* qui se considèrent comme leurs hôtes et propriétaires fonciers. Les Mbororo entretiennent depuis longtemps des relations hôtes-invités et patrons-clients avec leurs voisins agriculteurs (Pelican 2008:540-560).

Comme l'a déclaré à l'auteur une autorité administrative du pays bamoun, les minorités mbororo ont un problème géographique, physique et culturel. En tant que minoritaires, ils sont obligés de vivre avec des gens qui les étouffent. Ils demeurent complexés et ce complexe se caractérise par leur obsession sécuritaire. Les autres (les agriculteurs) ne les intègrent pas totalement et pour éviter les éternels clivages et conflits, ils préfèrent se réfugier loin de ces « autochtones ». Au plan physique, les bœufs n'ont pas suffisamment d'espaces de pâturage. Le haut de montagne leur offre un cadre idéal pour paître. Sur le plan culturel, le Mbororo a sa culture propre ; ils vivent renfermés. « Ce sont donc deux entités culturelles imperméables et même antagonistes. Il est curieux qu'après près d'un siècle de cohabitation il n'existe pas de mariages mixtes entre Bamoun et Mbororo, bien que les deux communautés appartiennent à la Umma et fréquentent les mêmes mosquées; a fortiori entre Mbororo et Bamiléké. Les Bamoun trouvent les Mbororo sales et puants, nous a déclaré une informatrice mbororo ; « qu'ils ne sont pas de purs êtres humains, mais des génies de l'eau » ; « aussi, pour avoir une union avec une femme mbororo, faudrait-il que celle-ci se lave en public dans un marché ; idem entre un Mbororo et une femme bamoun ». Ces clichés culturels se sont cristallisés même si ce tabou commence à être brisé, consé-quemment à la sédentarisation et à la scolarisation de certains Mbororo, et matérialisés par quelques cas officieux d'« enfants métissés nés des liaisons offi-cieuses et discrètes ». Cette remarque conclusive de Charles Frantz (1993:33-34) sur les Mbororo sonne comme un tocsin :

> Malgré leurs relations économiques symbiotiques fréquentes, les pasteurs nomades sont généralement détestés par les Foulbé mi ou entièrement sédentarisés, mais aussi par les groupes ethniques agriculteurs et les populations urbaines. Les Mbororo sont souvent stéréotypés d'être bruyants, voleurs, sales, sans foi, ignorants, illettrés, instables, inefficaces, superstitieux et destructeurs de ressources naturelles.

> «Au vu des changements démographiques et économiques en cours Afrique, il semble qu'il y aura peu de Mbororo dans les décennies à venir. Nous avons souligné les effets de la pauvreté, de la sécheresse, du bétail et des maladies humaines, de la sédentarisation, de l'urbanisation et de l'Islamisation sur la survie du mode de vie pastoral. Ce changement n'est généralement pas compensé par les Foulbé (en particulier, les plus riches et vivants en ville) pour investir plus dans le bétail, puisque rarement, ils assument le style de vie « répugnant » des Mbororo.

> « Les Mbororo semblent en train devenir « ennuyeux » parce que relativement négligés par les agences « de développement » nationales et internationales, y com-pris la Banque mondiale. Des douzaines de programmes conçus pour améliorer la production de bétail ont été mises en œuvre en Afrique, mais rarement, ceux-ci ont apporté de réponses ou des améliorations conséquentes aux Mbororo. Au contraire, les programmes d'intensification de la production de viande par d'autres moyens (comme par exemple l'engraissement intensif), ainsi que celle de la production agri-cole et industrielle, contribuent à rendre le mode de vie Mbororo plus 'répugnant' ».[3]

La divergence d'intérêts économiques entre les deux populations déclenche ou cristallise des conflits toujours latents. Des extensions de cultures aux dépens des pâturages ou des dégâts provoqués par les troupeaux en fournissent les motifs les plus fréquents. Les administrateurs sont confrontés en permanence à des conflits qui atteignent une violence rarement égalée autre part dans le pays. Le Cameroun anglophone avait élaboré une législation (*Farmer-Grazier Law* de 1962) pour tenter de résoudre ce problème une fois pour toutes. Du côté francophone, il n'existait pas d'équivalent juridique, mais les oppositions étaient comparables,[4] réglées au coup par coup par les gendarmes ou le sous-préfet (Boutrais 1984:230-231 ; Hurault 1989:32-35). Il a fallu attendre 1983 pour voir mettre sur pied un arrêté gouvernatorial délimitant les zones de culture et de pâturage dans l'ensemble du département du Noun. Cette délimitation ne résout pourtant pas le problème ; par exemple, dans l'arrondissement de Magba, l'on ne compte aujourd'hui qu'environ 3350 têtes de bovins. Or ce terroir avait en l'an 2000 plus de 10 000 têtes de bétail, mais suite aux conflits entre éleveurs et agriculteurs, certains éleveurs, mbororo en majorité, sont partis par peur des autochtones (commune de Magba et GTZ, 2007:14). Convoquons une fois de plus Charles Frantz (1993:20) :

> Depuis le XIXe siècle, le garanti accès aux ressources naturelles échappe de plus en plus aux Foulbé nomades. Bien que la démarcation des zones de pâturages ait eu lieu dans plusieurs pays, celle-ci n' a eu qu' un faible impact sur l' utilisation desdits pâturages. Des enquêtes cadastrales, des cartes détaillées, des actes et des titres ont été établis jusqu'à présent dans les pays africains, mais la propriété et la régulation de l'utilisation foncière tardent à se développer. Aujourd'hui, les gouvernements africains ont de plus en plus un titre de propriété sur la majeure partie du territoire de leurs pays. Ils ont souvent relativement fait interférer les droits de pâturages 'coutumiers' dans de nombreux terroirs, bien que dans quelques autres zones, des 'certificats d'occupation' ou la propriété foncière libre soient progressivement accordées. Mais ces mesures bénéficient surtout aux citadins, fonctionnaires et riches planteurs et propriétaires de bétail. Chaque fois que cela est possible, la tendance générale dans les pays où vivent les Foulbé, est de convertir les pâturages en petites fermes, en plantations, en ranchs de bétail, en parcs d' attraction et des réserves, ou les utiliser pour l'expansion urbaine, industrielle et d'autoroute.[5]

Au vrai, le Mbororo ne s'était jamais préoccupé de l'accès à la terre, mais plutôt des herbes et de l'eau, tant que le bétail se portait bien ; son patrimoine était moins foncier que pastoral. Mais aujourd'hui, avec l'explosion démographique et la saturation foncière, il s'est trouvé obligé de se sédentariser. Cette saturation foncière et l'appauvrissement des pâturages font que les gens débordent les limites des zones agricoles pour investir les zones de pâturage et vice-versa. A partir d'une telle situation, les rapports entre cultivateurs et éleveurs ne peuvent être que conflictuels. Or, lorsqu'on s'en tient à l'esprit des textes de délimitation des zones, ce sont les Mbororo qui ont généralement raison dans de nombreux cas de litiges ; pourtant ils ont souvent été condamnés. En plus, à en croire certains agriculteurs, les conflits agro-pastoraux seraient la conséquence des dysfonctionnements de l'administration camerounaise du fait que la commission de litiges ne joue pas toujours franc jeu à cause de leur contrôle par les autorités administratives qui tirent de rentes de situation. « Les Mbororo ont une forte capacité et propension de corrompre les autorités qui, ajoutée à leurs larges surfaces financières, les rend très arrogants et les met même au-dessus de nos lois », déclare un agriculteur.[6] La suprématie politique des cultivateurs est peut-être plus grave pour les éleveurs que leur situation minoritaire.

Des rapports de suzeraineté et de patronage entre Mbororo et chefs « autochtones »

Contrairement au nord du Cameroun (Burnham 1996:100 et sv.; Hurault 1989:32-35), les éleveurs de l'Ouest n'ont jamais imposé leur domination aux autres populations. Ils n'ont pas conquis la région, mais s'y sont infiltrés à la faveur de la paix coloniale. Les agriculteurs « autochtones » considèrent que les pâturages continuent à leur appartenir. Les chefs imposent leurs décisions aux éleveurs que la population locale persiste à qualifier d'« étrangers ». Une évocation de cette histoire mouvementée entre la royauté bamoun et les Mbororo du Noun rend largement compte de ces rapports dissymétriques.

En effet, sur le plan de la structuration du pouvoir, la société mbororo a connu deux modèles d'organisation qui se sont succédé en pays bamoun où sont concentrés essentiellement les Mbororo de l'Ouest. Le premier modèle (1915-1962), qui est de loin le mieux structuré mais aussi le plus puissant, a été créé par le sultan Njoya, quand ce dernier faisait de Yerima Bouba le *lamido* (chef à l'autorité fortement centralisée chez les Peuls) de tous les Mbororo du Noun, avec résidence à Didango, village toujours considéré aujourd'hui comme la capitale des Mbororo du Noun. Il avait, dans une certaine mesure, les caractéristiques des *lamidats* peul du nord Cameroun. Le *lamido* Bouba n'avait comme autorités supérieures que le sultan Njoya et le représentant de l'administration camerounaise pour l'Ouest, basé à Dschang. Il entretenait d'ailleurs avec ces derniers des rapports exemplaires. *Lamido* Moussa, qui devait lui succéder plus tard en 1936, en avait fort bien et pour longtemps encore préservé la qualité. Le deuxième modèle est celui qu'on connaît actuellement. Il est la conséquence de l'éclatement du premier par l'administration qui ne voulait pas d'une autre structure à l'échelon départemental, parallèle au sultanat bamoun. Aujourd'hui, soutient Abouamé Salé, « on peut légitimement en vouloir à *lamido* Moussa de n'avoir pas su réadapter les structures de son *lamidat* aux nouvelles réalités politico-administratives » (Salé 1991:20). Aussi l'histoire de cet éclatement vaut-elle la peine d'être dite.

Selon toujours Abouamé Salé, tout part de la création de plusieurs arrondissements au sein de ce qui était alors appelé département bamoun ; dès lors, il devenait inconcevable qu'un Mbororo de Malentouen ou de Magba continuât à payer son impôt chez le *lamido* Moussa installé dans le district de Koutaba. De plus, cette structure traditionnelle mbororo, qui avait un caractère départemental, ne permettait pas une quelconque mainmise ni des chefs traditionnels bamoun, ni des pouvoirs publics locaux sur la gestion de la chose mbororo. C'est pour ces multiples raisons que MM. Emmanuel Mombet et Nji Pafoyouom Njoya Chouaibou, des Bamoun, alors respectivement sous-préfets de Foumban et Foumbot, décident d'éclater le pouvoir du *lamido* Moussa pour le partager aux responsables des groupements mbororo, jusqu'ici sous l'autorité unique de leur lamido. En plus, au sein même de la communauté mbororo, le propre pouvoir de *lamido* Moussa ne faisait plus l'unanimité et des contestataires exigeaient ce que les pouvoirs publics voulaient déjà, à savoir sa déchéance. Ce dernier tenta de s'opposer en vain et sera arrêté quelques mois plus tard (1961), sur la base d'un mandat de dépôt émis par le Bamoun Arouna Njoya, alors ministre de l'Intérieur, à l'instigation de Nji Pafoyouom Njoya et dans l'indifférence surprenante de son fidèle allié, le sultan Seidou Njimoluh.

Gardé en détention administrative à la prison de Foumban pendant 408 jours pour escroquerie et abus de pouvoir sur les populations mbororo, *lamido* Moussa fut condamné par le tribunal de première instance de Dschang à 140 000 F, à la faveur des interventions conjuguées de son avocat, Maître Cachier, de Jean Fochivé (Bamoun et patron des services secrets et des renseignements au Cameroun) et peut-être du président Ahmadou Ahidjo, qui était de l'ethnie peul. Mais 13 mois, c'était largement suffisant pour démontrer aux populations mbororo qu'il y avait plus fort que *lamido* Moussa. A la fin 1962, son pouvoir ou plutôt le pouvoir des Mbororo, leur puissance fut anéantie et le peu qu'il en reste est réparti aux chefs de petits groupements appelés communément *ardo*. Nous en avons parlé plus haut. C'est peut-être le lieu de souligner que si on peut trouver un statut particulier à ces *ardo*, il faut avouer qu'il est très particulier, car ces derniers n'apparaissent nulle part dans les organigrammes des administrations modernes et traditionnelles. Autrement dit, ils ne sont ni notables des chefs de groupement, encore moins des chefs de troisième degré, à l'image des chefs de village. Mieux, un *ardo*, aussi grand soit-il, demeure toujours sous l'autorité du chef du village bamoun dont il dépend territorialement. Néanmoins, les Mbororo s'accommodent bien de la nature des relations qu'ils entretiennent avec les hautes instances traditionnelles bamoun et dont tout le monde tire mutuellement profit. D'un côté, le Mbororo parce qu'à son arrivée dans le département, il est accueilli et installé par un *ardo* avec la bénédiction du chef traditionnel de la place. C'est encore ce dernier qui, dans la limite de ses prérogatives, règle la plupart des conflits qui l'opposent à ses autres administrés. De l'autre, le chef traditionnel parce qu'il fait l'objet de la part de son hôte de quelque traitement de faveur à ces occasions-là et à bien d'autres encore qu'il n'est pas utile de rappeler (Salé 1991:20-24). Il faut d'ailleurs rappeler qu'à leur arrivée en pays bamoun, les Mbororo n'avaient pas d'armature institutionnelle aussi structurée. Ce n'est qu'avec ce que Jean Boutrais (1984:225) a appelé « l'abandon du nomadisme... se (produisant) par ancrage de la population à son site d'hivernage et par l'adoption d'un élevage transhumant » que les Mbororo ont constitué dans le Noun des groupes sociaux beaucoup plus homogènes et solidaires. Les 43 groupements Djafoun et Akou du royaume bamoun ont ainsi une armature politique beaucoup plus solide qu'avant. Aujourd'hui, ils ne constituent plus des sociétés acéphales. A la tête de chaque groupement se trouve un *ardo*, nommé soit par l'autorité administrative ou le sultan des Bamoun, soit désigné par un conseil des anciens ou de famille. En règle générale, les fils (et surtout l'aîné) sont privilégiés dans la succession dans cette société où les dispositions testamentaires n'existent presque pas.

Un relatif accès aux infrastructures socio-éducatives

L'étendue de l'aire ethnico-culturelle mbororo permet directement de constater une carence en infra-structures sociales, surtout sanitaires et éducatives. Certes, l'enseignement coranique y est très répandu ; 100 pour cent des enfants (filles et garçons confondus) y sont soumis et les résultats obtenus sont surprenants puisque presque tous acquièrent une bonne maîtrise du livre saint avant l'âge de 14 ans ; une prouesse qui s'explique par le caractère peu coûteux de cet enseignement et sa parfaite adaptabilité au genre de vie qu'ils mènent. Mais s'agissant de l'école d'origine occidentale, il y a problème : selon l'étude réalisée par Abouamé Salé sur les Mbororo du Noun, seulement deux enfants mbororo sur 100 vont à l'école moderne. Trois élèves sur 1000 sont mbororo. Les filles représentent 16 pour cent des inscrits. Ce pourcentage tombe à 12 pour cent pour les études secondaires (Salé 1991:40). Les Mbororo sont plus attachés à l'élevage, qui exige une présence physique humaine très forte. Ils accèdent très peu au niveau secondaire mais traversent difficilement la troisième sans abandonner les bancs. La fraction Djafoun reste la plus tournée vers la modernisation, avec un taux de scolarisation plus élevé. Aujourd'hui, seules trois écoles primaires existent, principalement pour cette communauté dans le Noun : deux écoles publiques à cycle complet à Didango et Yolo et une école de parents à Bangourain-Njintout dont le cycle reste incomplet. Les Mbororo de Yolo sont d'ailleurs seulement semi-sédentarisés et concentrés en petits groupements ; ils vont en transhumance et l'école reste éloignée des différents lieux de peuplements.

Jusqu'en 1990, le bilan scolaire des Mbororo dans le Noun était de 44 CEPE, 14 BEPC, 3 CAP, 8 probatoires, 4 Bac, 2 Licences (Salé 1991:36). Ce bilan est plus qu'honorable pour certains, si on se réfère à celui des régions de l'Adamaoua et du Nord où les Mbororo sont plus nombreux. Pour d'autres en revanche, il n'y a pas lieu de s'en réjouir parce que le contexte socioculturel de l'Ouest est différent et par conséquent, en tant que minorité, les Mbororo se doivent, plus que quiconque, de relever le défi scolaire. Reconnaissons toutefois que leur culture y est également pour beaucoup dans ce déficit éducationnel ; l'on sait, à la suite de Charles Frantz, que les programmes nationaux d'éducation initiés spécifiquement au Nigeria, au Niger et dans bien d'autres Etats pour les seuls pasteurs nomades n'ont pas jusqu'ici produit les effets escomptés (Frantz 1993:21).

Au plan de la santé publique, en dehors du village Didango qui a une case de santé,[7] les autres groupements mbororo de la région sont « en marge de la société globale ». Les dispensaires et autres centres de soins de santé publics ou privés les plus rapprochés des villages mbororo se retrouvent à une distance allant de 15 à 20, voire 30 kilomètres. Cela pose, comme disent les Mbororo eux-mêmes, un problème d'accès aux soins de santé ou une inégalité d'accès par rapport au reste de la population du Noun. Face à cette situation, les populations n'ont souvent pour alternative que le recours à un traitement traditionnel et/ou le ravitaillement dans les pharmacies de rue (peu coûteuses) des localités voisines. Au niveau administratif, les rapports entre Mbororo et l'administration demeurent distants. Cette joute oratoire du préfet du département du Bui, région du Nord-Ouest, agencée lors d'une assise avec les Mbororo et rapportée par Lucy Davis résume cette relation par trop alambiquée :

> Vous les Mbororo, vous vous déchirez à part au lieu de vivre ensemble comme le reste de la population du Cameroun. Vous vous appelez des gens abandonnés ? Qui vous a abandonnés ? Vous vous êtes abandonnés! – en restant loin de d'autres – en restant loin de moi! Comment pouvez-vous espérer que je vous comprenne quand vous restez loin de moi, loin de d'autres - quand nous sommes tout ici en ville et vous restez loin de nous, loin de tout, loin de moi - en haut dans les collines là-bas en brousse! (Davis 1995:213 ; Burnham 1996:129 et sv.)[8].

L'un des effets visibles de cette méfiance et défiance est l'exclusion des Mbororo dans le dédommagement des déguerpis et victimes de la construction des barrages de la Mapé et de Bamendjin à l'Ouest. L'on citera aussi la quasi-exclusion de nombreux membres de cette communauté du recensement démographique. Bien plus, profitant de l'ignorance de nombreux Mbororo, certains fonctionnaires s'invitent à cœur joie pour spolier ces compatriotes. Bref, tout un chapelet de récriminations existe contre l'administration ; une informatrice mbororo en a égrainé quelques-unes : les intimidations, harcèlements et rançonnements de toutes sortes ; les extorsions injustifiées d'argent ; des contraintes par corps abusivement exercées par les gendarmes ; des procès agropastoraux inéquitables où l'agriculteur a toujours raison face au Mbororo, désarmé et désemparé, etc. « Ces gens véreux et sans vergogne considèrent les Mbororo comme leurs mamelles nourricières, voire une plantation où ils doivent tirer des rentes ! », s'est offusquée notre locutrice. « Pour assouvir leur instinct de prédation, ils n'hésitent pas parfois à réclamer aux Mbororo des pièces qui n'existent pas dans notre ordonnancement administratif ou à invoquer des articles inconnus en droit camerounais ».

Pour nous résumer, les années à venir risquent d'être très difficiles pour la communauté mbororo de l'Ouest. Les Mbororo de la vieille génération gardent une vision accumulative de la richesse marquée par une relation affective avec le bétail et une vie qui frise l'ascètisme. On éprouve du plaisir à dénombrer le nombre de têtes du troupeau ; on ne vend quelques-unes que dans des cas exceptionnels d'urgentes nécessités. Aujourd'hui, les jeunes veulent vivre la modernité : aller à moto, construire sa villa, acheter sa voiture, boire et manger décemment ; cela concourt à la distraction du bétail. Comment dès lors concilier vie pastorale et vie moderne ? Une des mes informatrices mbororo n'a pas daigné en trouver de réponse. Bien au contraire, elle a marqué toute son incertitude. Outre le mode de vie, le coût même de la vie a changé: dans le passé, le Mbororo ne pratiquait que l'élevage et n'avait que cure de l'agriculture. Quelqu'un pouvait avoir 3 000 têtes et une famille de 15 personnes à entretenir. Or les besoins créés par la modernité ne sont plus les mêmes. Avant, quand on vendait un bœuf, il y avait peu de choses à acheter ; maintenant, cette vente n'arrive plus à couvrir tous les besoins. Finalement, les gens ont tellement vendu de bœufs qu'ils n'ont plus rien alors qu'ils n'ont pas appris à vivre autrement. Bien plus, la solution scolaire n'est comprise que par une infime minorité. A l'unisson tout le monde appelle à la modernisation de l'élevage mbororo pour faire pièce aux conflits agropastoraux, voire à la saturation foncière. Et devant cette crise socioéconomique multidimensionnelle, beaucoup de jeunes Mbororo se sont convertis dans les petits métiers, sans oublier les cas déviants de vols de bétail, d'alcoolisme, de coupeurs de routes et de prostitution parmi la gent féminine.[9] Aussi, à court terme, faudrait-il à cette jeunesse beaucoup de détermination, mais surtout beaucoup de miracles pour surmonter les difficultés et contradictions qui se dressent sur son chemin. Pour ce faire, il faudrait, d'une part, que les autorités fassent montre d'une volonté suffisante à s'imprégner des problèmes spécifiques à cette communauté afin d'y apporter des solutions d'une manière tout aussi spécifiques. D'autre part, il faudrait que l'élite mbororo travaille à l'élévation de la conscience collective de leur communauté en vue d'une meilleure intégration et d'une meilleure maîtrise des nouvelles donnes de ce XXIe siècle.

Quelques évolutions notables liées à la sédentarisation

Cette peinture sombre ne doit nullement occulter certaines avancées notables dans la perspective de l'intégration des Mbororo dans la vie nationale. On le voit dans le domaine scolaire surtout. De même, dans toutes les unités administratives du Noun, ils sont depuis le parti unique associés aux préparatifs de la fête nationale du 20 mai et aux différentes manifestations du RDPC. Mieux, on peut souligner que certains *ardo* furent convoqués au congrès de Fédéral (équipe fanion d'alors de football du département du Noun) en 1988, et leur contribution fut appréciée. Enfin, notons que jusqu'en 1990, 16 médailles diverses avaient été attribuées aux différents responsables mbororo dans le même royaume bamoun, dont une lors du 25e anniversaire de notre armée (Salé 1991:27). Avec les services techniques, les relations sont encore plus intenses et plus diversifiées. Pour l'éleveur mbororo, le *dobta* est non seulement celui qui tient en main le destin de ses animaux et, par voie de conséquence, le sien ; mais il est aussi le seul à percer quelque peu le secret de son existence. D'abord, parce qu'on ne peut compter les occasions qui les réunissent : campagne de vaccination, traitement d'animaux, marché à bétail, etc. Ensuite, parce que le service de l'élevage est le seul à avoir une idée de la fortune réelle de chaque éleveur et de sa gestion. De plus, quand on sait que bien souvent le technicien de l'élevage est le seul agent de l'Etat à maîtriser relativement bien la langue peul, on comprend aisément qu'il soit devenu par la force des choses le passage obligé pour atteindre les autres services administratifs. Il est sollicité pour faire l'interprète lors des litiges, pour expliquer les procédures administratives auxquelles ils sont confrontés, pour rédiger une plainte, pour l'obtention d'une carte d'identité, etc. Ces relations ne sont pas toutefois exemptes de reproches, tant celles-ci débouchent parfois sur la spoliation des Mbororo par certains agents véreux.

L'habitat que beaucoup d'observateurs considèrent comme étant le thermomètre extérieur de l'évolution de cette société a connu en quelques décennies des changements notables aussi bien dans son architecture qu'au niveau de ses architectes. Tout le monde a effectivement bonne souvenance de la période, non lointaine d'ailleurs, où la construction du logement familial était exclusivement dévolue aux femmes pendant que l'homme vaquait à ses occupations pastorales. Ainsi, sa compagne devait apprêter tout le matériau nécessaire à la construction (piquets, branchages, cordes, paille, etc.), choisir le site pour y implanter cet habitat. Mais il arrivait bien souvent qu'elle ne fût pas trop pressée et, par conséquent, toute la famille devait camper sous des arbres jusqu'à l'arrivée de la première pluie. Le type d'habitat ayant cours à cette époque est communément appelé *boukarou* ou *pouterou*. On le rencontre encore aujourd'hui dans les zones de transhumance, avec la seule différence qu'il fait partie des prérogatives masculines, sauf chez quelques rares lignages akou. De plus, la toiture n'étant pas très étanche (surtout dans les lieux de transhumance), on devait soit la renforcer avec des peaux traitées (*kilabou*), soit protéger avec ces mêmes peaux, personnes et biens se trouvant à l'intérieur. Aujourd'hui, la peau est remplacée par du plastic (*léda*). Les bergers célibataires s'y prenaient autrement, en construisant des hangars simples (peaux tendues à une certaine distance du sol entre quatre piquets). Ces techniques architecturales sont restées très hermétiques jusqu'en 1931, date à laquelle *lamido* Bouba fit construire le tout premier

Bongorou, marquant ainsi une ère nouvelle dans ce domaine. Ce nouveau type de logement a été le fruit des contacts des Mbororo avec les populations de l'Adamaoua, du Nord-Ouest et du Noun. Son architecture, comme on peut le constater, est un peu complexe.[10] D'où la mise à l'écart de la femme et l'intervention de l'homme d'ailleurs d'origine autre que mbororo.

Figure 1 : La maison d'un évolué mbororo sédentarisé à Didango, Ahmet Abdallah

Ensuite, aujourd'hui, on vit à Didango, « capitale mbororo du Noun », le seul groupement où les Mbororo sont totalement sédentarisés, l'existence de quelques mariages mixtes où des femmes bamoun épousent des Mbororo sédentarisés et vice-versa. Enfin, à côté de l'élite intellectuelle, l'on note aussi l'émergence d'une élite bourgeoise capitaliste mbororo qui se démarque du groupe pour opérer dans les secteurs de l'économie moderne (quincaillerie, alimentation, transports), dans les centres urbains tels que Koutaba, Foumbot, Foumban, Bafoussam. Ce qui frappe dans cette dynamique sociale, c'est l'émergence et la constitution progressive de la propriété privée. Ces nouveaux riches s'intègrent progressivement dans le secteur de l'économie capitaliste moderne et sont à leur retour dans leur groupement d'origine les vecteurs de transformations observables dans l'immobilier, l'alimentation en eau et en lumière. Ils sont aussi les facteurs de « reproduction sociale », car ils initient leurs enfants dans ce domaine, les envoient à l'école et dans les centres de formation spécialisée, ce qui sous-tend une logique de conscience de classe, une logique de conservation et même de pérennisation des rapports sociaux basés sur une vision capitaliste qui cache son nom.

Tableau 1 : Agents et cadres administratifs mbororo originaires
du département du Noun

Noms	Niveau d'étude et de profession	Fonction actuelle	Village d'origine
Sadou Daoudou	Licencié en droit et administrateur civil	Sous-préfet	Koupa-Menké
Fadimatou Daïrou	Maîtrise en carrière judiciaire et inspecteur du Trésor	Cadre du ministère des Finances en service à l'Aéroport international de Yaoundé-Nsimalen	Didango
Hassan Hamadou	Bachelier et infirmier vétérinaire	Délégué d'arrondissement du ministère de l'Elevage de Koutaba	Didango
Mohammadou Awolou	Bachelier et ingénieur en télécommunications	Cadre à l'Agence de Régulation des Télécommunications (ART) de Yaoundé	Didango
Ibrahim Salé	Breveté et infirmier breveté d'Etat	Infirmier en service à l'hôpital de Tibati	Didango
Djoubairou Ibrahim	Bachelier	Agent de maîtrise AES-SONEL (Société d'électrification) Nkongsamba	Didango
Me Youssouf	Licencié en droit et huissier de justice	Huissier de justice à Ngaoundéré	Didango
Sanda Oumarou	Licencié et professeur de lycée technique	Directeur du CETIC de Bankim	Didango
Amina Djamo	Bachelière	Agent de maîtrise à la banque SGBC à Yaoundé	Yolo
Lerah Amadou	Bachelier et vétérinaire	Vétérinaire exerçant en clientèle privée à Bafoussam	Didango

Source : Enquêtes et compilation de l'auteur.

Les indices de l'éveil politique des Mbororo

Nous venons d'explorer l'environnement ethnographique et sociopolitique des
Mbororo de l'Ouest ; nous nous proposons à présent de mettre en contexte leur
participation politique dans ce nouveau contexte de multipartisme et de
démocratisation. Nous avons souligné à l'introduction comment difficilement
ces derniers prenaient part au vote sous le parti unique ; toutefois, il ne doit
nous échapper que malgré cette apathie politique, dans la mise en pratique de
sa fonction d'intégration nationale, les Mbororo étaient quand même associés
depuis belle lurette dans les structures du parti unique. C'est ainsi qu'avant 1990,
deux agglomérations mbororo étaient dotées d'un comité de base de l'UNC puis
RDPC en pays bamoun : Yolo et Didango. Mais là encore, on constate quand
même qu'il n'y avait pas de représentation mbororo au niveau supérieur (section
et sous-section) malgré les tentatives malheureuses, les premières du genre, de
Yerima Daïrou et de Lerah Amadou, respectivement candidats pour la présidence
des sous-sections RDPC (organisation des adultes du parti) et OJRDPC
(organisation des jeunes). Il est donc clair que cette assimilation structurelle des
Mbororo par l'UNC-RDPC était somme toute marginale puisqu'elle n'investissait
pas les structures hiérarchiquement importantes. Le retour au multipartisme,

l'alibi de la compétition électorale et la quête des suffrages électoraux ont aujourd'hui mis au devant de la scène politique les Mbororo.

Dans le cas du Noun en particulier, par instinct ethnique, ceux-ci s'engagent d'abord dans les rangs de l'UNDP, le parti du peul Bouba Bello Maigari, sous la diligence de leur leader de Didango, Yerima Dairou, alors membre du Comité central de l'UNDP. Aux législatives de 1992, ce dernier conduit la liste de l'UNDP dans le Noun et les Mbororo votent massivement pour ce parti. Devant cette allégeance qui fait chevaucher appartenance ethnique (peul) et apparentement politique UNDP dans un département contrôlé par l'UDC, les Mbororo subissent les fourches caudines et des Bamoun acquis à l'UDC et de l'administration, suppôt du RDPC. Dès lors, les conflits agropastoraux se politisent davantage et se soldent parfois par la mort d'hommes parmi les Mbororo et la destruction des pâturages. Dans certains autres endroits, les voies d'accès à l'eau sont tout simplement interdites aux Mbororo ; objectif : en empêcher son usage par le bétail. L'administration, de son côté, montera les enchères sur fonds d'accès aux pâturages et menacera même d'expulsion les Mbororo pour susciter leur allégeance au RDPC. Cette crise et le développement qui s'en est suivi ne sont pas sans rappeler celle vécue à la même période par les Mbororo de la région du Nord-Ouest anglophone, et rapportée par Lucy Davis. Seule l'amplitude du conflit diffère tant ici, les Mbororo furent appelés à se défendre et recoururent aussi à la violence contre les autochtones agriculteurs acquis, eux, à la cause du SDF :

> Pendant les récents mouvements vers le multipartisme au Cameroun, beaucoup de Mbororo de la Province du Nord-ouest ont changé d' allégeance en abandonnant leur traditionnel soutien au RDPC du président Biya au profit du politicien nordiste et musulman, Bouba Bello, le leader de l'UNDP, le troisième plus grand parti national…

> Pendant l' état d' urgence d' octobre 1992, un certain nombre de concessions de Mbororo furent attaquées et incendiées, et une bonne partie du bétail attaquée à la machette. En représailles, les Mbororo eurent recours à leurs bergers qui attaquèrent à cheval les villageois locaux. Il était interdit aux Mbororo de fréquenter certains marchés en ville et ils devaient passer par des intermédiaires haoussa pour se ravitailler. Ces événements peuvent en effet avoir aidé les Mbororo à se mobiliser au travers d'un mouvement prônant l'unité des Musulmans de la province du Nord-ouest, et bien sûr, indépendant du Nord (Davis 1995:221).[11]

Devant ce marteau de l'UDC et l'enclume du RDPC, soucieux de protéger leurs intérêts résumés à l'essentiel à l'accès aux pâturages, les Mbororo du Noun s'organisent pour assigner à l'UDC et au RDPC leur domesticité. 1995, Yerima Dairou fait défection à l'UNDP et rallie le parti gouvernemental. Aux municipales de 1996, l'on enregistre parmi les Mbororo des candidatures du pouvoir et celles de l'opposition UDC. Des Mbororo battent campagne, respectivement sous la bannière de ces deux partis. L'UDC étant majoritaire dans le Noun, les Mbororo avaient cru qu'une partie de leur soutien à cette entreprise politique leur serait bénéfique en termes de lutte contre la pauvreté, mais illusion. Comme le dit ce militant mbororo du RDPC remonté contre le parti d'Adamou Ndam Njoya,

> A un moment donné, nous avions cru que nous obtiendrions dans l'opposition ce que nous n'avons pas eu du gouvernement, mais notre surprise a été grande : nous avons eu des conseillers municipaux depuis 1996, mais nos problèmes n'ont pas avancé d'un pouce. Ils se sont plutôt aggravés ; nos difficultés se sont multipliées. Par exemple, Didango est considéré comme le berceau des Mbororo du Noun, mais depuis 15 ans, notre route n'est pas entretenue. Il en est de même de l'école publique, bref, de tous les secteurs où la mairie est censée intervenir.

Devant cette infortune, les Mbororo, tout en conservant une poche opposi-tionnelle pour ainsi ménager leurs voisins agriculteurs bamoun, sont devenus en majorité une banque de votes pour le RDPC, le seul parti, semble-t-il, mieux réceptif à leurs attentes et sollicitations. « Les Mbororo soutiennent le parti au pouvoir parce que ses partisans font dans la réalisation et non dans les promesses », nous dit un interlocuteur mbororo. Mais pour les partisans de l'UDC, c'est un « soutien mercenaire » nourri par des attentes alimentaires et les distributions clientélistes des ressources de l'Etat par le RDPC (argent, produits alimentaires, pagnes, tee-shirts, gadgets, etc.). C'est cette alliance Mbororo-RDPC que le sous-préfet de Jakiri, région anglophone du Nord-Ouest, qualifie de « tradition républicaine » :

> La concurrence multipartite ouvre des perspectives en sensibilisant et en éveillant les consciences des populations sur les jeux et enjeux politiques de la République. Cependant, les Mbororo ont une tradition républicaine ; c'est des gens qui ne savent pas se rebeller contre les pouvoirs publics. Si, dans un bureau de vote, on inscrit 100 Fulani, ils voteront tous pour le gouvernement. Si une voix dissonante sort des urnes, et donc en faveur de l'opposition, ils feront tout pour découvrir ce contradic-teur du mot d'ordre général. Ils respectent trop le gouvernement, car étant minori-taires, vivant dans un milieu assez hostile, ils préfèrent se rallier le gouvernement pour avoir la sécurité pour eux et pour leur bétail, cela en termes d'accès aux pâtura-ges. Finalement, ils sont tous convaincus que tout pouvoir vient de Dieu…

> En période de vote, ils réclament souvent leurs propres bureaux de vote pour éviter les intimidations des populations des autochtones, sachant qu'ils sont phagocytés par la majorité. Cependant, ils sont constamment harcelés par les populations autoch-tones de voter contre le gouvernement et, dans le cas contraire, de s'abstenir de voter. Mais en créant un bureau propre aux Mbororo chez leur ardo, les autochtones exercent sur nous des pressions, crient au scandale et nous amènent parfois à suppri-mer ledit bureau.

Dans la perspective d'identifications partisanes, le tableau 2 rend compte de la distribution de votes entre le RDPC et l'UDC, sur fond de clivages ethniques entre Bamoun et Mbororo dans le Noun. Ces bureaux de votes étant mono-ethniques, nous les avons choisis à dessein parce que susceptibles de bien rendre compte de la réalité décrite. Aujourd'hui, avec la routinisation du multipartisme, la logique de confrontation a cédé la place à celle d'accommodation voire de respect mutuel entre Mbororo et Bamoun, et plus largement tous leurs voisins agriculteurs à l'Ouest même si les stéréotypes culturels, le manque de leadership et le déficit d'instruction des Mbororo les confinent toujours dans la marginalité. Au ralliement stratégique des années de braise a succédé l'adhésion de conve-nance. Et sur ce terrain, c'est le parti au pouvoir qui assure sa suprématie sur l'opposition dans son ensemble à l'Ouest parmi les Mbororo.

Tableau 2 : Distribution ethnique des suffrages dans trois bureaux de vote dans le Noun

	Koumbam II (campement mbororo)	Bangambi-Somtain (campement Mbororo)	Koumbam I (Bamoun)
Inscrits	216	72	112
Votants	94	45	59
Bulletin nul	1	00	00
Suffrages valablement exprimés	93	45	59
RDPC	76	35	18
UDC	17	10	41

Source : Commission communale de supervision, résultat provisoire des élections municipales du 22 juillet 2007 dans l'arrondissement de Bangourain, archives de la sous-préfecture de Bangourain.

Maintenant, reste une question : dans la perspective de la participation politique et d'allocation des postes politiques (communes, structures des partis et représentation parlementaire), quels sont les effets induits du multipartisme et de la démocratisation sur la position des Mbororo ? Contrairement à la période du parti unique où difficilement ils prenaient même part au vote, de plus en plus les Mbororo briguent des postes de conseillers municipaux et réussissent même à se faire élire. En 2007 par exemple, cet éveil politique s'est symbolisé à l'Ouest par 14 candidatures aux élections municipales, apparentées dans trois formations politiques, et sept élus. Plus important, un Mbororo originaire de Didango devient conseiller municipal en milieu urbain à Bafoussam, métropole régionale.

Tableau 3 : Candidatures mbororo aux municipales de 2007
dans la région de l'Ouest

Communes	Candidats	Apparentements politiques	Issue du scrutin
Bafoussam 1er	Lerah Adamou	SDF	Elu
Babadjou	Youssoufou Baba	RDPC	Elu
Galim	Abdoulaye	RDPC	Elu
Bangourain	Ortin Jamo	RDPC	Non élu
Bangourain	Hassang Koyo	UDC	Elu
Bafang	Adamou Dalahatou	SDF	Non élu
Koutaba	Ahmet Abdallah	RDPC	Non élu
Koutaba	Malam Ibrahim	RDPC	Non élu
Koutaba	Djoubairou Ibrahim	UDC	Elu
Malentouen	Oumarou Ali	RDPC	Non élu
Massangam	Yolaï Ibrahim	RDPC	Non élu
Massangam	Seni Abdou	UDC	Elu
Magba	Issa Cheikh Ali	UDC	Non élu
Njimom	Nguere	UDC	Elu

Source : Enquêtes et compilation de l'auteur.

Dans des structures locales du RDPC du Noun, un Mbororo, Ahmet Abdallah, a été élu en 2002 président de la Section OJRDPC du Noun Centre-Sud à Koutaba, contre un candidat bamoun. Ahmet Abdallah a été réconduit en 2007, cette fois par acclamation. Les portes du Parlement restent toutefois encore fermées aux Mbororo ; mais en 1992, un membre de cette communuté, Yerima Dairou de Didango aujourd'hui décédé, avait obtenu pour la première fois l'investiture aux législatives dans le Noun, dans les rangs de l'UNDP. Cette expérience tarde à se renouveler. Comment expliquer cet éveil politique ?

Les déterminants de l'éveil politique des Mbororo

Dans l'étude des facteurs et conditions du changement social comme cet éveil politique des Mbororo, le problème fondamental qui se pose est le suivant : est-il possible de déceler le ou les facteurs et leurs conditions qui exercent l'influence prépondérante dans cette histoire des Mbororo ? Y a-t-il, en d'autres termes, un ou des facteurs dominants explicatifs du changement social ? L'intention est ici évidente : il s'agit de s'approcher le plus possible d'une interprétation causale de l'historicité des sociétés. Mais contrairement aux deux premières études de cas où les trois facteurs que constituent la densité démographique, le statut socioéconomique et l'assimilation structurelle des partis politiques ont joué en faveur et au détriment des Mbo et Tikar, respectivement, chez les Mbororo, le déterminisme démographique semble de faible importance.

Les données démographiques issues de différents recensements et enquêtes démographiques, des statistiques départementales n'établissent pas avec précision l'effectif des Mbororo de l'Ouest. L'étude faite par Jean Boutrais (1984:233) ne ressort pas non plus clairement cette fraction mbororo. S'inspirant d'une étude enquête faite par l'INSEE en 1969, cet auteur évalue à 25 000 âmes toute la population mbororo de l'Ouest du Cameroun. Cependant, dans une étude récente faite par D. A. Njoya (1996:74), l'effectif des Mbororo de la région s'évaluerait à 22 000 âmes aujourd'hui. Les archives du MBOSCUDA confirment ce chiffre bien qu'il s'agisse des premières estimations datant de 1992-1995. Ces 22 000 âmes sont inégalement réparties et principalement établies dans le département du Noun, avec 43 groupements dont certaines sont de fortes concentrations (Didango, Nkounden, Yolo, Foyet, Kounbam) et d'autres de faibles densités (Kouchong, Koussam, etc.). Du fait de cet éparpillement démographique, les Mbororo sont très minoritaires partout où ils sont établis à l'Ouest et ne peuvent donc véritablement à eux seuls faire infléchir l'issue d'un scrutin dans une localité pour se constituer une densité morale à la durkheimienne; d'où l'inefficience du facteur démographique pour expliquer leur éveil politique. Par ailleurs, le statut socio-économique des Mbororo semble également en défaut quand on sait que ce groupe répugne à se scolariser. Certes, la communauté mbororo regorge d'assez nombeuses élites urbaines et semble ainsi mieux pourvue que les Tikar (Cf. Tableau 2). Mais en explorant le profil des candidats et élus mbororo aux élections municipales, l'on se rend bien compte que beaucoup n'ont jamais eu accès à l'école occidentale, ne serait-ce que dans le cycle primaire. Quelques-uns ont vécu en milieu urbain et se sont socialisés au contact d'autres cultures. Finalement, en se reportant au tableau 4 ci-dessus, seul un élu mbororo présente un profil honorable, Lerah Adamou, bachelier et vétérinaire.

Dès lors, contrairement aux deux études de cas précédentes, cet éveil politique des Mbororo est singulier par ses variables explicatives, à savoir le travail congruent de l'assimilation structurelle des groupes ethniques par les partis politiques et, au plan socioéconomique, l'activisme du MBOSCUDA, un nouveau mouvement social mbororo créé en 1992, et qui œuvre pour l'intégration sociopolitique de cette communauté. D'abord, l'assimilation structurelle des Mbororo par les partis politiques, l'UDC, le RDPC et le SDF notamment. Nous l'avons vu, contre les équilibres « sociologiques » prescrits par les lois et règlements camerounais, celle-ci dépend davantage des identifications partisanes, cela en termes de suffrages remportés ou escomptés auprès des électorats des communautés ethniques lors des compétitions électorales. Mais encore faut-il que ce vote soit conséquent pour l'issue d'un scrutin au niveau local. Or les Mbororo à eux seuls ne sauraient faire infléchir l'issue d'un tel scrutin. En outre, bien qu'ils soient apparentés politiquement pour la plupart au RDPC, ils bénéficient du soutien certes de cette entreprise politique, mais aussi de celui des partis de l'opposition, l'UDC et le SDF, dans les investitures aux élections municipales. Comment interpréter cette sollicitude des partis politiques ? C'est que les Mbororo, malgré leurs concentrations par petits groupements, constituent une minorité visible et économiquement puissante par leur contrôle du secteur de l'élevage bovin traditionnel de l'Ouest. Réunis, leur nombre devient encore très conséquent pour qu'ils puissent être pris en compte par les entreprises politiques dans leur assimilation structurelle des groupes ethniques.

Ce rôle intégrateur des partis politiques a été aussi facilité par l'activisme du MBOSCUDA, un nouveau mouvement social mbororo, lequel, par ses actes de sensibilisation, a éveillé la conscience politique des Mbororo. Raison pour laquelle ceux-ci font de plus en plus leur irruption dans les joutes électorales, voire dans la sphère de la délibération. Nous entendons par mouvement social une organisation nettement structurée et identifiable, ayant pour but explicite de grouper ses membres en vue de la défense ou de la promotion de certains objets précis, généralement à connotation sociale. Ce qui caractérise un mouvement social, c'est qu'il est essentiellement revendicateur. Il cherche à faire reconnaître et à faire triompher des idées, des intérêts, des valeurs, etc. (Rocher 1968:146-147). Selon Alain Touraine, un mouvement social existe parce que certaines idées ne sont pas reconnues, ou parce que des intérêts particuliers sont brimés. Il lutte donc toujours contre une résistance, un blocage ou une force d'inertie ; il cherche à briser une opposition, une apathie ou une indifférence ; il a nécessairement des adversaires (Touraine 1965). Les mouvements sociaux peuvent être ainsi définis comme des activités stratégiques ayant pour objet l'entrée dans le système politique et comme des activités instrumentales de mobilisation d'ensembles sociaux ou d'individus (Lapeyronnie 1988:593). Ils sont le fait des groupes qui cherchent à entrer dans le système, avec l'observation selon laquelle les participants aux mouvements sociaux ont déjà un niveau de participation politique élevé ; qu'ils disposent déjà de ressources solides et qu'ils sont rompus aux pratiques qui ont cours dans les institutions formelles de la société. L'objectif d'un mouvement social est de favoriser la promotion des intérêts d'un groupe social, c'est-à-dire sa participation sociale ou économique par le moyen d'une augmentation de sa participation politique. Un mouvement social est la conjonction d'une action politique menée par une élite qui vise le pouvoir et de la mobilisation des intérêts d'un groupe social à travers une action collective (Lapeyronnie 1988:599).

Quid du MBOSCUDA ? Mouvement national ayant une représentation dans toutes les 10 régions du Cameroun, MBOSCUDA est un regroupement des élites urbaines mbororo qui œuvre pour l'intégration sociopolitique de cette communauté (Davis 1995:225 et sv.; Pelican 2008:540-560). Selon les Mbororo du Noun, MBOSCUDA a largement contribué à l'appropriation, par eux, de leurs droits civils et politiques ou, selon Michaela Pelican, à « redéfinir leur citoyenneté nationale et régionale » (Pelican 2008:540-560). D'abord, sur le plan psychologique, MBOSCUDA a décomplexé le Mbororo. C'est ainsi que l'appellation Mbororo est aujourd'hui acceptée et intériorisée par les Mbororo eux-mêmes alors qu'avant, ce terme était péjoratif, source de frustrations, et donc rejeté. Les Mbororo préféraient se faire appeler Peuls ou Foulbé. MBOSCUDA a aussi permis de faire avancer la scolarisation parmi les Mbororo. Pendant la phase de la sensibilisation, MBOSCUDA est allé partout, dans les hameaux, les villages, quartiers, etc. Toutes les occasions étaient bonnes pour passer le message. Ça pouvait être une occasion de fête, un marché à bétail, bref partout où les Mbororo pouvaient se regrouper, etc. L'on se servait aussi des relais des *ardo*. MBOSCUDA demandait aux Mbororo de se scolariser, de se faire vacciner, de se faire établir la carte nationale d'identité, les actes de naissance, de mariage ; bref, on leur apprenait tous leurs droits civils et civiques, les droits humains, la déclaration universelle des droits de l'homme, tout ce qui est inhérent à l'être humain. MBOSCUDA apporte aussi l'expertise et l'assistance judiciaire aux Mbororo en détresse. N'oublions jamais qu'avant, quand on menaçait un Mbororo de poursuite judiciaire, ce dernier en était tellement alarmé qu'il pouvait distraire tout son patrimoine pour éviter de perdre le procès et son honneur ; maintenant, leur manière de penser a changé. MBOSCUDA leur demande également de se sédentariser, de moderniser l'élevage, de se faire délivrer des titres fonciers pour éviter d'être à la merci des agriculteurs, qui leur exhibent parfois des titres fonciers établis bien après leur sédentarisation. Il fournit du matériel didactique, des tables-bancs aux écoles mbororo, du matériel médical, etc. Il demande enfin une meilleure reconnaissance des Mbororo, leur plus grande visibilité et une participation active à la vie politique nationale par leur représentation parlementaire et gouvernementale. Au plan international, affirme Michaela Pelican,

> MBOSCUDA a aussi contribué à la redéfinition de la citoyenneté nationale mbororo. À travers sa collaboration avec les agences internationales de développement, il a créé des liens avec des organisations transnationales des droits humains et des minorités, telles, Amnesty International, Survival International, Minority Rights Group International et l'Organisation mondiale de la propriété intellectuelle. Ce soutien international atteste de la vitalité de la contestation des violations des droits des Mbororo qui peuvent être perpétrées par les agents de l'Etat.

> En outre, conformément à la proclamation par les Nations unies de la Décennie des 'peuples indigènes' (1995-2004), MBOSCUDA a promu les Mbororo comme une 'minorité indigène' dont la survie culturelle doit être protégée. Cela a permis d'intégrer les dirigeants du MBOSCUDA dans les programmes gouvernementaux pour le développement des peuples autochtones et indigènes au Cameroun. Les Nations unies et l'Organisation internationale du travail ont officiellement reconnu les Mbororo à côté des Baka, Bakola, Bagyeli et Bedzang (généralement appelés 'Pygmées') comme 'peuples indigènes'. En 2005 le Conseil économique et social des Nations unies a accordé à MBOSCUDA un statut consultatif spécial» (Pelican 2008: 550-551).[12]

Comme on le voit avec cette expérience du MBOSCUDA, les mouvements sociaux s'inscrivent bien en droite ligne dans la perspective de la théorie de mobilisation des ressources. Ils sont des agents actifs de médiation entre les personnes, d'une part, les structures et les réalités sociales, d'autre part. Cette médiation s'opère de diverses manières. Tout d'abord, les mouvements sociaux servent à faire connaître à leurs membres, et souvent aussi aux autres, la société et les structures sociales ; ils leur expliquent certaines réalités sociales, que ce soit pour les défendre, les critiquer ou proposer de les changer. A ce titre, les mouvements sociaux jouent le rôle d'agents socialisateurs. D'un autre côté, les mouvements sociaux constituent un puissant médium de participation. En second lieu, le mouvement social est de nature à développer et à entretenir une conscience collective éclairée et combative dans une société ou dans un secteur particulier de la société. C'est évidemment cette seconde fonction des mouvements sociaux qui est la plus directement reliée à l'action historique. Un certain degré de conscience collective est en effet un élément essentiel à toute action historique. En troisième lieu, les mouvements sociaux ont une influence sur le développement historique des sociétés par les pressions qu'ils sont en mesure d'exercer sur les personnes en autorité, sur les élites du pouvoir. Ces pressions peuvent s'exercer de diverses façons : campagnes de publicité ou de propagande auprès de l'opinion publique, menaces, « lobbying », etc. (Rocher 1968:15-154).

La marginalisation persistante des Pouakam

Les Pouakam constituent un groupe ethnique très minoritaire, établi définitivement très récemment en pays bamoun et banso, ainsi que l'atteste leur procès migratoire. Malgré cette migration récente, ils ont acquis ici le statut des « gens du pays », expression empruntée à Michel Bozon (1982:335-342), c'est-à-dire d'autochtones, contrairement aux Mbororo pourtant arrivés bien long-temps avant. Néanmoins, un décryptage approfondi de leur procès migratoire laisse apparaître des liens de filiation historique avec ce territoire où ils sont aujourd'hui installés, outre leur similitudes culturelles avec les Bamoun et les Banso en tant que bantoïdes.

Une migration contemporaine, irréversible et fondatrice de l'autochtonie

Les Pouakam sont des populations qu'on retrouve dans le rebord occidental des piedmonts du massif Mbam dans une dépression qui porte le même nom, comprise entre, à l'est, l'arrondissement de Bangourain en pays bamoun, et, à l'Ouest, l'arrondissement de Jakiri, département du Bui dans le Nord-Ouest anglophone, département qui couvre le même ressort territorial que le royaume banso. Appartenant à la même être culturelle semi-bantoue et « Tikar » avec les Bamoun, les Banso, les Tikar, les Bafut, Bamiléké, etc., ce peuple, qui ne figure dans aucun manuel ni écrit, semble ainsi méconnu des travaux des anthropologues et autres historiens. Des entretiens que nous avons eus dans cette localité, cette communauté s'appelle Pouakam ou Mbokam selon qu'on est en territoire bamoun ou en territoire banso et, respectivement, par les populations bamoun et celles banso. De leur côté, les concernés préfèrent l'ethnonyme Pouakam et considèrent Mbokam comme un sobriquet à eux accolé par les Banso avec lesquels ils cohabitent.

Les Pouakam sont cependant divisés en deux tribus, avec chacune un chef, bien que fortement apparentées : d'un côté, les Nchingong circonscrits uniquement en territoire bamoun; de l'autre, les Nzerem, qu'on retrouve de part et d'autre en territoire bamoun, attenant les Nchingong, et en territoire banso. L'on note toutefois une continuité territoriale entre les deux groupes, séparés seulement par la rivière Tchousseukeu. Côté bamoun, les deux peuples ont formé chacun un village : Koupouakam I pour les Nchingong et Koupouakam II pour les Nzerem. Mais c'est en territoire banso à Fonkigham que se trouve le palais du chef des Nzerem. Les Nzerem sont donc établis dans deux quartiers : Fonkigham en territoire banso et Koupouakam II (ou Mangori selon les Banso) en territoire bamoun. Résidant en territoire banso, le *fon* (chef) des Nzerem reste sous la tutelle du roi (*fon*) des Banso alors que ses populations de Koupouakam II sont soumises coutumièrement plutôt au sultan-roi des Bamoun, parallèlement avec les Nchingong et leur chef. Au plan linguistique, les deux tribus partagent une même langue, avec cependant une petite variation dialectale. Ces deux dialectes sont très proches de la langue bamoun, moins que le lanso, la langue des Banso, qui sont pourtant leurs voisins directs. C'est donc, comme le bamoun, une langue des groupes bandam-nkom et mbam-mkam qu'on retrouve également chez les Bafanji, Bapessi, Bamali, Bambalang, Bangolan de la plaine de Ndop dans le département voisin du Ngo Ketunja (région du Nord-Ouest). Si, à Fonkigham, les Pouakam cohabitent avec une forte colonie agricole banso, en pays bamoun, à Koupouakam I et II, ils restent isolés, bien loin des premiers villages bamoun que surplombe le massif Mbam.

L'histoire des Pouakam est une longue pérégrination à inscrire dans les migrations forcées imposées par le souverain bamoun Mbououmbouo, élucidées au chapitre précédent. Au départ, semble-t-il, le groupe original constitué des Nchingong vivait toujours dans l'actuel site de Pouakam sur les piedmonts du massif Koumbam, bien avant la fondation du royaume bamoun. A l'instar des Bamiléké, les guerres de conquête de Mbouombouo dans la première moitié du XIXe siècle vont contraindre les Nchingong à émigrer outre-Noun, d'abord vers Jakiri et même à Kumbo, capitale du pays banso, puis à Bapessi dans la plaine de Ndop. On retrouve encore aujourd'hui un fond pouakam resté à Kwanso dans la frontière entre le département du Bui et celui de Ngo Ketunja. A cette époque, le groupe Nzerem n'existait pas ; les Pouakam constituaient une et une seule communauté: les Nchingong. C'est sous la colonisation allemande (1884-1916) qu'intervint la scission. Comme chez les Tikar dont nous avons vu qu'ils descendent des Mboum, c'est à la suite d'une dispute entre le chef nchingong et son petit frère que ce dernier va quitter Nchingong, grouper des partisans pour fonder le groupe nzerem. Nchingong garde donc le parler originel et aujourd'hui, ces relations familiales nourrissent la bonne entente entre les deux communautés.

La migration vers l'actuel site de Pouakam et la fixation définitive, véritable retour au bercail, pour ainsi dire, sont toutefois récentes, datant de la fin des années 1960. Si, par l'émigration, les Nchingong avaient pu échapper à leur soumission et conquête par les Bamoun, ceux-ci demeuraient à l'étroit et sans terres à Bapessi. Pour se mettre à l'abri, il fallait se doter d'un territoire propre, habitable, arable et suffisamment vaste pour accueillir tout le monde. L'on se souvint alors que depuis l'émigration du XIXe siècle, Koupouakam demeurait un véritable *no man's land* puisque aucune communauté ethnique, pas même les Bamoun, et a fortiori les Banso, n'était venue occuper cette cuvette, exception faite des pasteurs mbororo qui y demeurent des étrangers. C'est alors que sous la sollicitude du sultan-roi des Bamoun, Njimoluh Seidou, les Nchingong partent de Bapessi avec leur chef, en la personne de Nguenkam Yacouba, traversent le territoire banso et se réinstallent dans leur site de Pouakam. Quelque temps après, ils sont suivis par le chef Nzerem, parti de Banso avec son peuple. Il faut souligner que cette installation fut facilitée par l'histoire et les relations familiales dans son sédiment tikar, entre les Nchingong et les Bamoun, voire les Banso.

Une fois réinstallés, le chef supérieur du groupement Njinka dont dépendent de nombreux villages de l'arrondissement de Bangourain et le chef du village de Bangourain qui jouxte quelque peu Pouakam avaient voulu établir sur les Pouakam leur suzeraineté. « Pour nous libérer de cette tutelle et surtout nous autoriser légalement à nous installer sur ces terres, le sultan nous délivra cette attestation », soutient le *fon* Nchingong, sa Majesté *Fon* Fobah Elias de Koupouakam I, lors de notre entretien. Voici les termes de ladite attestation qui date du 24 septembre 1971 :

> Je soussigné El Hadj Seidou Njimoluh Njoya, Sultan des Bamoun, Maître traditionnel des terres bamoun et Maire de Foumban,
>
> Certifie par la présente que la portion de terrain à Pouakam 1 (Foumban) appartient à Monsieur Nguenkam Yacouba, titulaire de la carte d'identité n° 004/1108/69 délivrée par Ndzomo Victor, Commissaire spécial.
>
> Le nommé Nguenkam Yacouba est seul autorisé à s'y installer sur ce terrain à Pouakam et ce terrain devient sa propriété avec les descendants de sa famille.
>
> En foi de quoi, la présente attestation est délivrée pour servir et valoir ce que de droit.

Malgré les précautions d'usage dans la plume du sultan, cette installation, qui ne concerne qu'une famille, va se muer en une fixation définitive d'un groupe ethnique : les Pouakam. Par cette migration irréversible, ceux-ci vont acquérir le statut d'« autochtones » du royaume bamoun. Cette migration fait partie de ce que Jean Loup Amselle appelle « les migrations anciennes ou archaïques » ;

celles-ci s'opposeraient aux « migrations modernes » en ce qu'elles représentent un mouvement d'expansion ou de déplacement d'une société donnée pour des causes qui tiennent essentiellement aux caractéristiques mêmes de cette société. Les migrations modernes seraient plutôt liées à une évolution économique qui favoriserait surtout le déplacement de main-d'œuvre ou d'éventuels travailleurs (Amselle 1976). Aujourd'hui, des mouvements collectifs et irréversibles de cette ampleur ne peuvent plus avoir lieu, eu égard à la raréfaction des terres encore vierges et à la stabilité des frontières territoriales des communautés ethniques au sein de l'Etat postcolonial.

Cette fresque migratoire atteste ainsi de la contingence de la notion d'« autochtonie ». La relation autochtones/allochtones a valeur historique pour autant que l'on accorde un sens relatif à chacun des deux termes : les autochtones sont ceux qui étaient présents « avant »... Dans le cas pouakam, comment et quand attribuer cette qualité à une communauté ethnique ? Qu'est-ce qui entre en ligne de compte comme critères ? La race, l'antériorité dans un territoire donné, le fonds culturel, les mythes précoloniaux de fondation, etc., dans une approche primordialiste de l'ethnicité ? L'on voit ici convoquées plusieurs variables primordialistes : leur fixation antérieure, précoloniale et préalable dans ce lieu, donc des « descendants des premiers occupants », une évocation somme toute discutable et non contraignante pour le roi bamoun, descendant des conquérants, régulant l'accès à la terre du royaume en tant qu'autorité coutumière ; le fonds commun culturel tikar et, par voie de conséquence, la race semie-bantoue, bantoïde, etc. Cette proximité culturelle voire parentocratique avec les Bamoun, est attestée par le parler pouakam très voisin de la langue bamoun.

Cependant, si l'on s'en tient à ces variables, de nombreux Bamiléké résidant aujourd'hui en pays bamoun ou les Banso du village Koutoukpi dans l'arrondissement de Bangourain seraient des autochtones du royaume bamoun, ce qui n'est et n'a jamais été le cas ; c'est pour cette raison qu'en dehors de cette approche primordialiste de l'ethnicité, il faut faire valoir la perspective subjectiviste ou interactionniste. Selon cette approche, le facteur important dans la définition du groupe ethnique est le sentiment d'appartenance au groupe et les interactions (le contexte) à travers lesquelles il se négocie (voir par exemple Leach 1989 ; Moerman 1965 ; Chen 1994:71). Pour qu'un individu soit reconnu « X », il faut qu'il se sente ou se dise « X », et qu'il se sente en même temps différent des autres groupes. Ce qui est important, c'est l'auto-affiliation (*self-ascription*) de chaque individu, c'est le côté subjectif et conscient de l'identité ethnique. Cette approche insiste ainsi sur l'importance des interactions sociales dans la définition de l'identité, car c'est en ayant des rapports avec un « autre » qu'on prend conscience de sa propre différence et qu'on développe un sentiment nous-eux (*we-they feeling*). Les groupes ethniques les mieux définis ne sont donc pas les plus isolés (point de vue primordialiste), mais au contraire ceux dont les membres ont le plus de contacts avec d'autres groupes (Gausset 1997:339). En clair, dans leur interaction avec les Bamoun, les Pouakam, en sollicitant leur installation en pays bamoun, se projetaient une installation définitive et donc une épithète de natifs dudit terroir, le tout accepté, avalisé et intériorisé par le roi bamoun, allocataire traditionnel des terres du royaume. Cette dimension interactionaliste permet de comprendre pourquoi, malgré leur migration bien antérieure à celle des Pouakam, les Mbororo gardent toujours partout dans le sud-Cameroun le statut d'« étrangers ».

Cette épopée pouakam et mbororo permet ainsi d'élargir la réflexion sur la notion d'autochtonie. Car, comme l'ont prévenu Jean-François Bayart, Peter Geschiere et Francis Nyamnjoh, « Dans un contexte de formation et de territorialisation de l'État, l'attrait de l'opposition entre autochtones et allogènes tient peut-être précisément à ce qu'elle permet de dépasser l'inconsistance des appellations ethniques ». Dans ces conditions, la montée en puissance de l'autochtonie apparaît bien comme une nouvelle phase de l'ethnicité, dont les termes antagonistes gardent la même capacité émotionnelle à créer une opposition entre « nous » et « eux », mais ont l'avantage d'être moins spécifiques et donc plus faciles à manipuler que les anciens récits historiques, trop riches pour ne pas autoriser des recompositions, des déconstructions et des interprétations concurrentes de l'identité et des origines (Bayart, Geschiere et Nyamnjoh 2001:80-81). Cette étude de l'interaction, des rapports entre les groupes ethniques nous donne une autre dimension au débat sur l'ethnicité. Une telle étude demande une approche ouverte de la part des chercheurs envers les autres groupes ethniques et sociaux, et des domaines divers (religion, traditions orales, gestion de l'espace, rapports fonciers). Ces domaines touchent à des disciplines variées, et donc demandent une approche interdisciplinaire. C'est la combinaison des différents points de vue qui peut nous aider à comprendre le processus de formation et de la construction de l'ethnicité. L'étude de l'ethnicité est interdisciplinaire de par sa nature même (Bruijn & van Dijk in Bruijn & van Dijk 1997:24). Comme le souligne avec raison Jean-Loup Amselle, c'est en postulant une véritable « créolité » originaire de chaque groupe ethnique, en posant que l'identité sociale et individuelle se définit autant par le repli sur soi que par l'ouverture à l'autre, en un mot que l'identité est à la fois singulière et plurielle, que l'on peut parvenir tout à la fois à respecter les différences culturelles et à les fondre dans une humanité commune. Les ethnonymes sont en effet des labels, des bannières, des emblèmes onomastiques qui sont « déjà là » et que les acteurs sociaux s'approprient en fonction des conjonctures politiques qui s'offrent à eux. Le côté caméléon de l'identité n'est certes pas extensible à l'infini et il est évident que la plasticité des statuts sociaux n'est pas absolue (Amselle in Bruijn et van Dijk 1997:10).

Les Pouakam : une population à la marge du développement socioéconomique

Les Pouakam connaissent une très forte marginalisation ; celle-ci est liée à leur enclavement et à leur position excentrée par rapport aux grands axes routiers et centres administratifs que sont Bangourain et Jakiri. Au sein de l'arrondissement de Bangourain, les villages Koupouakam I et II sont enclavés. Pour rallier ces deux villages, l'on doit transiter par Jakiri dans la région du Nord-Ouest avec des effets induits sur le coût du transport puisqu'il faut faire deux jonctions : le tronçon Koupouakam-Jakiri puis Jakiri-Bangourain. Certes, sur le plan administratif, en cas de survenance d'un problème nécessitant l'intervention de l'administration, c'est à Bangourain que les Pouakam du pays bamoun se dirigent pour en chercher solution et ceux de Fonkigham (territoire banso) à Jakiri ; mais quotidiennement, lorsqu'il s'agit des actes personnels tels que l'établissement de la carte nationale d'identité, d'actes d'état civil, tout le monde part à Jakiri. Cette situation est encore favorisée par l'usage de l'anglais comme langue de communication administrative et du *pidgin* comme *lingua franca* pour une population totalement anglophone, contrairement à Bangourain qui est francophone. Dès lors, l'on assiste à une déconnexion de ces deux villages de l'ensemble de l'arrondissement de Bangourain et à une forme de solidarité avec l'arrondissement de Jakiri, duquel ils sont desservis par une route. Seulement, même s'il n'existe pas de route reliant Bangourain et Pouakam directement sans ce contournement de Jakiri, il reste que parcourir l'axe Jakiri-Koupouakam demeure une gageure, tant l'état dudit tronçon reste à désirer. C'est une route latéritique jonchée de collines, de pentes abruptes et d'escarpements rocheux et rocailleux, une route non entretenue dont l'état de dégradation s'aggrave en saison des pluies. A certaines périodes de l'année, Koupouakam reste coupé du reste de l'arrondissement.

Les conséquences de cet enclavement sont multiples : l'isolement de la population, le coût exorbitant du transport et surtout la pauvreté ambiante, les populations éprouvant de nombreuses difficultés pour écouler leurs produits agricoles qui pourrissent parfois et les prix de vente qui restent très léonins. Pourtant, le sol de cette région est très riche pour les cultures vivrières. Selon les populations de Koupouakam, le gouvernement ou la mairie de Bangourain aurait promis d'ouvrir une route reliant directement Bangourain sans ce contournement de Jakiri, en passant par le village bamoun de Koumbam qui n'est séparé de Koupouakam que par le massif Mbam. Une ouverture de ce tronçon situerait Koupouakam à quelque cinq minutes de Koumbam et à 30 minutes de Bangourain, avec des attendus moins onéreux sur le coût du transport, la facilitation des échanges économiques, etc. Seulement, à en croire le maire de Bangourain, le coût financier d'un tel ouvrage reste trop élevé, 200 millions de francs CFA pour cette petite commune. Aussi ce projet qui est susceptible de multiplier d'autres investissements infrastructurels reste-t-il une illusion pour le moment ; la mairie s'active cependant à trouver des financements y relatifs. Du côté de Jakiri, l'ONG GP-DERUDEP (Grassfields Participatory and Decentralised Rural Development Project), de concert avec la mairie, a accepté de reconstruire le tronçon Jakiri-Koupouakam sur financement de la BAD ; mais les populations continuent d'attendre…

Pour finir, signalons que le territoire pouakam a connu une forte immigration des populations mbororo. Cette immigration est à l'origine de multiples conflits agropastoraux « Nous sommes certes de bons agriculteurs et la terre est riche ; mais non seulement nos cultures sont constamment détruites par les bœufs, mais en même temps, sans route, nous manquons de débouchés pour écouler nos produits ». « Les agriculteurs d'ici sont très marginalisés. Il devrait avoir un pont entre nos chefs et les *ardo*, mais malheureusement leurs rapports ne sont pas cordiaux », nous a dit un informateur. Pour le chef de Koupouakam I,

> C'est un véritable handicap pour les agriculteurs. Quand nous faisons nos cultures, les bœufs viennent tout détruire, comme si nous étions en Ethiopie et non au Cameroun. Quand on se plaint auprès de l'administration, les Mbororo soudoient les autorités et gagnent les procès et nous continuons à souffrir. Heureusement, le nouveau sous-préfet de Bangourain vient de mettre en place un comité qui doit suivre ces conflits… L'avantage pour nous dans ce comité, c'est qu'il n'est constitué et contrôlé que par les autochtones. L'objectif est de maintenir la paix entre les deux communautés, prévenir les conflits et en informer l'administration en cas de litiges.

Outre leur enclavement et isolement, les populations pouakam souffrent de problèmes d'accès à l'eau potable, à la santé et à l'école. Il existe un centre de santé à Fonkigham et situé à un kilomètre de Koupouakam II. A cause de cette localisation centrale, ce centre est facilement accessible et dessert toutes les populations avoisinantes. Le problème, c'est qu'il n'est ni grand pour contenir tous les malades ni équipé pour connaître beaucoup de cas de maladie. Nous avons pu ainsi noter que le bureau de l'infirmier qui dirige ledit centre servait en même temps de bureau de consultation et de salle d'accouchement. C'est toujours là que l'on administre aux malades des injections. Outre ce bureau de 7m², le centre comprend deux salles d'hospitalisation pour maternité et maladies. C'est même l'une de ces salles qui abrite le laboratoire du centre. Le personnel reste aussi très insuffisant, avec maintenant trois membres, un autre ayant été affecté sans être remplacé. Cette structure reste très étroite pour couvrir les besoins de santé de tout le monde bien que nous ayons affaire à une population de taille assez réduite. Néanmoins, l'Etat vient de créer un centre de santé intégré à Koupouakam II même si celui-ci n'est pas encore ouvert ; mais surtout, le PNDP (Programme national de développement municipal), antenne de Foumban, a promis de construire le bâtiment qui abritera ledit centre.

Concernant l'offre éducative, une école publique bilingue existe à Koupouakam II. Mais depuis sa création, il y a plus de 15 ans, cette école n'est pas pourvue en bâtiment viable que construisent généralement les pouvoirs publics. Seule sub- siste une baraque qui laisse les enfants aux intempéries en périodes de fortes précipitations. Cette école n'a en outre pas d'instituteurs qualifiés, mais des maîtres pris en charge par les parents, au demeurant trop pauvres. Le poids financier qu'endosse l'APE (Association des parents d'élèves) est ainsi lourd pour assurer la scolarisation des enfants. Cette école est curieusement un des centres d'examens du certificat d'études primaires de l'arrondissement de Bangourain. Suivons ces propos du directeur de cette école qui sonnent comme un cri de désespoir :

> Notre plus grand besoin est une route qui nous relierait avec Bangourain. Cette route aura un effet multiplicateur en termes d'établissements scolaires, de centres de santé, etc. J'enseigne ici sous l'arbre et non dans un quelconque local aménagé. Nous avons une école primaire et chaque année, ceux qui obtiennent leur CEP ne peuvent pas poursuivre leurs études par manque d'infrastructures. C'est le cas du jeune homme que vous voyez devant vous ! Ici, les gens sont pauvres et ne peuvent inscrire leurs enfants dans les collèges en ville ou dans des zones lointaines. Ils se résignent dans l'agriculture et la chasse.

Ces braves enseignants, natifs du terroir, n'ont pour seuls parchemins que leurs certificats d'études primaires et n'ont jamais fait le collège. Plus grave est la situation des populations scolarisables de Koupouakam I. Ce village est limité à Koupouakam II par une petite rivière. Les deux villages partageant la même école publique située à Koupouakam II, les enfants de Koupouakam I connaissent des difficultés d'accès à cette école, en période de pluies. Et pour cause ! le ruisseau qui sépare les deux villages ne comporte pas de pont ; sa traversée étant incontournable pour parvenir à l'école, en période de crues, il déborde son lit et n'est plus traversable à pieds. Pour leur sécurité, les enfants restent plantés chez eux tous les mois de juin, de septembre et pendant la première quinzaine du mois d'octobre. Comme conséquence, cette petite population est très peu scolarisée.

Signalons, pour terminer, l'existence d'une école de la Mission catholique du côté banso à Fonkigham. A l'image de l'école publique de Koupouakam II, celle-ci souffre d'une pénurie grave d'enseignants, avec un seul maître pour tout le cycle. Un député a cru venir à la rescousse des populations de la région en construisant des bâtiments qui ont permis l'ouverture d'une école publique via- ble située à cheval entre les villages Fonkigham et Lip ; mais à vouloir satisfaire tout le monde, cette école a été bâtie sur un site très éloigné de deux villages. Des enfants en bas âge doivent ainsi parcourir entre 5 et 10 km de route pour atteindre l'école ! Pour avoir un enseignant stable dans la région, il faut que ce soit un des originaires qui a, en plus, fait ses études là-bas, pour être à même de surmonter l'enclavement et les difficultés du milieu. Devant une telle désespérance, les parents assez nantis préfèrent scolariser leurs enfants auprès de leurs proches à Jakiri. Cette marginalisation des Pouakam se prolonge au plan politique.

Indices et déterminants de la marginalisation politique des Pouakam

Au chapitre 2, nous avons vu qu'au lendemain de l'indépendance du Cameroun, la participation de l'Etat dans l'activité économique était de plus en plus poussée, justifiée par la nécessité de mettre en place un tissu économique moderne, en l'absence d'agents économiques capables de procéder à des investissements suffisants. Cependant, la crise économique qui va s'abattre sur le pays, à partir de l'année 1986 notamment, va sonner le glas de ce pouvoir de redistribution. Avec les mesures d'ajustements structurels expérimentées dès 1989 pour juguler cette crise, le dispositif va se trouver entièrement miné. Georges Courade parlera d'« ascenseur en panne » :

> ...Que faire pour avancer, dans ces conditions, dans la construction d'une nation alors que l'ascenseur est en panne ? Le diplôme scolaire n'assure plus un emploi automatique dans une fonction publique aux droits régaliens. On a beau multiplier les rotations ministérielles, géographiquement sélectionnées, pour permettre une redistribution de la rente, celle-ci a en partie disparu. La crise a remis en cause le système d'assimilation réciproque des élites locales, marchandes et scolaires constituées en classe dominante, qui a connu son apogée autour des années 1980. Et les ajustements que subit depuis plus de cinq ans le pays ont renvoyé la 'petite bourgeoisie' (les classes moyennes citadines) à une grande précarité. La 'politique du ventre', qui a fait du Cameroun un modèle presque parfait en Afrique, s'est révélée être contre-productive pour l'intégration nationale à l'heure où se sont invités, sur la scène politique, une presse qui se proclame 'indépendante', des partenaires ethno-régionalistes qui s'opposent dans la violence et plus de 120 partis politiques maniant la dynamite des frustrations anciennes réactualisées (Courade in Nchoji Nkwi et Nyamnjoh 1997:46)

Cette crise va susciter une fronde contre le pouvoir central. Et dans les années 1990, un slogan ou un terme va faire son irruption sur la scène politique nationale, véhiculé par les partis de l'opposition dite « radicale » sous la houlette du parti du SDF : le « changement ». Par ce slogan, cette frange de l'opposition réclamait la conférence nationale souveraine pour bâtir un nouveau contrat social sur la base d'une refonte profonde des institutions et des mentalités. Popularisé à l'Ouest, il signifiait dans l'imagerie populaire et politicienne de l'époque, un vote-sanction contre le parti au pouvoir avec, comme conséquence, le départ immédiat et sans condition du régime du président Biya, leader du parti du RDPC. Ce départ devait amener au pouvoir un nouveau régime imprégné de nouvelles valeurs et issu de cette opposition. De ce fait, le « changement » fut l'enjeu des premières élections fondatrices de la libéralisation politique des années 1990.

Les Pouakam n'ayant jamais sucé, pas même une fois, le fruit du développement ou de la croissance, au propre comme au figuré, étant par ailleurs sous influence directe des Bamoun et des Banso acquis à l'époque à plus de 90 pour cent, respectivement à l'UDC et au SDF, cèderont facilement aux sirènes de ces deux partis. Dès lors, Koupouakam I et II apporteront massivement leur soutien à l'UDC du côté bamoun et les Nzerem de Fonkigham dans l'arrondissement de Jakiri soutiendront le SDF. Mais aujoud'hui, avec la routinisation des élections, les Pouakam partagent de plus en plus leurs voix entre le RDPC et l'opposition UDC, quelque peu désabusés, comme le dit si bien cet informateur de Koupouakam II :

> Le parti au pouvoir est le parapluie de tout le monde et c'est en son sein que les minorités doivent trouver un abri pour se développer. Dans le passé, le gouvernement nous avait fait des promesses sans les réaliser ; c'est ce qui nous avait poussés par dépit vers l'opposition. Dans l'opposition, nous nous sommes rendu compte qu'on a quitté le mal pour le pire ; c'est pourquoi nous sommes revenus en 2007 au RDPC. L'opposition critique, s'oppose et propose, mais reste désarmée pour la mise en pratique. Par question de réalisme, autant aller vers le parti au pouvoir qui fait dans les réalisations. Nous nous estimons aujourd'hui trahis et déçus par l'UDC. Ces gens promettent mais ne réalisent rien. Avez-vous traversé nos ponts et parcouru nos routes ? Personne ne veut venir nous aider. Or l'UDC avait promis de nous ouvrir 35 km de route.

Pour les responsables de l'UDC, ces doléances n'ont pas eu de suite à cause de la faiblesse des moyens communaux. Le maire de Bangourain a reconnu d'ailleurs ce problème à l'origine de nombreux malentendus et mécontents parmi les Pouakam :

> Nous sommes allés plusieurs fois à Pouakam évaluer l'état des besoins de ces populations et avions entrevu des solutions. En 2007, nous y avons effectué une descente sur le terrain et il était question de pourvoir l'école publique en tables-bancs. Nous y avions prévu une provision dans le budget de la commune, mais notre ministère de tutelle avait pris une mesure générale pour tout le Cameroun, qui gelait les décaissements des crédits Feicom destinés à renforcer les finances communales... Les décaissements ont repris aujourd'hui certes, mais nous avons de nombreux impayés qu'il faut honorer au préalable. Nous sommes au regret de ne pouvoir pour le moment répondre à cette doléance.

Tableau 4 : Résultats des municipales de 2007 à Koupouakam

	Koupouakam I	Koupouakam II
Inscrits	142	183
Votants	83	121
Bulletins nuls	1	05
Suffrages valablement exprimés	82	116
RDPC	23	55
UDC	59	61

Source : Commission communale de supervision, résultat provisoire des élections municipales du 22 juillet 2007 dans l'arrondissement de Bangourain, archives de la sous-préfecture de Bangourain.

Bien que les Pouakam aient soutenu l'UDC dès les premières heures du multipartisme et bien q'ils y restent en majorité aujourd'hui, dans l'allocation des postes politiques de l'arrondissement de Bangourain, les Pouakam sont encore plus marginalisés, n'ayant jamais bénéficié d'un quelconque siège de conseiller municipal. Certes, par deux fois, respectivement en 2002 et 2007, le RDPC leur avait accordé un siège dans sa liste de candidatures aux municipales dans la commune de Bangourain ; mais l'UDC étant le parti ultra dominant qui rafle toute la mise dans cette circonscription électorale, et n'ayant jamais cru investir un Pouakam dans une compétition électorale, les Pouakam continuent à courir derrière ce précieux sésame.[13] Cette exclusion n'est pas compréhensible, la commune de Bangourain ayant 25 sièges de conseillers. D'ailleurs, une comparaison rapide nous apprend qu'entre 1996-2007, un Nzerem de Fonkigham a été conseiller municipal SDF de sa localité. Même avec le changement de majorité amorcé par le RDPC en 2007, Fonkigham a toujours une représentation, même s'il s'agit d'un Banso, cette fois-ci. Dès lors, pourquoi cette exclusion des Nchingong et de Nzerem de l'arrondissement de Bangourain ?

C'est que, dans la perspective du statut social, de la mobilisation des ressources et du conflit social, les Pouakam n'ont, à proprement parler, pas de ressources à mobiliser ; ni densité démographique, ni statut socioéconomique. A partir les données électorales, leur vote chiffré autour de 350 voix traduit à suffisance leur très faible densité démographique qui ne saurait susciter parmi eux une densité morale, encore moins faire infléchir véritablement l'issue d'une élection à Bangourain qui mobilise près de 11 000 électeurs pour intéresser le parti de l'UDC, dominant à Bangourain, dans sa politique d'assimilation structurelle des groupes ethniques. Bien plus, le niveau d'éducation et le revenu influent sur la propension de certains groupes à participer, à organiser et à s'impliquer dans la vie politique ; tous les citoyens ayant une position sociale et économique peu élevée ou précaire ont une propension relativement faible à participer (Mayer et

Perrineau 1992:23 et 29). Sur ce plan, les Pouakam se singularisent par leur position quelque peu inédite ; il est ainsi curieux et triste de faire ce constat que depuis 52 ans d'indépendance, aucun Pouakam ne fait partie des effectifs de la fonction publique camerounaise prise au sens large : ni fonctionnaire, ni agent de l'Etat ou communal, encore moins un entrepreneur économique, très peu de ses ressortissants ayant fait des études secondaires, conséquence de l'enclavement de leur terroir. C'est donc un peuple sans classe politique et donc sans élites, ni urbaines ni de terroir, en dehors de leurs chefs traditionnels.[14] En plus, habitant un milieu isolé et enclavé, ils n'entrent en conflit politique avec aucun groupe, en particulier les majoritaires bamoun, conflit qui aurait dilué quelque peu leur léthargie. Certes, ils sont confrontés aux conflits agropastoraux avec les Mbororo, qui viennent pour la plupart du Nord-Ouest, traversent la frontière pour faire paître leur bétail à Pouakam ; ce qui de temps en temps leur cause des dommages en termes de destruction de cultures ; mais, comme on le voit, ces conflits ne sont nullement politiques, encore moins hégémoniques.

Ce que nous pouvons dire pour terminer, c'est que nous vivons dans ces deux études de cas une forme pathologique de la division du travail dont parle Durkheim, dans son versant de l'inégalité des chances. En effet, Durkheim pose l'inégalité des chances comme un facteur défavorable au maintien du lien social. En contraignant les individus à occuper des fonctions qu'ils ne désirent pas, l'inégalité des chances nuit au développement de la solidarité organique. Durkheim explique, dans la dernière partie de sa thèse, que les individus doivent obtenir les postes qui correspondent aux qualifications qu'ils possèdent. Si tel n'est pas le cas, alors la répartition des fonctions est illégitime. Ce n'est pas l'existence d'une inégalité qui le perturbe, mais l'aspect non méritocratique de l'accès à certaines professions ou fonctions sociales (Durhkeim 1960). A travers la notion de méritocratie, Durkheim aborde le rôle de l'école dans l'accès à la distribution sociale. Mais il refuse une analyse de l'égalité des chances que devrait fournir le système scolaire. L'école, par l'éducation qu'elle transmet, a pour fonction de faire intérioriser aux individus les normes et les valeurs du milieu dans lequel ils vivent, en même temps qu'elle doit susciter chez l'enfant les qualités requises pour vivre dans la société. L'école est égalitaire dans la mesure où elle répartit les individus dans la structure sociale en fonction des compétences acquises. L'institution scolaire est donc, implicitement, au fondement de l'idéal méritocratique : elle en est le moyen et le symbole. Durkheim préconise donc une égalité des chances dans l'accès aux positions sociales, en même temps qu'une équité dans les rétributions des services rendus. Si ces deux éléments sont réunis, l'inégalité ne perturbe pas le fonctionnement de la solidarité. L'égalité ne se confond pas avec la justice. En cas inverse, le lien social se distend. Les individus peuvent revendiquer des postes pour lesquels l'institution scolaire ne leur a pas fourni des droits d'accès légitimes (Besnard et al.:1993).

Car, en ce qui concerne l'offre éducative, si l'on veut rendre compte de la réalité sociale, on ne doit pas faire l'analyse des systèmes d'enseignements africains dans les mêmes termes que les systèmes européens, mais dans les termes qui correspondent aux structures sociales qui sont encore les plus prégnantes : les groupes ethniques, au risque d'encourir l'accusation de « tribalisme » passéiste. En analysant les systèmes d'enseignement en termes de participation de différents groupes ethniques, on constate de très fortes inégalités qui recouvrent et nuancent à la fois les inégalités régionales. On retrouve d'ailleurs, au détour de l'analyse, les variables sociales de type européen fortement associées à l'ethnicité : les ethnies qui sont surreprésentées dans l'enseignement sont souvent celles qui possèdent également le plus fort taux d'urbanisation, de participation au secteur moderne de l'économie, etc. A l'inverse, les ethnies qui sont sous-représentées sont aussi les moins urbanisées, celles qui vivent toujours d'une économie d'auto-subsistance, et qui manifestent donc la demande scolaire la plus faible : étant donné le mode de production, une fréquentation massive de l'école par les enfants met en cause la survie économique et culturelle de la société. Si la jeune génération ne prend pas le relais, la reproduction du système social ne peut être assurée, d'où les réticences que l'on peut constater (Martin 1973:18-319).

Notes

1. Voir Discours conjoint du Centre des Nations Unies pour les Droits de l'Homme et la Démocratie en Afrique Centrale et UNICEF, *op. cit.*

2. D'autres contestent cette vision des choses, c'est-à-dire la répartition des Mbororo en deux fractions. En effet, selon eux, l'expression « *Akou* » veut dire simplement bonjour et on peut l'appliquer à tout le monde. En plus, beaucoup de familles d'éleveurs se réclamant de la fraction *Djafoun*, la mieux considérée, seraient arrivées à l'Ouest avec du bétail blanc et, par conséquent, pouvaient être qualifiées aussi de Akou.

3. The Mbororo'en also are likely to become « boring » as the result of their relative neglect by national and international « development » agencies, including the World Bank. Dozens of programs designed to improve cattle production have been implemented in Africa, but rarely have they brought greater viability or lasting improvements to the Mbororo'en. On the contrary, programs to intensify meat production by other means (such as through intensive pen fattening), as well as by putting more emphasis on agricultural and industrial production, contribute further to making the Mbororo way of life more « boring ».

4. Sur ces oppositions des bergers et des agriculateurs, sur l'incompatibilité de l'agriculture itinéraire sur brûlis et de l'élevage des bovins, lire Jean Hurault, 1989:34-35

5. Since the XIXth century, pastoralist Fulbe have been losing guaranteed access to many natural resources. While the demarcation of grazing areas or zones has been done in several nations, these seem to have but little effect on how these were actually used. Few cadastral surveys, detailed maps, deeds, and titles have been issued thus far in African countries, hence both the ownership of land and regulations about its use have been slow to develop. Today, African governments generally hold title to an overwhelming portion of their lands. They have interfered relatively with « customary

» grazing rights of occupancy in most areas, although in a few places « certificates of occupancy » or freehold tenures are gradually being granted. Through these new measures, townsmen, civil servants, and richer farmers and herd-owners seem to be receiving the greater benefits. Whenever possible, the overall trend in nations where Fulbe live has been to convert pastures into small farms, plantations, cattle ranches, game parks, and reservoirs, or to use them for urban, industrial, and highway expansion.

6. Aux dires du sous-préfet de Bangourain, ce climat est davantage entretenu par la mauvaise foi des différents protagonistes, agriculteurs et éleveurs :

Mankii est par exemple une zone mixte (de cultures et de transhumance). En saison sèche, les bœufs doivent emprunter ce passage qui leur sert de transhumance, mais vous verrez qu'en saison sèche, quelqu'un va y planter du manioc, lequel, pour produire des tubercules, doit prendre un an. Ce sont là ce que j'appelle des « champs-pièges ». De l'autre côté, il y a également la mauvaise foi des éleveurs. Par exemple, on engage un troupeau de 40 têtes sous la responsabilité d'un garçon de 10 ans comme berger. Etant donné qu'il y a une loi qui réprime la divagation des animaux, j'ai fait savoir aux éleveurs que tout troupeau sous la tutelle d'un mineur est passible de divagation. J'ai également fait le tour des villages pour demander aux agriculteurs de libérer les zones de transhumance en saison sèche. Cela a été une tournée de prévention des conflits pour limiter le nombre de descentes de l'autorité administrative. J'ai par ailleurs demandé aux Mbororo de moderniser leur élevage par la construction des enclos et des formules nouvelles d'alimentation en saison sèche pour limiter la transhumance. L'enclos empêche la divagation des bêtes, laquelle finit par la destruction des cultures….

7. Didango bénéficie même d'un réseau électrique, de l'hydraulique et de la téléphonie fixe rurale, avec aujourd'hui 24 abonnés et bientôt d'Internet, œuvre de ses nombreuses et dynamiques élites.

8. You Mbororo people are tearing yourselves apart instead of coming together like the rest of Cameroon. You call yourselves an abandoned people? Who abandoned you? You abandoned yourselves! - Keeping away from others- keeping away from me! How do you expect me to understand you when you keep away from me, keep away from others- when we are all here in the towns and you remain away from us, away from everything, away from me- up in the hills out there in the Bush! (Davis 1995:213 ; Burnham 1996:129 et sv.).

9. En ville, nombreux sont les jeunes Mbororo qui se consacrent au petit commerce, vente de cassettes, de bricoles et de produits de consommation courante. Mais toutes ces activités sont pratiquées, en général, après avoir passé une période de berger salarié. N'ayant plus d'animaux, les Mbororo offrent leurs services aux sédentaires des zones périurbaines. De propriétaires, ils sont devenus pour la grande majorité de simples bergers. Cela a engendré d'importantes mutations. La génération des bergers n'a pas le même attachement vis-à-vis des animaux que ses aînés. On ne retrouve pas chez eux le souci d'améliorer l'état de son cheptel grâce à une nourriture abondante et des soins périodiques. Ce qui compte pour eux, c'est de remplir la journée. De nombreux Peuls sédentarisés ont aussi opté pour un système d'élevage de terroir. Dans ce mode d'élevage, les animaux demeurent au village pendant une bonne partie de l'année. En conséquence, les Mbororo abandonnent progressivement la paillote pour la case ou la maison en banco. L'abandon de l'habitat amovible pour un habitat fixe, permanent, et la perte du cheptel vont contribuer à la sédentarisation et au recul du nombre de familles qui se déplacent avec les animaux en transhumance.

Cette situation va entraîner d'importants changements dans l'univers des Mbororo. Le *wuro* (campement peul) était très différent du *saare* (village sédentaire).

10. Au départ, le bas était fait de piquets et de branches liés entre eux et renforcés extérieurement avec de la paille ou avec des nattes. Puis a été introduite la terre battue, d'abord pour renforcer paille et nattes et ensuite pour les substituer. Aujourd'hui, la brique de terre est devenue l'élément fondamental de cette architecture. Mais le toit est resté le même, c'est-à-dire conique et fait de bambou et de paille. De nos jours, le *Bongorou*, communément appelé *Boukarou*, est de plus en plus considéré comme logement de la femme et des enfants. L'homme ayant tendance à faire construire pour lui l'habitat classique de l'Ouest Cameroun, c'est-à-dire maison rectangulaire en briques de terre, compartimentée et tôlée.

11. During the recent changes in the direction of multi-party politics in Cameroon, many of the North West Province Mbororo switched allegiance from their traditional support of Biya's ruling CPDM party to support of the Northern, Muslim politician Bouba Bello, then head of the UNDP, the third largest party...

During the state of emergency in October 1992, a number of Mbororo compounds were attacked and burnt, large numbers of cattle are claimed to have been attacked with machetes. The Mbororo retaliated on horse back, attacking local villagers with their herding staffs. Mbororos were not permitted to enter certain market towns and had to buy their provisions through Hausa middlemen. These events may indeed have helped lead the Mbororo into a more genuine, growing, movement towards Muslim unity in North West Province, albeit as yet independent from the North (Davis 1995:221).

12. MBOSCUDA has also been instrumental in redefining Mbororo national citizenship. Alongside collaborating with international development agencies, it has created links with transnational human and minority rights organizations, including Amnesty International, Survival International, Minority Rights Group International, and the World Intellectual Property Organization. This international backing proved vital in contesting human rights abuses committed by state agents against Mbororo individuals.

Furthermore, in line with the proclamation of the decade of « indigenous peoples » (1995-2004) by the United Nations, MBOSCUDA promoted the Mbororo as an 'indigenous minority' whose cultural survival had to be protected. Consequently, MBOSCUDA officials were enrolled to participate in government programmes for the development of indigenous and autochthonous peoples in Cameroon. The United Nations and the International Labour Organization officially recognized the Mbororo alongside the Baka, Bakola, Bagyeli and Bedzang (commonly regarded as « Pygmies ») as « indigenous peoples ». In 2005 MBOSCUDA was granted special consultative status by the Economic and Social Council of the United Nations (Pelican 2008:550-551).

13. L'UDC et le RDPC ont toutefois des structures de représentation à Pouakam : une sous-section RDPC et un comité local de l'UDC.

14. L'unique opérateur économique et élite urbaine qui faisait la fierté de Koupouakam II est aujourd'hui en faillite ; il s'agit de M. Chu Fai Kuintoh, ancien usinier à Santchou. Ce dernier est d'ailleurs rentré s'établir définitivement dans son village où il est devenu un leader traditionnel. Les Nzerem de Fonkigham, quant à eux, ont un fils professeur de lycée.

Chapitre 6

Conclusion générale

L'intégration sociopolitique des minorités ethniques : entre dogmatisme du principe majoritaire et centralité des partis politiques

La démocratie est devenue un « bien moral », voire un « impératif » aujourd'hui (Diamond et Morlino 2005:X). Elle est une nécessité vitale parce qu'elle est toujours le seul moyen qu'on connaisse pour limiter les nuisances politiques (Médard 1991b:92). Elle a des conséquences positives sur les libertés individuelles, sur la stabilité des Etats, voire sur la paix internationale (Huntington 1993:XV). Et c'est dans cette perspective que cet ouvrage s'est fixé pour objectif de jeter un regard nouveau, non pas sur le processus de démocratisation au Cameroun, mais sur la manière dont ce processus est approprié par des groupes ethniques minoritaires. Comme on sait, le Cameroun est un pays de diversité. Celle-ci, ajoutée à la lutte des années d'indépendance, a eu comme conséquence d'inscrire constamment la stabilité et l'intégration nationale au centre de notre vie politique. Pour y parvenir, nos dirigeants ont imaginé un principe, celui de l'« équilibre régional », qui postule la représentation de toutes les ethnies du pays aux postes de direction de l'appareil d'Etat. Mais dans les faits, ce mécanisme s'est toujours inscrit contre l'inclusion sociale en privilégiant les groupes dominants dans ce que Pierre Flambeau Ngayap appelle les « macro-équilibres géopolitiques et microdosages intra-provinciaux » dans l'allocation des postes politico-administratifs dans les hautes sphères de l'Etat. Une fenêtre était toutefois ouverte sous le parti unique pour accorder prioritairement et même exclusivement à certaines minorités ethniques des positions fortes de pouvoir comme maires au sein des municipalités de leurs localités respectives ou députés.

Ainsi, si, à l'Ouest, l'« équilibre régional » a toujours profité principalement aux Bamiléké et accessoirement aux Bamoun, les minorités mbo et tikar ont toujours exercé un monopole exclusif sur les municipalités de leurs localités respectives de Santchou et de Magba sous l'ère monolithique. Mais avec le multipartisme et la démocratisation, où les postes politiques sont dorénavant attribués par voie élective et non plus par simple cooptation et nomination, une incertitude plane sur ce microdosage local en faveur des minorités. Sur cette base, notre interrogation a porté sur quatre minorités ethniques de la région de l'Ouest, les Mbo de Santchou, les Tikar de Magba, les Pouakam et les pasteurs mbororo, avec pour objectif principal de savoir si ce changement politique leur ouvre de nouvelles perspectives, ou s'il minerait plutôt davantage leur position. Cette question lancinante, voire perturbante, est urgente quand on sait que la libéralisation politique des années 1990 au Cameroun s'est singularisée par une réforme qui reconnaît les droits des autochtones et protège les minorités, tandis les lois portant organisation des élections municipales et législatives appellent désormais au respect des « différentes composantes sociologiques » des circonscriptions électorales. Dans la détermination du critère de participation politique des minorités ethniques de l'Ouest, nous avons privilégié les élections municipales et la mairie comme lieux de pouvoir, assorties d'autres référents complémentaires à forte valeur ajoutée, notamment les législatives et la représentation parlementaire, les structures et représentations partisanes. Et au risque de raviver un poncif éculé, le multipartisme et la démocratisation ont conduit à la fois au « désenchantement » et « ré-enchantement » : l'affaiblissement de la position des Tikar, le renforcement politique des Mbo, l'éveil politique des Mbororo et la marginalisation persistante des Pouakam.

D'abord les Mbo Sous le parti unique, cette communauté accaparait à son profit exclusif le poste de maire de Santchou sous le prisme de la politique de construction nationale. Avec la libéralisation politique, les autochtones mbo ont réussi à s'assurer le contrôle de l'exécutif communal en conservant ce poste de maire et, mieux encore, en se réservant tout aussi automatiquement un des postes d'adjoint au maire. Aux groupements bamiléké de Fondonera et de Fombap, l'autre composante de l'arrondissement, il est désormais réservé un seul poste, de premier ou de deuxième adjoint. Pour réaliser un tel exploit, les Mbo ont dû s'octroyer une majorité automatique de 13 conseillers sur les 25, contre l'opposition farouche des Bamiléké de Fondonera et de Fombap, suffisante pour élire l'exécutif communal. Outre ce fauteuil de maire, les Mbo se sont arrogé deux autres postes politiques importants de l'arrondissement : celui de député et celui de président de la section RDPC, parti au pouvoir.

Quant aux Tikar de Magba, malgré la lourde tutelle de la royauté bamoun, ce groupe apparenté bénéficiait sous le parti unique des garanties statutaires d'accès aux postes de maire, de deuxième adjoint et de député. Mais depuis l'avènement du multipartisme, les Tikar ont perdu de nombreuses plus-values en termes politiques ; c'est le cas notamment du poste de maire, qui a glissé subrepticement entre les mains des Bamoun, le groupe dominant, quelle que soit la majorité qui gère la mairie (l'opposition UDC entre 1996-2002 et depuis

2002, le parti au pouvoir, le RDPC). Les Bamoun ayant abandonné le poste secondaire de deuxième adjoint dont ils avaient le monopole, l'on se serait attendu qu'en retour, les Tikar s'en adjugent en compensation, outre celui de premier adjoint. C'est ignorer l'irruption sur la scène politique locale d'un troisième larron constitué des groupes ethniques, cette fois-ci allogènes : les Bamiléké, les Anglophones et les Nordistes. Ces derniers sont passés maîtres pour le contrôle du poste de deuxième adjoint. Reste aujourd'hui aux Tikar leur éternel poste de premier adjoint (à côté de celui de député). Quant aux Mbororo, contrairement à la période du parti unique où difficilement ils prenaient même part au vote du fait de leur apathie politique, de plus en plus, ils se libèrent de leurs complexes, arrachent leurs masques, briguent des postes de conseillers municipaux et réussissent même à se faire élire. S'agissant enfin des Pouakam, ils demeurent marginalisés politiquement ; jusqu'aujourd'hui, aucun de ses membres n'a jamais été élu conseiller municipal.

Cette position sociopolitique variable des groupes ethniques de l'Ouest est le fruit d'une démarche anthropologique dont on sait qu'elle est toujours sensible aux contradictions et à la particularité. Elle s'explique en partie par la disparition d'un mode de régulation politique autoritaire sous le parti unique et l'émergence de la concurrence pour l'obtention ou l'attribution des postes politiques. Jusqu'à l'avènement du pluralisme politique, les transactions et arrangements politiques avaient pour conséquence de développer la stabilité de l'ordre politique national et local en assurant les macro-équilibres géopolitiques et les microdosages locaux et régionaux. Ces arrangements privaient les groupes ethniques de disposer de leurs ressources politiques propres ou de leur initiative propre, mais ils renforçaient le parti unique qui devenait la seule institution politique légitime. Aujourd'hui, le multipartisme et la démocratisation ouvrent de nouvelles perspectives dans la mesure où il est théoriquement reconnu aux groupes ethniques le droit à leur subjectivité et à leur initiative. Au vu de ces linéaments de comportement politique, deux leçons restent à tirer de cette étude pour river véritablement notre pays dans le patrimoine démocratique moderne: d'une part, le rejet du dogmatisme du principe majoritaire et la nécessité de la démocratie de partage, d'autre part, la centralité des partis politiques dans l'avancement de la position des minorités.

Du rejet du dogmatisme du principe majoritaire et de la nécessité de la démocratie de partage

Ce que nous voulons souligner ici, c'est qu'en démocratie, et notamment dans la perspective de l'intégration des minorités, le principe majoritaire, tout en ne pouvant être écarté entièrement, ne doit pas avoir de caractère dogmatique. Cette nuance trouve toute sa pertinence dans cette étude parce que les variations de comportement politique des minorités ethniques de l'Ouest reposent sur trois facteurs assis en priorité sur ce levier d'ordre quantitatif à l'origine de nombreuses frustrations. D'abord, le déterminisme principal constitué par la densité démographique : dans la perspective durkheimienne, l'idée générale ici est qu'une population nombreuse dispose d'une densité morale et d'un électorat suffisant pour jouer un rôle politique conséquent. Ensuite, le statut socioéconomique des minorités : une équation démographique n'est favorable à un groupe ethnique que si celui-ci dispose, dans la perspective élitaire, d'une classe politique et donc de compétences pour mobiliser cette ressource à l'avantage dudit groupe. L'assimilation structurelle des partis politiques, enfin, fait référence à la distribution proportionnelle des groupes ethniques dans les structures et investitures des partis. Elle est inextricablement liée aux deux premiers facteurs, nourrie par les intérêts électoralistes des entreprises politiques.

Concrètement, la posture hégémonique des Mbo à Santchou tient première-ment à la conjonction de deux ressources mobilisables pour faire barrage aux Bamiléké de Fondonera et de Fombap: leur équation démographique largement supérieure à celle des Bamiléké et leur statut socioéconomique qui ne le cède en rien également à celui des Fondonera et Fombap et qui leur permettent de s'engager très activement dans la vie politique. Deuxièmement, dans la perspec-tive du conflit social, ce sont les partis politiques qui tranchent en dernière instance en procédant à une répartition des postes entre ces deux communau-tés, proportionnellement au soutien qu'elles leur réservent dans les compétitions électorales. Et comme depuis la libéralisation politique les Mbo sont acquis à la cause du parti au pouvoir, soutien qui, à lui seul, avec ou sans vote des Fondonera et des Fombap, assure au RDPC une victoire électorale, en retour, ce parti leur offre une position privilégiée et monopolistique dans les investitures aux com-pétitions électorales. Les structures locales d'investiture du RDPC ne sont-elles pas d'ailleurs contrôlées par la communauté mbo ? Dans ce mariage de raison, le parti gouvernemental exerce une fonction d'intégration de cette minorité, car, autrement dit, celle-ci ne serait représentée nulle part dans le département de la Menoua contrôlé par les Bamiléké. Mais dès lors que les Mbo accaparent tous les postes politiques, les Bamiléké de Fondonera et de Fombap se trouvent exclus et marginalisés. Il ne faut donc pas s'étonner de trouver des Cassandres chez cette communauté prônant la fin de cette hégémonie.

L'on est proche là des « effets boomerangs des mécanismes consociatifs » du système politique nigérian dont parle Daniel C. Bach (1991:17-140). Aussi, dans la perspective d'une véritable intégration nationale, de l'instauration d'une vie politique apaisée et de la consolidation de l'Etat de droit, faudrait-il penser un jour au partage des postes politiques à Santchou suivant des paramètres qui ne seraient pas trop léonins, afin d'enrayer la défiance qui s'est installée entre ces deux groupes ethniques. N'oublions jamais que sous le parti unique, un Bamiléké de Fombap a été député pendant une législature malheureusement écourtée, bien que le poste de maire restât la chasse-gardée des Mbo. Cette hypothèse de partage est de plus en plus expérimentée par les partis de l'opposition (SDF,

RMDC, principalement), désarmés devant la machine RDPC et contraints de séduire l'électorat des deux groupes ethniques. Comme l'a reconnu un de nos informateurs mbo, il y a des situations qu'on ne peut contrôler éternellement. Chaque situation est réversible. « Ce qui serait important dans l'avenir est qu'il y ait des gens qui travaillent pour le développement de l'arrondissement de Santchou au-delà des clivages ethniques ».

Cependant, contrairement à la période du parti unique, la situation créée par la libéralisation politique a offert désormais aux Bamiléké de Fondonera et de Fombap lésés un contexte pour discuter dorénavant de l'allocation des postes politiques de Santchou, ce qui leur permet de manifester leur citoyenneté. Avec ce « changement de perception » chez les Bamiléké de Santchou, l'on est proche du scénario décrit par Antoine Socpa dans son étude sur « allochtones » bamiléké et « autochtones » béti à Yaoundé :

> L'idée générale parmi ces derniers (les Béti) est que les allogènes (les Bamiléké) doivent se contenter des parcelles de terre qui leur sont concédées et ne doivent en aucun cas se mêler des affaires politiques. Et s'ils sont tout de même intéressés par l'exercice des responsabilités politiques, ils devraient le faire « chez eux » et non chez « les autres » (Socpa 2006:63 ; 2003).

Chez Socpa, c'est le foncier qui enflamme davantage les rapports entre les deux communautés dont l'une est autochtone et l'autre allogène. Dans notre étude, l'on a plutôt affaire à deux communautés autochtones dont l'une est minoritaire, mais qui aspirent les deux, légitimement à la représentation politique locale. Situation latente sous le parti unique dans les deux cas, elle est aujourd'hui avivée par le nouveau contexte de démocratisation (Mouiche 2001a:94).

Cette préemption mbo des postes politiques locaux de Santchou met en exergue la dimension ethnique et surtout l'étroite articulation entre sentiment identitaire, contrôle territorial et compétition politique. Elle a ainsi valeur exemplaire, tant il est vrai que la dimension politico-ethnique se niche au cœur des tensions qui secouent l'Afrique contemporaine. Ces tensions exacerbées depuis les années 1990 n'ont pas surgi du néant. Elles s'enracinent au contraire dans le substrat des sociétés. Loin d'être un phénomène isolé et conjoncturel, elles s'inscrivent dans la durée avec toute la force des faits de structure. La compréhension de ces événements s'éclaire à la lumière du passé : la mise en perspective de l'actualité donne accès au sens, dans une dialectique générale, celle de la confrontation autochtone/allochtone. Elle pose les questions fondamentales du droit au sol, non pas d'un individu particulier, mais d'un groupe. Plusieurs décennies de cohabitation, la trop forte proximité géographique et de nombreux intermariages entre Mbo et Bamiléké n'ont pas effacé le clivage entre les héritiers des premiers occupants dont les chefs coutumiers revendiquent les droits sur le sol, et les « étrangers » issus de la migration. L'identification de l'étranger s'effectue ainsi sur un double registre, celui de l'appartenance ethnique, celui de l'origine géographique (Pourtier 1998:139). Elle s'inscrit dans le paradigme « J'étais là avant » esquissé par Jean-François Bayart et Peter Geschiere sur les « problématiques politiques de l'autochtonie » :

> Qu'y a-t-il de commun entre les îles Fidji et le Kosovo, la région des Grands Lacs en Afrique et le Caucase, la province indonésienne d'Aceh et la Corse, Jérusalem et Bruxelles, le Vlaams Blok de la Flandre belge et la Ligue du Nord italienne, le général ivoirien Robert Gueï et le tribun français Jean-Marie Le Pen ? Le recours à l'idée d'autochtonie et à l'argument d'antériorité de peuplement pour instituer et légitimer des droits politiques spécifiques à l'avantage de ceux qui se disent indigènes. Et pour exclure ceux que l'on étiquette comme allogènes, la parole de ces derniers importe peu en l'occurrence. Les conflits-politiques, agraires, commerciaux, voire religieux ou culturels – s'énoncent alors non plus sur le mode du « ôte-toi de là que je m'y mette », comme dans les colonisations de peuplement classiques, mais sur celui du « ôte-toi de là que je m'y remette. J'étais là avant ! ». Ce cri qui résonne dans les cours de récréation et provoque les bousculades de gamins est érigé en idéologie, travaux d'érudition ou prétendus tels à l'appui… (Geschiere et Bayart 2001:176).

Comment expliquer l'affaiblissement politique des Tikar ? Dans la perspective de la mobilisation des ressources, avec l'avènement du barrage sur le fleuve de la Mapé qui a fait venir des milliers d'allogènes pour pêcher à Magba, les Tikar, qui étaient déjà sous le joug démographique des Bamoun et des allogènes bamiléké et anglophones, sont aujourd'hui réduits à une proportion déficitaire de la population totale de l'arrondissement. Dans la perspective du conflit social, ce déséquilibre n'aurait véritablement pas affecté la position politique des Tikar si ceux-ci n'étaient pas en luttes permanentes avec les Bamoun pour la recherche hégémonique locale. Dans cette rivalité, et à cause de leurs votes conséquents qui départagent les Tikar acquis à la cause du parti au pouvoir et les Bamoun, regroupés en majorité derrière le parti de l'UDC, Nordistes, Anglophones et Bamiléké se sont invités dans le partage des postes politiques à Magba pour occuper le poste de deuxième adjoint au maire. Sur le plan du statut socioéconomique, les Tikar ne disposent pas d'un grand homme et, plus largement, d'une véritable classe politique susceptible d'offrir un leadership alternatif ou une contre-hégémonie aux Bamoun. Ces lourds handicaps structurels ne sont pas sans conséquence sur l'intensité de la mobilisation pour le partage des postes politiques. Celle-ci reste moins forte chez les Tikar, comparée aux Mbo de Santchou. Et finalement, c'est dans les partis politiques (RDPC, UDC et SDF) que s'effectue véritablement la délibération pour l'allocation des postes politiques à Magba ; l'on sait qu'à Santchou, celle-ci s'effectue d'abord et avant tout au sein de la communauté mbo pour être avalisée ensuite par le RDPC. Néanmoins, contrairement à Santchou où les Mbo raflent pour eux seuls toute la mise, à Magba, même si le poste de maire est contrôlé depuis la restauration du multipartisme par les Bamoun, celui de député reste l'apanage des Tikar. Démocratie de partage oblige et apaise ainsi le climat sociopolitique local !

L'éveil politique des Mbororo est le résultat de trois facteurs principaux : d'une part, un environnement juridico-institutionnel favorable ; d'autre part, l'assimilation structurelle des groupes ethniques par les partis du RDPC, de l'UDC et du SDF qui accordent *nolens volens* quelques places aux membres de cette communauté dans leurs listes de candidatures lors des investitures pour les élections municipales ; enfin, le rôle du MBOSCUDA, un nouveau mouvement social mbororo qui œuvre par ses actes de sensibilisation, à l'appropriation par les Mbororo de leurs droits civils et politiques. Comme l'on sait, de par leur éparpillement démographique, les Mbororo sont très minoritaires partout où ils sont établis à l'Ouest et ne peuvent pas véritablement à eux seuls faire infléchir l'issue d'un scrutin dans une localité pour se constituer une densité morale à la durkheimienne; d'où l'inefficience du facteur démographique. Réunis cependant, leur chiffre devient important sans oublier qu'ils disposent d'un poids économique certain, par la maîtrise de l'élevage bovin.

Ce saut qualitatif effectué par les Mbororo de l'Ouest dans ce nouveau contexte de libéralisation politique n'est cependant pas singulier. Dans la région voisine du Nord-Ouest qui regorge aussi de nombreux campements mbororo, l'on est frappé par certains parallèles en ce qui concerne leur participation politique. Comme à l'Ouest, le multipartisme et la démocratisation ont ouvert de nouvelles perspectives aux Mbororo du Nord-Ouest. Ils briguent de plus en plus des postes de conseillers municipaux et réussissent aussi à triompher des urnes, prenant appui sur la nouvelle architecture juridico-institutionnelle favorable aux minorités et travaillés par le MBOSCUDA. Il n'est pas sans importance de relever que le président national du MBOSCUDA, El Hadj Jaji Manu Gidado, est un natif du Nord-Ouest, prince de Sagba et chargé des missions à la présidence de la République. C'est toujours dans cette région et nulle part ailleurs au Cameroun, que depuis 2007 les Mbororo ont réalisé un pas décisif en ce qui concerne leur intégration politique, en enregistrant un de leurs au sein de l'exécutif communal, au poste de troisième adjoint au maire dans la commune de Jakiri, sous la bannière du RDPC. Quelques Mbororo sont aussi membres de sections RDPC dans la région, branches adulte et des jeunes ; et à Jakiri, le vice-président de l'OJRDPC est un Mbororo. Avec la routinisation du processus électoral, les Mbororo du Nord-Ouest sont devenus une banque de votes pour le RDPC comme ceux de l'Ouest.

Par ailleurs, nous avons vu au chapitre 5 que la société mbororo n'est pas soudée ni organisée par une armature politique mais plutôt bâtie sur la base de petites unités claniques ; cela ajouté à leur individualisme familial les affaiblit en tant que groupe, susceptible de mobilisation. Contre cette tendance segmentaire, Yerima Dairou, nommé chef du village de Didango en 1995, avait entrepris un essai d'unification politique des Mbororo du Noun et même de l'Ouest calqué sur le modèle des *lamidats* peuls du Nord-Cameroun et se faisait appelé *lamido* et donc chef supérieur des *ardos*. Si cette entreprise a un écho très favorable à Didango, l'individualisme clanique a encore la peau dure chez les *ardos* et Mbororo des autres campements pour qu'ils puissent se reconnaître tous en lui. Encore, pour qu'un tel projet puisse réussir véritablement, il lui faudrait l'onction concomitante de l'administration et du sultan-roi des Bamoun. Or, ce pouvoir *lamidal* ayant pour vocation de régenter tous les Mbororo du Noun se pose en concurrent de celui du sultan des Bamoun ; ce qui dans le contexte sociopolitique du royaume bamoun est inacceptable. Une première tentative (1915-de 1962) expérimentée par le père de Yerima Dairou sous la diligence de l'administration coloniale n'avait pas survécu à l'indépendance, cela entre autres raisons, pour ménager le sultan en évitant dans le royaume bamoun, un pouvoir parallèle au sien (voir Salé, 1991). De fait, ce qui tient lieu de « *lamidat* » de Didango n'a qu'un statut de chefferie de village (3e degré), circonscrit à Didango. Néanmoins, il symbolise un jalon important dans la structuration locale du pouvoir traditionnel et surtout l'inclusion des Mbororo. Dans le Nord-Ouest, une structure lamidale a été créée en 2001 avec plus ou moins de réussite à Sabga près de Bamenda.

Dans la perspective des « peuples autochtones », l'on note quelques homologies entre Mbororo et Pygmées des zones forestières du Centre, de l'Est et du Sud du Cameroun.[1] Mais ce sont surtout les contrastes qui l'emportent. A l'instar des Mbororo, quelques Pygmées sont aujourd'hui conseillers municipaux dans les communes de l'Est et du Sud même si ce positionnement ne date que des dernières élections de 2007 (voir Tchoumba , Guechou Bouopda et Messe, 2006; Nke Ndih 2010). D'évidence, les Pygmées devraient profiter du même nouveau cadre juridico-institutionnel que les Mbororos. Mais là s'arrête la comparaison. Car, sans aucun bagage éducationnel et intellectuel, les Pygmées n'ont ni mouvement social à l'instar du MBOSCUDA, ni leaders ni élites bureaucratiques. Au contraire des Mbororo qui disposent d'un pouvoir économique certain à travers l'élevage bovin, ceux-ci restent plutôt des pauvres « sauvages » constamment spoliés et exploités par leurs voisins bantous. Cette exploitation frise même l'esclavage ; elle est constamment dénoncée par les ONG, heureusement. Ce sont ces ONG et l'Etat qui essaient aujourd'hui d'appuyer les Pygmées pour les sortir de la marginalité dans le cadre de plusieurs programmes nationaux et internationaux.

Kai Schmidt-Soltau, un consultant international décrit ces rapports Etat camerounais-Pygmées en de termes encore plus dramatiques. Dans son tableau sans fard dressé en 2003, l'auteur soutient que d'un point de vue légal, les Baka et Kola (des Pygmées de l'Est et du Sud) sont des citoyens égaux à toutes les autres personnes nées au Cameroun (Préambule de la constitution du 18 janvier 1996), mais qu'ils ne sont représentés ni dans aucune des 339 communes, ni dans l'administration de l'Etat ni dans le parlement, et il n'y a aucun fonctionnaire baka ou kola. En outre, poursuit-il, parmi les 13 000 villages au Cameroun, un seulement a un chef baka reconnu par le gouvernement (Moangué le

Bosquet). Dans les sous divisions de Ma'an, Campo et Akom 2, la plupart des campements Kola sont dus à l'assistance du SNV (l'ONG néerlandaise) et suivent les recommandations du GEF, qui finance le projet de conservation de Campo/Ma'an (opéré par le SNV), certifiés comme villages indépendants. Ce développement très récent n'a d'ailleurs été atteint que grâce à une influence externe mais sa magnitude reste limitée seulement à ces trois sous-divisions. Dans aucune des sous-divisions voisines, qui rassemblent des populations kola importantes, il n'y a de campement géré par des Kola certifié comme village indépendant. Comme justification, l'administration territoriale se réfère au fait que tous les campements baka et kola sont dus aux liens historiques avec les parties « bantoues » voisines de ces villages « bantoues ».

Cette mauvaise représentation des Baka et Kola dans les sous-divisions des régions du Sud et de l'Est, où les Baka forment une proportion importante de la population (entre 20 et 50%), a plusieurs raisons, à en croire le même auteur. En dehors des problèmes de compatibilité entre les manières traditionnelles et le processus démocratique de décision avec des représentants, le fait que la plupart des Baka et Kola ne détiennent pas de cartes d'identité ou de certificats de naissance, qui sont nécessaires pour s'inscrire en tant que votants pendant les élections, est vu comme justification suffisante par les administrations locales. Certes, le Président de la République du Cameroun (Paul Biya) a été clair, « les pygmées ne sont pas différents de tous les autres citoyens camerounais », mais pour agir comme un citoyen égal, les Baka et Kola ont besoin de cartes d'identité. Or, observe encore Kai Schmidt-Soltau, à part les cas documentés de « racisme » parmi les fonctionnaires en charge de délivrer les cartes d'identité, c'est surtout l'aspect financier, qui rend difficile pour les Baka et Kola d'agir comme tout autre citoyen camerounais. La procédure complète reste très onéreuse et bien au-dessus des capacités financières de la plupart de ces Pygmées (Schmidt-Soltau 2003:19). Dans la perspective de l'autochtonie et se référant aux Baka, Alec Leonhardt parle d'« autochtonie symbolique » des Baka qu'il oppose à l'« autochtonie substantielle » de leurs voisins bantous :

> Le problème que cela présente pour l'autochtonie des Baka est qu'ils ont une relation à l'Etat et à la citoyenneté fondamentalement différente de celle de citoyens de ville ou même les citoyens agriculteurs de villages plus éloignés. Cela signifie que, même si les Baka peuvent être considérés les plus autochtones des peuples, leur autochtonie reste purement symbolique. L'on pourrait dire que les Baka ne sont pas du tout autochtones, qu'ils sont indigènes, mais pas autochtones. Ceci est une position raisonnable, à considérer les débats actuels sur l'autochtonie. Cette position viderait cependant l'autochtonie de quelques bases empiriques, menant rapidement à la conclusion que l'autochtonie ne serait qu'une pure une invention opportuniste. Je prends une approche différente en acceptant les discours sur l'autochtonie comme légitimes mais de valeur nominale. Selon cette approche, il semble que les Baka sont autochtones et ne le sont pas. Parce que la première position semble assez

directe, je me concentrerai sur le pourquoi ils ne le sont pas. J'appellerai cette autochtonie qui résulte de ce fait d'être « les premiers Camerounais », autochtonie symbolique ou honorifique. L'autochtonie qui fait actuellement l'objet de contesta-tion , celle qui entraîne des droits spéciaux conférés par l'Etat n'est pas simplement symbolique ou honorifique; elle est substantive, en ce sens qu'elle a sans équivoque valeur de change. Elle ne ressemble pas à la monnaie, mais l'on peut potentielle-ment l'utiliser pour acheter des choses. Au Cameroun, par exemple, un telle autochtonie peut être mobilisée par un groupe local pour acquérir officiellement une étendue de forêt communautaire reconnue par le gouvernement. J'appellerai celle-ci, autochtonie substantive (Leonhardt 2006:70).[2]

Cela veut dire que les Mbororo ont beaucoup mieux su profiter des nouvelles données que les Pygmées bien que les deux groupes présentent de nombreuses similitudes. En regardant de très près les Mbororo n'ont pas été si démunis en « capital matériel » et « capital social » qu'on le pense ordinairement. Il reste toutefois que les Mbororo n'ont pas encore réussi à transformer leur éveil politique à l'Ouest comme dans tout le Cameroun en véritable victoire politique pour prendre possession des leviers de commandement local en investissant les exécutifs communaux de cette région. Il y a au Cameroun à peine un Mbororo, adjoint au maire, pour un pays qui compte 360 communes et donc, près d'un millier de postes exécutifs, ajouté aux « quelques représentants aux conseils municipaux qui sont là juste pour orner la galerie et donner l'impression qu'ils sont pris en compte », pour reprendre Fadimatou Dahirou. Aucun Mbororo n'a jamais été maire et les portes du parlement leur restent toujours encore fermées même si en 1992, un membre de cette communauté, Yerima Dairou de Didango aujourd'hui décédé, avait obtenu pour la première fois, l'investiture aux législatives dans le Noun, dans les rangs de l'UNDP. Cette expérience tarde à se renouveler. C'est la raison pour laquelle au nombre de leurs doléances, les Mbororo ressassent à l'envi qu'ils veulent un ministre, membre de leur communauté, une représentation à l'Assemblée nationale (mais aussi au Sénat et Régions prévus dans la constitution et qui ne sont pas encore créés), plus des conseillers municipaux et des maires, parce qu'ils ont « les compétences » (Mouiche 2011b:93-94).

La démocratie constitutionnelle a ainsi encore du mal à imprégner le champ politique au Cameroun ! L'ONG danoise International Working Group on Indigenous Affairs qui focalise son travail sur les peuples autochtones dans diverses parties du monde, en fait le diagnostic :

Le 14 juin 2002, le rapporteur spécial contre la torture a envoyé un appel urgent conjointement avec le président-rapporteur du Groupe de travail sur la détention arbitraire en faveur de Ahmadou Hassan, Asamu Isa et Yunusa Mbaghoji, qui auraient été arrêtés sans mandat par des gendarmes le 13 mai 2002 à Douala. Ils auraient été menottés et jetés, face contre terre, dans une jeep, et transportés jusqu'à la gendarmerie de Bamenda. Ousman Haman aurait été arrêté le 29 avril 2002. Lors de son arrestation, il aurait été emmené par des gendarmes dans le ranch d'Alhadji Baba Ahmadou Danpullo, un riche commerçant et membre du Rassemblement démocratique du peuple camerounais. Il y aurait été frappé sur la plante des pieds une cinquantaine de fois par un commandant de la gendarmerie, sur ordre d'Alhadji Baba ».[1] Amnesty International avait aussi confirmé ces faits.[2] Qu'est-ce que le gouvernement camerounais a pris comme mesures pour mettre fin aux cas d'arrestation et détention arbitraire, tortures, et violations graves des droits de l'homme dont sont souvent victimes des membres du peuple autochtone mbororo ?

Aucune communauté autochtone du Cameroun n'est représentée au Parlement.[3] Qu'est-ce que le gouvernement du Cameroun entend prendre comme mesures pour garantir la participation des autochtones dans la vie publique du pays, au même titre que le reste des Camerounais ?

L'article 15 de l'ordonnance de 1974 fixant le régime foncier camerounais distingue les « terrains d'habitation, les terres de culture, de plantation, de pâturage et de parcours dont l'occupation se traduit par une emprise évidente de l'homme sur la terre et une mise en valeur probante » de celles « libres de toute occupation effective ».

Autrement dit, ce texte foncier camerounais ne reconnaît pas l'usage et l'occupation des terres par les autochtones (pygmées, Mbororo et autres) comme source des droits fonciers coutumiers protégeables. Cela, parce, que contrairement aux agriculteurs, ces communautés ont un mode de vie de type nomade et leur occupation des terres est parfois non permanente et sans traces apparentes. Et pourtant, la Constitution camerounaise de 1996 énonce en son article 1 alinéa 2 que la République unie du Cameroun « reconnaît et protège les valeurs traditionnelles conformes aux principes démocratiques, aux droits de l'homme et à la loi ». Quelles sont les mesures prises par le gouvernement camerounais pour protéger les droits fonciers des peuples autochtones, cela en vue d'être en harmonie avec la disposition constitutionnelle ci-dessus ainsi que les principes de droit international en la matière (IWGIA 2006) ?

Les Pouakam, quant à eux, n'ont à proprement parler pas de ressources démographiques à mobiliser, ni sur le plan du statut socioéconomique, des élites qui revendiqueraient à leur avantage le respect constitutionnel des minorités. C'est une communauté ethnique qui vit véritablement dans la périphérie de l'intégration : aucun fonctionnaire ni agent de l'Etat ou même communal ou entrepreneur économique, encore moins un nouveau mouvement social du genre MBOSCUDA des Mbororo, après 50 ans d'indépendance du Cameroun! A cause de cette précarité intellectuelle, matérielle et socioprofessionnelle, ils restent jusqu'aujourd'hui sans représentation au sein du conseil municipal de Bangourain. Ils n'ont d'ailleurs jamais fait l'expérience d'exercice d'un mandat électoral dans le Noun. Le seul rempart contre cette dérive d'exclusion résiderait dans leur assimilation structurelle par les partis politiques qui se discutent le pouvoir à Bangourain, à condition que ces entreprises d'intérêts soient porteuses de véritables valeurs démocratiques pour leur ouvrir les portes des institutions politiques locales. C'est donc dire que la problématique des partis politiques est récurrente dans la perspective de l'intégration des minorités.

De la centralité des partis politiques dans l'intégration des minorités

Dans cette étude, ainsi qu'il appert clairement, c'est au sein des partis politiques (RDPC, UDC et SDF), conséquemment à leurs stratégies électoralistes, que s'effectue véritablement la délibération pour le recrutement des castings politiques locaux à l'Ouest. A ce niveau, quelques questions émergent : qu'est-ce qui explique la posture équilibrée des listes de candidatures du RDPC, parti au pouvoir (Cf. chap. 3, 4 et 5) ? Pourquoi, par exemple, l'exclusion des Tikar par l'UDC à Magba (Cf. chap. 4) ? Pourquoi le SDF privilégie-t-il les allogènes bamiléké et anglophones dans cette circonscription ? Pourquoi les Pouakam continuent-ils à courir derrière un poste de conseiller municipal de plus en plus improbable ? Il faut reconnaître qu'à Santchou et à Magba, la crispation identitaire est très forte dans les allégeances et apparentements politiques, notamment parmi les minorités mbo et tikar, que ces partis d'opposition n'ont généralement pas d'alternative : les électorats mbo et tikar sont acquis, dans leur quasi-totalité, à la cause du RDPC, le seul à même, semble-t-il, « de protéger leurs intérêts et d'assurer leur véritable intégration ». L'opposition étant au Cameroun le parent pauvre en matière de recrutement des élites, urbaines et du terroir, très souvent les quelques cadets sociaux, membres des minorités affiliés aux partis d'opposition, subissent de la part de leurs élites, suppôts du RDPC, un chantage conservateur qui les dissuade d'obtenir ou de solliciter l'investiture desdits partis. Il est curieux de constater qu'à la veille des municipales de 2007, un des deux candidats tikar affiliés à l'UDC à Magba fut contraint par les siens de démissionner de ce parti et de renoncer à sa candidature. En clair, comme les membres des minorités répugnent à obtenir les investitures de l'opposition, celle-ci éprouve des difficultés pour les intégrer dans ses listes de candidatures, pour être en phase avec les prescriptions législatives et consti-tutionnelles des minorités. Bien plus, les stratégies électoralistes dérivent des identifications partisanes : pour remporter une élection ou engranger de nombreux suffrages parmi une communauté ethnique, il faut davantage primer et doper ce groupe en lui accordant une investiture proportionnelle à son investissement et à son soutien politiques.

Dans le prolongement de ce qui vient d'être dit, la trajectoire des Pouakam reste plutôt sui generis marquée par une forte marginalisation, et pour cause ! D'une part, les autorités administratives en charge des élections à Bangourain transigent avec la loi en s'abstenant de sanctionner les listes de candidatures comme celles de l'UDC, parti dominant de cette localité, qui font sauter les digues instituées par le nouveau constitutionnalisme en ne respectant pas les « équilibres sociologiques » de cette circonscription, dès lors qu'elles n'intègrent jamais les membres de cette communauté. D'autre part, l'UDC, en tant qu'entreprise d'intérêts, semble moins préoccupée par l'émancipation politique d'un groupe numériquement trop infime pour peser sur l'issue des urnes. Certes, la marqueterie électorale de l'arrondissement de Bangourain connaît de nombreux clivages à gérer : plusieurs villages bamoun qui se discutent une représentation, de nombreuses minorités mbororo et le village Koutoukpi, dont plus de la moitié de la population est constituée des allogènes banso. Mais dans la perspective de l'intégration des minorités et donc de la démocratie, l'UDC devait ou devrait emboîter le pas au RDPC, parti au pouvoir au Cameroun, qui, à chaque consultation, aligne un Pouakam dans sa liste de candidatures à Bangourain. Par ce geste, elle favorisera ou aurait favorisé l'élection d'un Pouakam comme conseiller municipal et aurait brisé ce qu'on peut déjà considérer ici comme un mythe. L'on sait, depuis l'expérience des pays développés comme les USA, que pour opérer l'entrée des minorités au sein des machines des partis et faire avancer leur cause, leaders et politiciens ethniques se doivent d'assurer la promotion de leur statut socioéconomique afin de briser les barrières qui empêchent leur mobilité sociale (Leslie 1969:421). Sinon, comment un peuple aussi paupérisé pourrait-il sans représentation au sein de l'institution de base qu'est la commune discuter et débattre de sa marginalité ? Comment pourrait-il véritablement orienter les initiatives et investissements communaux vers Pouakam et ainsi assurer son développement ? Cette exclusion des Pouakam par l'UDC pose ainsi le problème de l'indispensable participation du citoyen à la légitimité du pouvoir politique, c'est-à-dire du fossé qui sépare cette communauté et ceux qui sont chargés de conduire son destin. Elle est d'autant injustifiée qu'en tant que communauté ethnique distincte, ceux-ci votent en majorité pour cette entreprise politique. Sous cet angle, le parti d'Adamou Ndam Njoya reste donc dans la salle d'attente du développement démocratique.

L'assimilation structurelle des minorités ethniques par les partis politiques ayant partie liée non pas aux équilibres « sociologiques » prescrits par nos lois et règlements, mais aux identifications partisanes, dans cette perspective, la posture équilibrée des listes RDPC s'explique aisément : le multipartisme et la routinisation des élections au Cameroun ont consacré la position ultra-dominante, voire hégémonique, du parti au pouvoir. L'enjeu pour le RDPC, dans le cadre du processus de libéralisation politique au Cameroun, est de s'affirmer comme un parti dominant pouvant stabiliser, voire enrayer la dynamique d'effondrement des schémas et des représentations qui assuraient les soutiens à l'Etat ; son capital hégémonique engrangé pendant le monolithisme lui permet d'être l'allié de l'Etat dans la « société civile », d'exister de manière distincte et durable dans le marché politique, de maîtriser le territoire de l'Etat, d'être le parti des catégories dirigeantes. Ce sont ces multiples atouts qui sont mis à l'œuvre dans le cadre de la répression du désordre périphérique né du multipartisme (Sindjoun 2002:289-290). Aussi, outre ses fiefs respectifs et le soutien que lui accordent prioritairement les minorités ethniques, ce parti recrute-t-il et pénètre-t-il les territoires électoraux d'autres partis. Il n'est donc pas exagéré d'affirmer, dans le contexte actuel de multipartisme au Cameroun, que le RDPC remplit une fonction d'intégration nationale, qui s'apparente à celle des anciens partis uniques africains.

Cette étude souligne ainsi le rôle central des partis politiques dans l'intégration sociopolitique des minorités ethniques. En effet, quelle que soit la structure du régime, les partis ont servi d'agents principaux de mobilisation et, en tant que tels, ont aidé à l'intégration des communautés locales à la nation ou à la fédération plus large. Les partis exercent une double fascination. Ils servent à cristalliser et à expliciter les intérêts en lutte, les tensions et les contrastes latents dans la structure sociale existante, et ils obligent sujets et citoyens à s'allier par-delà les lignes de clivages structurels, à se consacrer en priorité à tel ou tel rôle actuel ou futur dans le système. Les partis ont une fonction d'expression ; ils développent une rhétorique servant à traduire des contrastes existant dans la structure socioculturelle en demandes et pressions. Mais ils ont également des fonctions instrumentale et représentative : ils forcent les porte-parole des multiples intérêts à conclure des marchés, à échelonner les demandes et à « agréger » les pressions. Les petits partis peuvent se contenter de fonctions d'expression, mais aucun parti ne peut espérer conquérir une influence décisive sur les affaires d'une communauté sans une volonté évidente d'aller au-delà des clivages existants pour établir des fronts communs avec des ennemis et des opposants virtuels (Lipset et Rokan in Birnbaum et Chazel 1971:200-201). De fait, la réduction des partis politiques au statut d'expression des ethnies, de témoins de conflits ethniques ne permet pas de comprendre que les clivages ethniques n'existent pas par eux-mêmes. Ceux-ci sont, dans une large mesure, construits par les partis politiques. La relation entre un groupe ethnique et son parti politique n'est pas spontanée, mécanique ; elle résulte d'un travail de construction de l'identification, de la représentation. La relation entre partis politiques et groupes ethniques est complexe à l'image des notions de « partis » et d'« ethnies » et de l'absence de correspondance entre le nombre de partis politiques et celui des ethnies. Comme le dit Michel Offerle, « clivages et partis sont les résultats de multiples bricolages aléatoires par lesquels des entrepreneurs politiques se trouvant là pour des raisons sans doute très diverses se produisent comme hommes politiques, tout en produisant les groupes qu'ils réunissent » (Offerlé 1991:40-41).

Il faut tout simplement regretter qu'au motif de respect de nouveaux dispositifs constitutionnels des droits des minorités et des peuples autochtones, certains pontes du régime RDPC soient passés maîtres de l'exclusion et de la division, en niant aux nombreux citoyens des droits civils et politiques qui leur sont constitutionnellement reconnus, notamment les allogènes, militants des partis politiques de l'opposition dans certaines régions et grandes villes du Cameroun (Geschiere and Nyamnjoh 2000:423-452 ; Konings 2004:12-13 ; Jua 2001:37-42 ; Nyamnjoh et Rowlands 1998: 320-337 ; Monga 2000:723-749 ; Menthong 1998:47-48 ; Eboko 1999:116-117 ; Médard 2006:168). Comme l'ont vu à juste titre Jean-François Bayart, Peter Geschiere et Francis Nyamnjoh, le moment politique où survient l'affirmation de l'autochtonie reste « sans conteste celui de la démocratisation des régimes autoritaires et des stratégies de restauration autoritaire », « deux processus quasi concomitants dans les années 1990, qu'il convient pourtant de ne pas confondre ». De ce point de vue, soutiennent ces auteurs,

> C'est la réhabilitation des élections comme procédure réelle de dévolution d'un pouvoir effectif qui a nourri le mythe de l'autochtonie en rendant cruciales des questions comme « Qui peut voter où ? », et plus encore « Qui peut se porter candidat ? Et où ? ». C'est bien cette articulation entre la démocratisation et les mobilisations auxquelles elle donne lieu, d'une part, et, de l'autre, la problématique de l'autochtonie qui confère à la fois à l'idée démocratique et à la restauration autoritaire leur légitimité. Ainsi, la stigmatisation de l'allogène a été, et demeure, le grand instrument de reconquête de l'opinion par les détenteurs du pouvoir autoritaire. Bien sûr, il apporte aux « autochtones » des gains immédiats d'ordre politique, économique ou symbolique de nature à étendre ou reconstituer la base sociale des institutions en place, qu'ébranlaient la contestation et l'ajustement.

> Le fond du problème tient justement au soutien actif que le président Biya apporte aux mouvements d'autochtonie. Comme d'autres de ses congénères en mal de restauration, celui-ci s'est livré à un emploi habile de cette notion pour diviser l'opposition, au prix d'un renversement drastique de la politique d'« intégration nationale » conduite par son prédécesseur Ahmadou Ahidjo de 1958 à 1982 (Bayart Geschiere et Nyamnjoh 2001:182-186 ; Geschiere 2009:chap. 2).

En définitive, dans notre pays, la démocratisation a ouvert l'espace politique et offert des possibilités de compétitions politiques. En même temps, les réformes de l'économie étendent les opportunités dans ce domaine. Des changements du même ordre, conjugués aux progrès de l'éducation, ont élargi la classe politique et la base de participation. Il est probable qu'à terme, il en sera de même dans tous les pays. Dans l'immédiat, l'exiguïté de la classe politique, ajoutée à la pauvreté et au faible niveau d'instruction, fait que la plupart des minorités ont plus de mal à parvenir à un régime d'inclusion politique et de représentation équitable. Une augmentation des possibilités de participation aux affaires publiques au niveau local aidera à surmonter les restrictions tenant à l'éducation et à assurer que les représentants de zones rurales pauvres et de groupes de population jusqu'alors marginalisés acquerront l'expérience voulue pour se porter candidats aux élections locales et nationales. Pour toutes ces raisons, il est désormais utile d'avoir, par rapport à la question des minorités et plus largement des groupes ethniques, une vision plus extensible et horizontale de la société ; celle-ci s'oppose à la vision verticale qui a jusqu'ici commandé le concept de l'Etat-nation. Pour reprendre Samia Slimane, les Etats africains répètent à l'envie, que l'ethnicité, souvent exploitée, politisée et manipulée, est à l'origine des conflits en Afrique. Ces Etats ne parviendront pourtant pas à atteindre l'objectif d'assurer la stabilité et une paix durable en Afrique s'ils n'intègrent pas les droits des minorités dans leur agenda politique, social, culturel, et en matière de développement, avec le but d'assurer la préservation de ce qui fait la particularité du groupe et l'équilibre des intérêts des différents groupes (Slimane 2003:39).

Notes

1. Actuellement, la géographie du peuplement pygmée établit l'existence de trois principaux groupes ethniques pygmées au Cameroun. Le premier, les Baka, est le plus important. Il compte près de quarante mille (40 000) personnes et occupe 75 000 km2 dans le sud-est du pays. Le deuxième groupe, les Bakola, que certains auteurs ont pris l'habitude d'appeler Bagyéli, rassemble environ trois mille sept cents (3 700) personnes et occupe 12 000 km2 dans la partie méridionale de la région côtière, plus précisément, les arrondissements d'Akom II, de Bipindi, de Kribi et de Lolodorf. Enfin, le troisième groupe, les Bedzang, avec moins d'un millier de personnes, subsiste au nord—ouest du fleuve Mbam, dans la région du Centre à Ngambé-Tikar. Les Pygmées représenteraient globalement 0,4 pour cent de l'ensemble de la population du Cameroun (Tchoumba, Guechou Bouopda et Messe 2006:1).

2. The problem that this presents for the autochthony of Baka is that they have a relationship to the state and citizenship that is fundamentally different from that of urban citizens or even the most remote village farming citizens. What this means is that while Baka may be the most autochthonous of peoples, their autochthony is in effect purely symbolic. One could say that Baka are not autochthonous at all, that they are indigenous but not autochthonous. This is a reasonable position to take, given the character of the current debates about autochthony. That position, however, would empty autochthony of any empirical basis altogether, quickly leading to the conclusion that autochthony is an ungrounded, opportunistic fabrication. I am taking a different approach, accepting the autochthony discourses as legitimate at face value. According to this approach, it seems that Baka both are and are not autochthonous. Because the first position seems straightforward enough, I will focus on why they are not. I will call the autochthony that comes from being «the first Cameroonians» symbolic or honorary autochthony. The autochthony that is currently the focus of contestation that which entails special rights conferred by the state is not merely symbolic or honorary; it is substantive, in that it has unambiguous exchange value. It may not be like currency, but one can potentially buy things with it. In Cameroon, for example, such autochthony can be used by a local group to acquire an officially recognized community forest tract from the government. I will call this substantive autochthony (Leonhardt 2006:70).

Bibliographie

Abé, C., 2006, « Espace public et recompositions de la pratique politique au Cameroun », in *Polis/RCSP/CPSR,* Vol. 13, n° 1-2, pp.29-56.

Abé, C., 2004-2005, « Multiculturalisme, cosmopolitisme et intégration en milieu urbain : les défis de la citoyenneté de type républicain à Douala et Yaoundé » *Polis,* vol. 12, pp. 43-73, n° spéc.

Abu-Laban, Y. et Nieguth, T. 2000, « Reconsidering the Constitution, Minorities and Politics in Canada », *Canadian Journal of Political Science/Revue canadienne de science politique,* Vol. 33, n° 3, pp. 465-497.

Akam, M., 1990, *Le défi paysan, le lamido et le paysan dans le nord du Cameroun,* Paris, l'Harmattan.

Amselle, J.-L. et M'Bokolo, E., 1985, *Au coeur de l'ethnie. Ethnies, tribalisme et nation en Afrique,* Paris, La Découverte.

Amselle, J.-L., (dir), 1976, *Les migrations africaines,* Paris, Editions Maspero.

Arcand, S., 2003, Les minorités ethniques et l'État québécois : participation et représentations sociales des associations de groupes ethniques minoritaires lors de commissions parlementaires, 1974-2000, Thèse de doctorat en sociologie, Département de sociologie, Université de Montréal.

Aron, R., 1967, *Les étapes de la pensée sociologiques,* Paris, Gallimard, collection Tel.

Ayompe, E. T., 1987, *AJA NI NJA. Or the Family Notion among the Mbo of Cameroon,* Yaoundé, Sopecam.

Babatunde Ekanola, A., 2004, « Au-delà de l'isolation, vers des relations de coopération et vers la résolution des conflits ethniques dans la société contemporaine africaine » *Bulletin du CODESRIA,* n° 3 et 4, pp. 41-43.

Badie, B., 1991, *L'Etat importé. L'occidentalisation de l'ordre politique,* Paris, Fayard.

Bahi, A., 2003, « La 'Sorbonne' d'Abidjan : rêve de démocratie ou naissance d'un espace public ? », *Revue africaine de sociologie. African Sociological Review,* vol. 7, n° 1, pp. 1-17.

Bakary, T., 1998, *La démocratie en Afrique: l'ère post-électorale,* Papier présenté au Colloque de la 9e Assemblée générale du CODESRIA, Dakar.

Balogun, M. J., 2001, *Diversity Issues Facing the Public Service in Sub-Saharan Africa,* papier présenté à United Nations Expert Group Meeting on Managing Diversity in the Civil Service, United Nations Headquarters, New York.

Banock, M., 1992, *Le processus de démocratisation en Afrique: le cas du Cameroun,* Paris, L'Harmattan.

Barbier, C., 1981, « Les groupes ethniques et les langues », *L'Encyclopédie de la République unie du Cameroun,* Douala, NEA, pp. 239-260.

Barbier, J.-C., 1978, *Pour une étude des mouvements migratoires au Cameroun*, Yaoundé, ISH/ONAREST.

Barbier, J.-C., 1976, *Les sociétés bamiléké de l'ouest du Cameroun: étude régionale à partir d'un cas particulier*, Paris, ORSTOM.

Barbier, J-C. et Nchoji Nkwi P., 1977, *Essai sur la définition de la chefferie en pays bamiléké. Grassfields Kings and Chiefs and modern Politics*, Yaoundé, ONAREST/'ISH, Centre des Sciences économiques et sociales.

Baudouin, J., 1991, *Introduction à la science politique*, Paris, Dalloz, 2ᵉ édition.

Bayart, J-F et Geschiere, P. (sous la responsabilité de), 2001, « J'étais là avant'. Problématiques politiques de l'autochtonie » *Critique internationale* n° 10, pp.126-128.

Bayart, J-F, Geschiere, P. et Nyamnjoh, F., janvier 2001, « Autochtonie, démocratie et citoyenneté en Afrique », *Critique internationale,* n° 10, pp. 177-194.

Bayart, J-F., 1996, *L'illusion identitaire*, Paris, Fayard.

Bayart, J-F, 1989, *L'Etat en Afrique. La politique du ventre*, Paris, Fayard.

Bayart, J-F., juin 1986, « La société politique camerounaise », *Politique africaine,* n° 22, sur « Le réveil du Cameroun », pp. 5-35.

Bayart, J-F., 1985, *L'Etat au Cameroun,* Paris, Presses de la Fondation nationale des sciences politiques, 2ᵉ édition.

Bayart, J-F. et Geschiere, P., (sous la responsabilité de), 2001, « 'J'étais là avant'. Problématiques politiques de l'autochtonie » in *Critique internationale,* n° 10, pp. 126-128.

Bayart, J-F., Geschiere P. et Nyamnjoh F. B., 2001, « Autochtonie, démocratie et citoyenneté en Afrique », *Critique internationale,* n° 10, pp. 177-194.

Benjamin, J., 1971 , « La minorité en Etat bicommunautaire: quatre études de cas », *Canadian Journal of Political Science / Revue canadienne de science politique*, Vol. 4, n° 4, pp. 477-496.

Berman, B. J, 1998, « Ethnicity, Patronage and the African State: The Politics of Uncivil Nationalism », in *African Affairs*, Vol. 97, n° 388, pp. 305-341.

Besnard, Ph., Borlandi, M., Vogt, P., (Sous la direction), 1993, *Division du travail et lien social : Durkheim un siècle après*, Paris, PUF collection Sociologies.

Binet, J., 1957, « Le commandement chez les Bamoun », in *Bulletin de l'IFAN*, Série B, Sciences humaines, Dakar, IFAN, tome XIX, pp. 399-415.

Birnbaum, P.. et Chazel, F., 1971, *Sociologie politique*, tomes 1 et 2, Paris, Armand Colin.

Blanchy, S., 1999, « Les Mahorais et leur terre : autochtonie, identité et politique », *Droits et cultures*, n° 37, pp. 165-183.

Blalock, H M., 1967, *Toward a Theory of Minority-Group Relations*, New-York, John Wiley and Sons.

Bleil, S., « Tensions entre le communautaire et le public : l'expérience d'un *assentamento* des « sans terre », in Carrel, M. ; Guerrero, J-C.., Barril, C. et Marquez, A., p (dir.), 2003, *Les formes d'espaces publics, usages et limites en sciences sociales,* Paris, L'Harmattan, pp. 179-198.

Bocquéné, H., 1986, *Moi, un Mbororo*, Paris, Karthala.

Boilley, P., 1996, « Aux origines des conflits dans les zones touarègues », *Relations internationales stratégiques*, n° 23, pp. 100-107.

Bourdieu, P., 1979, *La Distinction, critique sociale du jugement,* Paris, Minuit.

Bourgi, A., *Ombres et lumières des processus de démocratisation en Afrique subsaharienne*. http:/ /democratie.francophonie.org/article.php3id_article=1313&id_rubrique=753. 14 mars 2005.

Boutrais, J., 1990, « Les savanes humides, dernier refuge pastoral : l'exemple des Wodaabe, Mbororo de Centrafrique », in *Genève- Afrique, Revue de l'Institut Universitaire d'études du développement et de la société suisse d'études africaines*, vol XXVIII, n° 1, pp. 65-90.

Boutrais, J., 1984, « Entre nomadisme et sédentarité: les Mbororo à l'ouest du Cameroun », in Blanc-Pamard C. *et al.* (edited by), *Le développement rural en questions. Paysages, espaces rureaux, systèmes agraires: Maghreb, Afrique noire, Mélanésie*, Collections Mémoires 106, Paris, ORSTOM, pp. 225-56.

Boutrais, J., 1977, « Chapitre 15 : Une conséquence de la sécheresse : les migrations d'éleveurs vers les plateaux camerounais », in O. Dolby and R. J. Harisson, *Drought in Africa. Sécheresse en Afrique 2*, African Environment/Special Report, London, International African Institute.

Bratton, M., 2006, « Populations pauvres et citoyenneté démocratique en Afrique », in *Afrique contemporaine*, n° 220, pp. 33- 64.

Bratton, M. et Van de Walle, N, 1997, *Democratic Experiments in Africa. Regime Transitions in Comparative Perspective*, Cambridge, Cambridge University Press.

Bruijn, M.de & Dijk, H. van, *Peuls et Mandingues. Dialectique des constructions identitaires*, Paris, Karthala-ASC, 1997.

Burnham, P., 1996, *The Politics of Cultural Difference in Northern Cameroon*, Washington D.C., Smithsonian Institution Press.

Buijtenhuijs, (Rob) et Rijnierse, (Elly), Research Reports 1993/52, *Démocratisation en Afrique au sud du Sahara, 1989-1992*, Leiden, ASC.

Camau, M., 1987, « Etat, espace public et développement : le cas tunisien », in *Annuaire de l'Afrique du Nord*, t. 26, pp. 67-78.

Campbell, A., 1966, « A la recherche d'un modèle en psychologie électorale comparative », in *Revue française de sociologie*, vol. VII, pp. 579-597.

Chabal, P., 1986, *Political Domination in Africa. Reflections on the Limits of Power*, Cambridge, London, New York, Sydney, Cambridge University Press.

Cahen, M., 1994, *Ethnicité politique. Pour une lecture réaliste de l'identité*, Paris, L'Harmattan.

Chabal, P. & Daloz, J-P, 1999, First published, *Africa Works. Disorder as Political Instrument*, African Issues, London, The International Institute, James Currey & Indiana University Press.

Champaud, J., 1983, *Villes et campagnes du Cameroun*, Paris, Orstom, Collection MEMOIRES, n° 98.

Champaud, J., 1972, « Genèse et typologie des villes du Cameroun de l'Ouest », *Cahiers ORSTOM*, série sciences humaines, vol. IX, n° 3, pp. 325- 336.

Chazel, F., (sous la direction), 1993, *Action collective et mouvements sociaux*, Paris, PUF, collection Sociologies.

Centre Des Nations Unies pour les Droits De L'homme et La Démocratie en Afrique Centrale, 2009, *Discours conjoint du Centre des Nations Unies pour les Droits de l'Homme et la Démocratie en Afrique Centrale et UNICEF à l'occasion de la célébration de la Journée Internationale des Peuples Autochtones*, Yaoundé, Cameroun. http://www.cnudhd.org/ FR/jipa2009.pdf. 13 janvier 2010.

Ceuppens, B. and Geschiere, P., 2005, « Autochthony: Local or Global ? New Modes in the Struggle over Citizenship and Belonging in Africa and Europe »», *Annual Review of Anthropology*, Vol. 34, p. 385-407.

Chilver, E. M. et Kaberry, P. M., 1971, « The Tikar Problem: A Non Problem », *Journal of African Languages*, n° 10, 2, p. 13-14.

Chilver, E. M., 1961, « Nineteenth Century Trade in the Bamenda Grassfields, Southern Cameroun », *Afrika und Übersee*, Vol. XLV, p. 233 – 257.

Chrétien, J-P., 1991, « Les racines de la violence contemporaine en Afrique », *Politique africaine*, n° 42, p. 15-27.

Collectif Changer le Cameroun, 1992, *Le Cameroun éclaté? Anthologie des revendications ethniques*, Yaoundé, Edition C3.

Commune de Magba, GTZ/ Programme d'Appui à la Décentralisation et au Développement Local, 2007, *Plan de Développement communal de Magba de 2008 à 2012*, Magba.

Conac, G., (dir.), 1993, *L'Afrique en transition vers le pluralisme*, Paris, Economica.

Cornevin R., 1960, *Histoire de l'Afrique. Tome II. L'Afrique précoloniale du tournant du XVIe au tournant du XXe siècle*, Paris, Payot.

Coser L., 1967, *Continuities in the Study of Social Conflict*, New-York, The Free Press.

Cottereau, A. et Ladrière, P., (dir.), 1992, *Pouvoir et légitimité — Figures de l'espace public*, Paris, Editions de l'EHESS.

Crowley, J., 2001, « The Political Participation of Ethnic Minorities », in *International Political Science Review / Revue internationale de science politique*, Vol. 22, n° 1, Management of Social Transformations / Gestion des transformations sociales. p. 99-121.

Cutolo A., 2008, « Populations, citoyennetés et territoires. Autochtonie et gouvernementalité en Afrique » in *Politique africaine* n° 112, pp.5-17.

Dahirou, F., 2010, *Les peuples autochtones au Cameroun*, Communication en séance plénière : 1er Congrès des peuples autochtones francophones, Agadir. http://www.gitpa.org/Peuple%20GITPA%20500/GITPA%20500-5_plusTEXTESREFagadir2.pdf.

Dahl, R., 1991, *Qui gouverne ?*, Paris, A. Colin.

Dahl, R. 1970, *L'analyse politique contemporaine*, Paris, Edition Robert Laffort,

Dahl, R., 1971, *Polyarchy: Participation and Opposition*, New Haven, Yale University Press.

Dahou, T., 2005, « L'espace public face aux apories des études africaines », *Cahiers d'études africaines,* 178. Disponible en ligne http://etudesafricaines.revues.org/document5412.html.

Daloz, J-P, (dir.), 1999, *Le (non-)renouvellement des élites en Afrique subsaharienne*, Bordeaux, CEAN.

Daloz, J-P., 2002, Elites *et représentations politiques. La culture de l'échange inégal au Nigéria*, Pessac, Presses universitaires de Bordeaux.

Daloz, J-P., 1998, « Les approches élitaires comme nécessaire antidote », *Politique africaine,* n° 69, p. 13-31.

Davis, L., 1995, « Opening Political Space in Cameroon: the Ambiguous Response of the Mbororo », in *Review of African Political Economy*, n° 64, p. 213-228.

De Jouvenel, B., 1972, *Du Pouvoir*, Paris, Hachette.

De Raulin, A., 2002, année 1956, « Le culte des chefs et la démocratie en Afrique », *Revue juidique et politique*, n° 1, p. 83-87.

Diamond, L., 1996, « Is the Third wave over? »in *Journal of Democracy*, p. 20-37.

Diamond, L., 1999, *Developing Democracy. Toward consolidation*, Baltimore and London, The Johns Hopkins University Press.

Diamond, L. et Plattner, M. F., (Edited by), 2001, *The Global Divergence of Democracies*, Baltimore, The Johns Hopkins University Press.

Diamond, L. et Morlino, L., (edited by), 2005, *Assessing the Quality of Democracy*, Baltimore, The Johns Hopkins University Press.

Dicklitch, S, 2002, « Failed Democratic Transition in Cameroon: A Human Rights Explanation », *Human Rights Quarterly* 24(1), p. 152–176.

Diouf, M., 1995, *Libéralisation politique ou transition démocratique, perspectives africaines*, Dakar, 8ᵉ Assemblée générale du CODESRIA.

Dongmo, J.-L., 1981, *Le dynamisme bamiléké. La maîtrise de l'espace agraire*, Yaoundé, CEPER, vol. 1.

Dommen, E., 1997, « Paradigms of Governance and Exclusion », *The Journal of Modern African Studies*, Vol. 35, n° 3, p. 485-494.

Donfack Sonkeng, L., 2001, Le droit des minorités et des peuples autochtones, Thèse non publiée pour le doctorat en droit, Université de Nantes.

Dongmo, J. L, 1971, « L'aménagement de l'espace rural en pays bamiléké (ouest Cameroun) », Thèse non publiée pour le doctorat de 3ᵉ cycle en géographie, vol.1, UER *Géographie et Aménagement spatial*, Université de Lille I.

Dubié, P, 1957, « Christianisme, islam et animisme chez les Bamoun (Cameroun) », in *Bulletin de l'IFAN*, Série B, Sciences humaines, Dakar, tome XIX, p. 335-381.

Dugast, 1949, « Inventaire ethnique du sud-Cameroun », Paris, Mémoire de l'Institut Français d'Afrique noire (Centre du Cameroun), Série Populations n° 1.

Durkheim, E., 1960, *De la division du travail social*, Paris, PUF.

Eboko, F., 1999, « Les élites politiques au Cameroun. Le renouvellement sans renouveau ? », in Daloz J-P, (dir.), *Le (non-) renouvellement des élites en Afrique subasaharienne*, Talence, CEAN, p. 99-133.

Eboussi Boulaga, F., 1997, *La démocratie de transit au Cameroun*, Paris, L'Harmattan.

Engola Oyep, 1991, *L'insertion de la riziculture dans la plaine des Mbo*, Yaoundé, ISH, Centre des recherches économiques et démographiques.

Esoavelomandroso, M. et Feltz, G., (dir.), 1995, *Démocratie et développement. Mirage ou espoir raisonnable?* Paris, Karthala.

Etame Ewane, 2007, *Le BANEKA comme langue standard MBO*. http:// www.peuplesawa.com. 23 septembre.

Evers, S., Spierenburg, M. et Wels H., (ed.), 2005, *Competing Jurisdictions. Settling Land Claims in Africa*, London-Boston, Brill.

Ellis, S. et Faure, Y.-A., (dir.), 1995, *Entreprises et entrepreneurs africains*, Paris, Karthala/ ORSTOM.

Fardon, R., " 'African Ethnogenesis': Limits to the Comparability of Ethnic Phenomena", in Holy L., (ed.), 1987, *Comparative Anthropology*, Oxford: Basil Blackwell, pp. 168-188.

Fark-Grüningerg, M., 1995, *La transition économique à l'ouest du Cameroun 1880-1990. Jeux et enjeux*, Neuchâtel, EDS.

Faulks, K., 2003, *Citizenship*, New York, Routledge.

Fay, C., 11-13 novembre 2002, « Pouvoirs sur les hommes, pouvoirs sur les biens, pouvoirs communaux : re-modélisations symétriques et concurrentes », communication au colloque international « Pouvoirs et décentralisations en Europe et en Afrique. Autour de l'expérience malienne », Bamako, Hôtel Mandé.

Fiche d'information n° 1 *Tour d'horizon sur les peuples autochtones et le système des Nations Unies*. http://www.ohchr.org/Documents/Publications/GuideIPleaflet1fr.pdf. 22 Décembre 2009.

Fisiy, Cyprian et Geschiere, Peter, 1993, « Sorcellerie et accumulation, variations régionales », in Geschiere, P. et Konings, P., pp. 99-129.

Fogui J.-P., 1990, *L'intégration politique au Cameroun.Une analyse centre-périphérie*,Paris, LGDJ.

Forde, D., (edited by), 1954, *Ethnographic Suvey of Africa. Western Africa, Part IX. Peoples of the Central Cameroons*, London, International African Institute.

Forje, J. W., June 2006, « The Dynamics of Political Competition and the Future of Democratization Process in Cameroon: challenges and opportunities », *Educational Research and Reviews* Vol. 1 (3), p. 85-97.

Foster, C. R., 1982, « Political Culture and Regional Ethnic Minorities », *The Journal of Politics*, Vol. 44, n° 2, p. 560-568.

Fotopoulos, T. , 2000, 'Class Divisions Today—the Inclusive Democracy Approach', *Democracy and Nature*, vol. 6 (2), p. 211-251.

Frantz, C., 1993, 'Are the Mbororo'en Boring, and Are the Fulbe finished?' , in *Senri Ethnological Studies*, 35, p. 11-34.

Gabriel, J. M, 1999, « Cameroon's neopatrimonial Dilemma », *Journal of Contemporary African Studies*, vol. 17, n° 2, p. 173-196.

Gaillard, P., 1994, *Ahmadou Ahidjo. Patriote et despote, bâtisseur de l'Etat camerounais*, Paris, Jeune- Afrique livres.

Gamson, W. et Meyer, M., « Framing Political Opportunity », in D. J. McAdam *et al.,* (ed.),1996, *Comparative Perspectives on Social Movements: Political Opportunities, Mobilizing Structures and Cultural Framing*, Cambridge, Cambridge University Press, p. 275-290.

Gausset, Q., 1998, « Historical Account or Discourse on Identity? A Reexamination of Fulbe Hegemony and Autochthonous Submission in Banyo », *History in Africa*, 25, p. 93-110.

Gausset, Q., 1997, Les avatars de l'identité chez les Wawa et les Kwanja du Cameroun, Thèse de doctorat en sciences sociales, Université Libre de Bruxelles, vol. 1.

Gaxie, D., 1980, « Les logiques de recrutement politique », in *Revue française de science politique*, 30 (1).

Gaxie, D., 1978, *Le sens caché*, Paris, Seuil.

Gaxie, D., 1993, *La démocratie représentative*, Paris Montchrestien.

Gerber, L. M., 2006, « The Visible Minority, Immigrant, and Bilingual Composition of Ridings », in *Canadian Ethnic Studies/Etudes ethniques au Canada*, XXXVIII, 1, p. 65-82.

Geschiere, P., 2009, *The Perils of belonging. Autochthony, Citizenship, and Exclusion in Africa and Europe*, Chicago and London, The University of Chicago Press.

Geschiere, P., 2006, « Autochthony and the Crisis of Citizenship », *African Studies Review*, vol. 49, n° 2, p. 1-7.

Geschiere, P., 2004, « Autochthony and Citizenship: New Modes in the Struggle over Belonging and Exclusion in Africa » in *Quest*, vol. 18, n°^{os} 1/2, p. 9-23.

Geschiere, P. and Nyamnjoh, F., 2000, « Capitalism and Autochthony: The Seesaw of Mobility and Belonging », *Public Culture*, 12(2), p. 423–452.

Geschiere, P., 1993, « Chiefs and Colonial Rule in Cameroon: Inventing Chieftaincy, French and British Style », *Africa* 63 (2), p. 151-175.

Geschiere, P., 1996, « Chiefs and the Problems of Witchcraft. Varying Patterns in South and West-Cameroon », *Journal of Legal Pluralism and Unofficial Law*, n°^{os} 37-38, p. 39-78.

Geschiere, P. et Konings, P., 1993, *Itinéraires d'accumulation au Cameroun. Pathways to Accumulation in Cameroon*, Paris, ASC/Karthala.

Gonzalez, N.L., Mc Common, C.S., (eds.), 1989, *Conflict, Migration, and the Expression of Ethnicity*, Boulder , Westview Press.

Gros, J.-G., (edited by), 2003, *Cameroon. Politics and Society in Critical Perspectives*, Lanham, Boulder, New York, Toronto, Oxford, University Press of America, p. 131-165.

Gruénais, M.-E., 1985, « Du bon usage de l'autochtonie », *Cahiers ORSTOM*, Série Siences humaines, vol 2, n° 1, p. 19-24.

Guèye, S. P., 1996, « Fin de l'histoire et perspective de développement: l'Afrique dans le temps du monde », *Afrique 2000*, n° 24, p. 5-23.

Guillorel, H. et Michels, P., 1997, « Continuité territoriale, continuité nationale. L'exemple yougoslave" in *Balkanologie*, Vol. I, n° 1, pp. 1-25.

Guthrie, M., 1948, *Bantu Word Division: a New Study of an Old Problem*, London, Oxford University Press.

Hagege, C., 1969, *Esquisse linguistique du Tikar (Cameroun)*, Klincksieck, Centre national de la recherche scientifique.

Hallowel, J., 1970, *Les fondements de la démocratie*, Paris, Les éditions internationales.

Hansen, K. F., 2003, « The Politics of Personal Relations: Beyond Neopatrimonial Practices in Northern Cameroon », *Africa*, vol 73, 2, p. 202-225.

Hazoume, G.-L., 1986, *Idéologies tribalistes et nation en Afrique : le cas dahoméen*, Paris, L'Harmattan.

Hilgers, M., 2011, « L'autochtonie comme capital: appartenance et citoyenneté dans l'Afrique urbaine » in *Social Anthropology*, Vol. 19, Issue 2, pp. 143–158.

Huntington, S. P., 1993, *The Third Wave. Democratization in the Late Twentieth Century*, Norman, University of Oklohoma Press.

Hurault, J.-M., 1989, « Le lac de barrage de la Mapé : son incidence sur l'agriculture et l'élevage dans la plaine Tikar », *Revue de géographie du Cameroun*, vol. 8, n° 1, p. 27-41.

Hurault, J.-M., 1969, « Éleveurs et cultivateurs des hauts plateaux du Cameroun. La population du lamidat de Banyo », *Population*, 24e Année, n° 5, p. 963-994.

Hyden, G. et Bratton, M., (Textes réunis par), 1992, *Gouverner l'Afrique. Vers un partage des rôles*, Paris, Nouveaux Horizons.

Ibrahim, J., 2004, « Ethno-religious conflicts in Northern Nigeria », *News from the Nordic Africa Institute*, n° 2, p. 5-8.

Ihonvbere, J. O., 1992, « Is Democracy Possible in Africa? The Elites, the People and Civil Society », in *Quest*, Vol. VI, n° 2, p. 84-109.

Ignatowski, C. A., 2004, « Multipartism and Nostalgia for the Unified Past: Discourses of Democracy in a Dance Association in Cameroon », in *Cultural Anthropology*, Vol. 19, 2, p. 276–298.

International Working Group on Indigenous Affairs (IWGIA), 2006, *Eléments complémentaires sur les droits des peuples autochtones au Cameroun (En prévision de l'examen du rapport périodique du Cameroun par la Commission Africaine des droits de l'homme et des peuples)*. www.chr.up.ac.za/.../. 23 janvier 2010.

Issa, A. et Labatut, R., 1974, *Sagesses des peuls nomades*, Yaoundé, Editions Clé.

Jega, A. (ed.), 2000, *Identity Transformation and Identity Politics under Structural Adjustment in Nigeria*, Nordiska Afrikainstitutet, Uppsala in collaboration with The Centre for Research and Documentation, Kano.

John, H., 1970, *Les fondements de la démocratie*, Paris, Les Editions Inter-Natioanles, Collection NH.

Joseph, R., (edited by), 1999, *State, Conflict, and Democracy in Africa*, Boulderr/London, Lynne Rienner Publishers.

Jua, N., 2001, « Democracy and the Construction of Allogeny/Autochthony in Postcolonial Cameroon », *African Issues*, Vol. 29, n° 1/2, Ethnicity and Recent Democratic Experiments in Africa, p. 37-42.

Jua, N. and Konings, P., 2004, « Occupation of Public Space Anglophone Nationalism in Cameroon », *Cahiers d'études africaines*, XLIV (3), 175, p. 609-663.

Julius, O. I., 1992, « Is Democracy possible in Africa? The Elites, The people and Civil Society », *Quest*, vol VI, n° 2, p. 84-108.

Kalulambi, P. M., *Démocratie et développement durable en Afrique francophone : éléments pour un déb*at. http://www.francophonie-durable.org/documents/colloque-ouaga-a5-kalulambi.pdf. 5 mai 2008.

Kamto, M., Sd., 1994, *L'urgence de la pensée. Réflexions sur une précondition du développement en Afrique*, Yaoundé, Mandara.

Kay Smith, Z., Mar., 2000, « The Impact of Political Liberalisation and Democratisation on Ethnic Conflict Africa: An Empirical Test of Common Assumptions », *The Journal of Modern African Studies*, Vol. 38, n° 1, p. 21-39.

Kengne Pokam, E., 1986, *La problématique de l'unité nationale au Cameroun*, Paris, L'Harmattan.

Konings, P. et Foeken, D., (ed.), 2006, *Crisis and Creativity. Exloring the Wealth of the African Neighbourhood*, Brill, Leiden-Boston, African Dynamics, n° 5.

Konings, P., 2005, « Assessing the Power of Newly Created Teachers Organisations during Cameroon's Political Liberalization », *JHEA/RESA*, Vol. 3, 2, p. 129-152.

Konings, P., 2004, « Opposition and Social-Democratic Change in Africa: The Social Democratic Front Cameroon », in *Commonwealth & Comparative Politics*, Vol.42, 3, p. 1–23.

Konings, P., 2003, « Religious Revival in the Roman Catholic Church and the Autochtony-Allochtony Conflict in Cameroon », *Africa*, 73 (1), p. 31-56.

Konings, P. and Nyamnjoh, F.,. B., 2003, *Negotiating an Anglophone Identity: A Study of the Politics of Recognition and Representation in Cameroon*, Leiden, Brill.

Konings, P. and Nyamnjoh, F. B., 1997, « The Anglophone Problem in Cameroon », *Journal of Modern African Studies,* 35 (2), p. 207-229.

Krieger, M., 1994, « Cameroon's Democratic Crossroads, 1990-94 », *The Journal of Modern African Studies,* 32, 4, 605-628.

Lagroye, J., 1991, *Sociologie politique,* Paris, Presses de la FNSP.

Lapeyronnie, D., 1988, « Mouvements sociaux et action politique : existe-t-il une théorie de la mobilisation des ressources? » *Revue Française de Sociologie,* Vol. 29, n° 4, p. 593-619.

Lema, A., 1993, *Africa Divided. The Creation of «Ethnic Groups»,* Lund, Lund University Press, Lund Dissertations in sociology 6.

Leighley, J. E. et Vedlitz A., 1999, « Race, Ethnicity, and Political Participation: Competing Models and Constrasting Explanations », The *Journal of Politics,* Vol. 61, n° 4, p. 1092-1114.

Leighley, J. E. et Nagler, J., 1992, « Class Bias in Turnout: The Voters Remain the Same », *American Political Science Review,* Vol. 86, n° 3, p. 725-736.

Leonhardt, A., 2006, « Baka and the Magic of the State: Between Autochthony and Citizenship » in *African Studies Review,* Vol. 49, No. 2, pp. 69-94.

Leslie, P. M., 1969, « The Role of Political Parties in Promoting the Interests of Ethnic Minorities », *Canadian Journal of Political Science / Revue canadienne de science politique,* Vol. 2, n° 4, p. 419-433.

Lespinay, C. de, 1996, « Autochtonie et droit foncier : l'existence contestée des Banynunk en Afrique de l'Ouest », *Droit et cultures,* n° 32, p. 55-65.

Lester, M. W., 1965, *Political participation; how and why do people get involved in politics?,* Rand McNally & Co., Chicago.

Lijphart, A., 1991, « Théorie et pratique de la loi de la majorité : la ténacité d'un paradigme imparfait », *Revue internationale des sciences sociales,* n° 129, p. 515-526.

Lijphart, A., 1984, *Democracy in Plural Societies,* New Haven, Yale University Press.

Lijphart, A., 1999, *Patterns of Democracy. Government Forms and Performance in Thirty-Six Countries,* New Haven and London, Yale University Press.

Lipe, Y., 1998, *Magba : l'histoire et les hommes,* Magba, Collection GIBAM.

Macpherson, C. B., 1985, *Principes et limites de la démocratie libérale,* Paris, La Découverte.

Mambenga-Ylagou, F., 2005, « Autochtonie, altérité et intranquillité esthétique et éthique dans la littérature africaine », in *Ethiopiques,* n° 75, p. 1-12. Disponible en ligne http://www.refer.sn/ethiopiques/article.php3?id_article=1028. 4 avril 2009.

Manga, K., 1996, *Cameroun : un nouveau départ,* Paris, L'Harmattan.

Mann, P., 1991, *L'action collective : mobilisation et organisation des minorités actives,* Paris, Armand Colin.

Martin Gabriel, J., 1999, « Cameroon's Neopatrimonial Dilemma », *Journal of Contemporary African Studies,* 17, 2, p. 173-196.

Martin, D.-C., 1994, *Cartes d'identité. Comment dit-on « nous » en politique ?,* Paris, Presses de la Fondation nationale des sciences politiques.

Martin, J.-Y, 1975, « Inégalités régionales et inégalités sociales : l'enseignement secondaire au Cameroun septentrional », in *Revue française de Sociologie,* Vol. 16, n° 3, p. 317-334.

Martin Lipset S., 1962, *L'homme et la politique,* Paris, Editions du Seuil.

Mayer, N. et Perrineau, P., 1992, *Les comportements politiques*, Paris, Armand Colin.

Mbembe, Achille, 1993, « Crise de légitimité, restauration autoritaire et déliquescence de l'Etat », in Geschiere, P. et Konings P., *Itinéraires d'accumulation au Cameroun/Pathways to Accumulation in Cameroon*, Paris, ASC/Karthala, pp. 345-377).

Mbonda, E.-M., *La « justice ethnique » comme fondement de la paix dans les sociétés pluriethniques. Le cas de l'Afrique.*
http://classiques.uqac.ca/contemporains/mbonda_ernest_marie/justice_ethnique/justice_ethnique.pdf. 20 mars 2007.

Mehler, A., 1998, « Cameroon and the Politics of Patronage », in David Birmingham and Phyllis Martin, (eds.), *History of Central Africa: The Contemporary Years*, New York, Longman Press, p. 43–65.

Médard, J.-F, (études réunies et présentées par), 1991a, *Etats d'Afrique noire. Formation, mécanismes, crise*, Paris, Karthala.

Médard, J.-F., 1991b , « Autoritarismes et démocraties en Afrique noire », *Politique africaine*, n° 43, p. 92-104.

Médard, C., 2006, « Il existe un droit ancestral à la terre des communautés dites 'autochtones' », in Courade, G., *L'Afrique des idées reçues*, Paris, Belin, pp. 166-172.

Menthong, H.-L., 1998 , « Vote et communautarisme au Cameroun : un vote de cœur, de sang et de raison », *Politique africaine*, 69, pp. 40-51.

Mghanga, M., 2006, « Political Parties and the Challenge for Democracy in Kenya », *News from the Nordic Africa Institute*, 2, pp. 6-9.

Milbrath W. L., 1965, *Political Participation: How and Why do People Get Involved in Politics?*, Chicago, Rand McNally.

Mirjam de Bruijn & Han van Dijk (éds), 1997, *Peuls et Mandingues. Dialectique des constructions identitaires*, Paris, Karthala-ASC.

Mohammadou, E., *Traditions d'origine des peuples du centre et de l'ouest du Cameroun*, Tokyo, Institute for the Study of Languages and Cultures of Asia and Africa (ILCAA).

Moluh, Y., 2001, « Cosmopolitisme et démocratie urbaine : essai d'explication des comportements politiques post municipales du 21 janvier 1996 à Douala », *Revue africaine d'études politiques et stratégiques*, Université de Yaoundé II, pp. 153-164.

Monga, Y., 2000, « 'Au Village'! Space, Culture, and Politics in Cameroon », *Cahiers d'Études africaines*, n° 40 (160), pp. 723–749.

Mouangué Kobila, J., 2009, *La protection des minorités et des peuples autochtones au Cameroun. Entre reconnaissance interne contrastée et consécration universelle réaffirmée*, Chennevières sur Marne, Dianoia.

Moukoko P., 1994, *Cameroun/Kamerun. La transition dans l'impasse*, Paris, L'Harmattan.

Mouiche, I., 2000a, « Ethnicité et multipartisme au nord-Cameroun », *Revue africaine de Science politique. African Journal of Political Science*, vol. 5, n° 1, p. 46-91.

Mouiche, I., 2000b, « La question nationale, l'ethnicité et l'Etat en Afrique: le cas du Cameroun », *Law and Politics in Africa, Asia and Latin America*, n° II, p. 212-233.

Mouiche, I., 2001, « Multipartisme et participation politique des chefs traditionnels au Cameroun de l'Ouest » in *Revue Africaine d'études politiques et stratégiques*, n° 1, pp. 53-81.

Mouiche, I., 2005, *Autorités traditionnelles et démocratisation au Cameroun. Entre logique du terroir et de l'Etat*, Modernity and Belonging Series, vol. 5, Münster, LIT Verlag.

Mouiche, I., 2011a « Autochtonie, libéralisation politique et construction d'une sphère publique locale au Cameroun » in *African Studies Review*, Vol. 54, No. 3, December, pp. 71–99.

Mouiche, I., 2011b, 'Democratisation and Political Participation of Mbororo in Western Cameroon' in *Africa Spectrum* 2, pp. 71-97.

Mveng, E., 1963, *Histoire du Cameroun*, Paris, Présence africaine.

Mveng, E., 1976, *Manuel d'histoire du Cameroun*, Yaoundé, CEPER.

Mwakikagile, G., 2001, *The Modern African State. Quest for Transformation*, Huntington, Nova Science Publishers, INC.

Mwalimu, G. N, 2004, « Processus démocratique au Cameroun: une vision pour 2020 », *Bulletin du CODESRIA*, n°s 3 et 4, p. 23-29.

Nash, K., 2000, First published, *Contemporary Political Sociology. Globalization, Politics, and Power*, Malden, Massachusetts, Blackwell Publishers LTD.

Nchoji Nkwi, P. et Nyamnjoh, F.. B., 1997, *Regional Balance and National Integration in Cameroon. Lessons Learned and Uncertain Future. Equilibre régional et intégration nationale au Cameroun. Leçons du passé et perspectives d'avenir*, Yaoundé/Leiden, ASC/ICASSRT.

Ndarishikanye, B., 1999, « Burundi: des identités ethnico-politiques forgées dans la violence », *Canadian Journal of African Studies / Revue Canadienne des Études Africaines*, Vol. 33, n°s. 2/3, p. 231-291.

Ndi Mbarga V., 1993, *Ruptures et continuités au Cameroun*, Paris, L'Harmattan.

Ndoumbe-Manga, S. et N'Sangou, A., 1981, *Etude agro-socioéconomique de la plaine des Mbo*, Yaoundé, CRESS/CRED.

Ngayap, P.-F., 1983, *Cameroun. Qui gouverne ? De Ahidjo à Biya, l'héritage et l'enjeu*, Paris, L'Harmattan.

Ngoula, V., 2007, « L´origine des peuples Ngoh et Nsongo ». http://www.peuplesawa.com.

Nianyi,Nianyi, 2007, *The Frontier Telegraph*, A Bi-Monthly News Publication, Bamenda, September, online: www.thefrontiertelegraph.com/content/saga_of_the_sabga _lamidad.html.

Nicolas, G., 1975, « Les catégories d'ethnie et de fraction ethnique au sein du système social hausa », *Cahiers d'études africaines*, Vol.15, n° 59, p. 399 – 441.

Nicoué Broohm, O., 2007, « Etats-nations et citoyenneté : enjeux africains dans le contexte actuel de la mondialisation », *Ethiopiques*, n° 79, p. 221-223. Disponible en ligne http://www.refer.sn/ethiopiques/article.php3?id_article=1560.

Njeuma, M.Z. and Awasom, N.F., 1990, « The Fulani and the Political Economy of the Bamenda Grasslands, 1940-1960 », *Paiduma*, 36, p. 217-233.

Njoya, J., 2005, « Unité nationale et mutations politiques. Essai sur la régulation symbolique et conservatrice du système politique camerounais (1982-2000) », Thèse de doctoat d'Etat en science politique, Université de Yaoundé II.

Nkemegni, N., 1981, « Contribution à l'étude de l'équilibre régional. Essai sur la répartition des postes dans l'Etat », Thèse de doctorat de 3e cycle en science politique non publiée, Univeristé de Yaoundé.

Nlep, R.-G., 1986, *L'administration publique camerounaise: contribution à l'étude des systèmes africains d'administration publique*, Paris, LGDJ.

Nke Ndih J., 2010, *Le pygmée et la camionnette d'émancipation*, Paris, Ed. Bénévent.

Noblet, P., 1993, *L'Amérique des minorités. Les politiques d'intégration*, Paris, L'Harmattan-Ciemi.

Nyamnjoh, F. et Rowlands, M., 1998, « Elite Associations and the Politics of Belonging in Cameroon », *African Journal of the International African Institute*, Vol. 68, n° 3, p. 320-337.

Nyamnjoh, F. B., 1996, *The Cameroon GCE Crises: A Test of Anglophone Solidarity*, Limbe, Nooremac Press.

Nyamnjoh, F. B, 1999, « Cameroon: A Country United by Ethnic Ambition and Difference », *African Affairs*, 98 (390), p.101-118.

Nyamnjoh, F. B., 2002, « Cameroon: Over Twelve Years of Cosmetic Democracy », in *News from the Nordic Africa Institute*, 3, p. 5-8.

Nyamnjoh, F.. B., 2005, *Africa's Media. Democracy and the Politics of Belonging*, London & New York, Zed Books.

Oberschall, A., 1973, *Social Conflict and Social Movements*, New-Jersey, Prenctice-Hall.

O'Donnel G., Schmitter P.C. et Whitehead Laurence (eds.), 1986, *Transitions from Authoritarian Rule*, Baltimore, Johns Hopkins University Press.

Offerlé, M., 1991, Les *partis politiques*, Paris, Presses Universitaires de France, 2ᵉ édition,.

Okehie-Offoha, M. U., and Sadiku, M. N. O., (edited by), 1996, First Published, *Ethnic and Cultural Diversity in Nigeria*, Trenton, New Jersey.

Olinga A. D., 1998, « La protection des minorités et des populations autochtones en droit public camerounais », *Revue africaine de droit international et comparé*, vol. 10, n° 2, p. 271-291.

Olukoshi, A. O. and Lasko, L., (ed.), 1996, *Challenges to the Nation-state in Africa*, Upssala, Nordiska Afrikainstitutet in Cooperation with Institute of Development Studies, University of Helsinki.

Oumarou Ibrahim, H., *Situation des Peuls mbororo autochtones du Tchad*, http://www.gitpa.org/Peuple%20GITPA%20500/GITPA%20500-5_plus TEXTESREFagadir3.pdf. 20 janvier 2010.

ORSTOM, 1984, *Le nord Cameroun. Des hommes, une région*, Paris, éditions de l'ORSTOM,

Osaghae, E.E., 1998, « Managing Multiple Minority Problems in a Divided Society: The Nigerian Experience », *The Journal of Modern African Studies*, Vol. 36, n° 1, p. 1-24.

Osaghae, E. E., 1995, « The Study of Political Transitions in Africa », *African Review of Political Economy*, 64, vol. 22, p. 183-197.

Otayek, R., « Démocratie, culture politique, sociétés plurales : une approche comparative à partir des situations africaines », *Revue française de science politique*, vol. 47, n° 6, p. 798-822.

Pambou Tchivounda, G., 1982, *Essai sur l'Etat africain postcolonial*, Paris, LGDJ.

Papadopoulos, Y., 2001, *Connecting Minorities To The Swiss Federal System: A Frozen Conception Of Representation And The Problem Of 'Requisite Variety* , Paper presented at the Common Congress of the German, Austrian, and Swiss Political Science Associations «Der Wandel föderativer Strukturen», Humboldt-Universität zu Berlin.

Pelican M., 2008, « Mbororo Claims To Regional Citizenship And Minority Status In North-West Cameroon », in *Africa*, Vol. 78, n°4, p. 540-560.

Penda Keba, R., 2007, *Problématique de l'identité culturelle Ngoh et Nsongo* . http://www.peuplesawa.com 20 septembre.

Pourtier, R., 1998, « Les refoulés du Zaïre : identité, autochtonie et enjeux politiques », *Autrepart*, n° 5, pp. 137-154.

Pouzoulet, C., 1993, « Représenter les minorités par le découpage électoral. L'exemple de la nouvelle charte de New York », *Revue française de science politique*, vol. 43, n° 4, pp. 613-634.

Price, D., 1979, « Who Are the Tikar Now ?, » in *Paideuma*, n° 25, pp. 89–98.

Quéré, L., Automne 1992, « L'espace public : de la théorie politique à la métathéorie sociologique », *Quaderni*, 18, pp. 75-92.

Roy, J-L et Labrie, N., 1996, « L'éducation des minorités dans la francophonie: Une entrevue avec Jean-Louis Roy par Normand Labrie », *International Review of Education/ Internationale Zeitschrift für Erziehungswissenschaft/Revue Internationale de l'Education*, Vol. 42, n° 4, *The Education of Minorities*, pp. 381-383.

Rocher, G., 1968, *Introduction à la sociologie générale. 3 Le changement social*, Paris, Editions HMH.

Rupnik, J., 1995, *Le déchirement des nations*, Paris, Seuil.

Safran, W., 1994, « Non-Separatist Policies regarding Ethnic Minorities: Positive Approaches and Ambiguous Consequences », *International Political Science Review / Revue internationale de science politique*, Vol. 15, n° 1, pp. 61-80.

Salé, A., 1991, *Les Mboloro du Noun*, Yaoundé, Editions AP.

Sandbrook, R., 1987, « Personnalisation du pouvoir et stagnation capitaliste », *Politique africaine*, n° 26, p. 15-37.

Schmidt-Soltau K., 2003, Plan de développement des peuples « Pygmées » pour le Programme national de développement participatif (PNDP). Rapport final, Yaoundé, MINEPAT, pp. 18-19.

Schraeder, P. J., 1994, « Elites as Facilitators or Impediments to Political Development? Some Lessons from the 'Third wave' of Democratization in Africa » *The Journal of Developing Areas*, 29, pp. 69-90.

Schudson, M., 1994, « La culture et l'intégration des sociétés nationales », *Revue internationale des sciences sociales*, Paris, UNESCO/ères, n° 139, pp. 79-100.

Seekings, J., 2004, « Institutional design, cultural diversity and economic solidarity: A comparison of South Africa, Brazil and Nigeria », in Van Parijs, P., (edited by), *Cultural Diversity Versus Economic Solidarity. Proceedings of the Seventh Francqui Colloquium*, Brussels, De Boeck, pp. 101-138.

Shulte-Tenckhof, I., 1997, *La question des peuples autochtones*, Bruxelles, Bruylant.

Simonin, J., (dir.), 2002, *Communautés périphériques et espaces publics émergents. Les médias dans les îles de l' Océan indien*, Paris, L' Harmattan.

Sindjoun, L., *1999, La révolution passive au Cameroun*, Dakar, CODESRIA.

Sindjoun, L., 2000, « Sociétés plurales et politique de la somme nulle » *Bulletin du CODESRIA*, n°s 2, 3 et 4, pp. 23-31.

Sindjoun, L., *2002, L'Etat ailleurs. Entre noyau dur et case vide*, Paris, Economica.

Slimane, S., 2003, « Reconnaître l'existence des minorités en Afrique », *Minority Right Group International*, pp. 1-40.

Smith, Z. K., 2000, "The Impact of Political Liberalisation and Democratisation on Ethnic Conflict Africa: An Empirical Test of Common Assumptions", *The Journal of Modern African Studies*, Vol. 38, n° 1, pp. 21-39.

Socpa, A., 2000, « Les dons dans le jeu électoral au Cameroun », *Cahiers d'études africaines*, 157, XL-1, pp. 91-108.

Socpa Antoine, 2006, « Bailleurs autochtones et locataires allogènes : enjeu foncier et participation politique au Cameroun » in *African Studies Review*, Vol. 49, n° 2, pp. 45-67.

Stroh A., 2010, "The Power of Proximity: A Concept of Political Party Strategies Applied to Burkina Faso" in: *Journal of Contemporary African Studies*, 28, 1, pp. 1-29.

Sumpf, J. et Hugues, M., 1973, *Dictionnaire de sociologie*, Paris, Larousse.

Tabapssi, F.T., 1999, *Le modèle migratoire bamiléké (Cameroun) et sa crise actuelle: perspectives économique et culturelle*, Leiden, CNWS.

Takougang, J., 2003, « The 2002 Legislative Election in Cameroon: A Retrospective on Cameroon's Stalled Democracy Movement », *The Journal of Modern African Studies*, 41, 3, pp. 421–435.

Tardits, C., 1960, *Contribution à l'étude des populations bamiléké de l'ouest*, Paris, Berger-Levrault.

Tardits, C., (dir.), 1981, *Contribution de la recherche ethnologique à l'histoire des civilisations du Cameroun. The Contribution of Ethnological Research o the History of Cameroon Cultures*, vol. II, Paris, Editions du Centre national de la Recherche scientifique.

Tchejip Kaptchouang, C., 2006, Partis politiques et démocratie locale au Cameroun : une analyse de la compétition politique locale, Thèse de doctorat en science politique non publiée, Université de Yaoundé II.

Tchoumba B., Guechou Bouopda S. et Messe V., 2006, *Les peuples indigènes et les objectifs du millénaire pour le développement : micro étude sur les OMD et les peuples indigènes et tribaux au Cameroun*, Genève, Bureau international du travail.

Thomas-Woolley, B. et Keller, E. J., 1994, « Majority Rule and Minority Rights: American Federalism and African Experience », *The Journal of Modern African Studies*, Vol. 32, No. 3, pp. 411-427.

Thuot, J.F., 1998, *La fin des représentations et les formes contemporaines de la démocratie*, Canada, Editions Nota Bene.

Tilly, C., 1978, *From Mobilisation to Revolution*, Massachussett, Addison-Wesley.

Tournon, J., 1989, « Construction et déconstruction du groupe ethnique », *International Political Science Review / Revue internationale de science politique*, Vol. 10, n°. 4, pp. 331-348.

Ulunma Okehie-Offoha, M. and Sadiku, M. N. O., 1982, *Ethnic and Cultural Diversity in Nigeria*, Trenton, New Jersew, Africa World Press, Inc.

Van de Walle, N., 2001, *African Economies and the Politics of Permanent Crisis, 1979-1999*. Cambridge, Cambridge University Press.

Van Meter, K. M. (dir), 1997, *La sociologie*, Paris, Larousse.

Van Rouveroy van Nieuwaal, E. A. and van Dijk, R,, (editors), 1999, *African Chieftaincy in a New Socio-political Landscape*, Leiden, ASC.

Verba, S.et Nie, N. H., 1992, *Participation in America: Political Democracy and Social Equality*, New-York, Harper and Row.

Verba, S. *et al.*, 1993, « Race, Ethnicity and Political Resources: Participation in the United States », *British Journal of Political Science*, Vol. 23, pp. 453-497.

Verba, S., Schlozman, K. L et Brady, H., 1995, *Voice and Equality: Civic Voluntarism in American Politics*, Cambridge, Havard University Press.

Vincent J.-F., 1995, *La construction religieuse du territoire*, Paris, L'Harmattan.

Vlachos, G. C., 1996, « Vers un nouveau modèle de démocratie pluraliste », *International Political Science Review / Revue internationale de science politique*, Vol. 17, n°. 3, 17, Traditions in Pluralist Thought /Traditions de la pensée pluraliste, p. 239-252.

Von Meijenfehdt, R., Santiso, C. et Otayek, R., (dir.), 1997, *La démocratie au Burkina Faso : rapport de synthèse*, Stockholm, International IDEA, Information Services.

Von Meijenfeldt, R., Santiso C. et Otayek R., 1998, *Le Burkina entre révolution et démocratie*, Stockholm, International IDEA.

Wolfinger, R. E., 1965, « The Development and Persistence of Ethnic Voting », *American Political Science Review*, 59, n° 4, p. 896-908.

Wolton, D.., 1995, « Les contradictions de la communication politique », *Hermès*, p. 17-18.

Wolton, D., 1997, *Penser la communication*, Paris, Flammarion, coll. « Champs ».

Waddy, N. L., 2003-2004, « Affirmative Action Versus Nonracialism in the New South Africa », *African Issues*, Vol. 31, n[os]1/2, p. 1-8.

Warnier, J.-P., 1993, *L'esprit d'entreprise au Cameroun*, Paris, Karthala.

Winn, C., 1985, « Affirmative Action and Visible Minorities: Eight Premises in Quest of Evidence », *Canadian Public Policy / Analyse de politiques*, Vol. 11, n°. 4, p. 684-700.

Wiseman, J. A., (ed.), 1995, First Published, *Democracy and Political Change*, London, Routledge.

Youana, J., 1990, « Santchou: problématique de la dynamique d'une 'ville' de paysans assistés », *Revue de géographie du Cameroun*, vol .9, n°s 1/2, pp. 81-101.

Zakaria, F., 1997, « The Rise of Illiberal Democracies », in *Foreign Affairs*, n° 76, p. 22-43.

Zald, M. N. et McCarthy, J. D., (ed.), 1987, *Social Movements in an Organizational Society: Collected Essays*, New-Jersey, Transaction Books.

Zognong, D. et Mouiche, I. (dir), 1997, *Démocratisation et rivalités ethniques au Cameroun. Democratisation and Ethnic Rivalries in Cameroon*, Yaoundé, CIREPE.

www.ingramcontent.com/pod-product-compliance
Lightning Source LLC
Chambersburg PA
CBHW032132020426
42334CB00016B/1129